党的二十大报告指出："教育、科技、人才是全面建设社会主义现代化国家的基础性、战略性支撑。"职业院校、普通高等学校肩负着人才培养的重要使命，要培养造就大批德才兼备的高素质人才。党的二十大报告提出要"发展素质教育"，通识教育是落实素质教育的重要途径。

本书自2019年出版以来，不少院校将其作为教材或参考用书，有些任课教师提出了宝贵的修订意见，也有不少中国大学MOOC和智慧树学习平台的学员参与网上讨论，并提出了相关建议。本着不断进行改革的教学要求，努力做到常讲常新，借此修订改版之机，我们对原书作了一些调整和补充。

1. 增设应用文修改章节。为回应教学实践中应用文批改和社会人士写作实践中的问题，本书增设"应用文的修改"一章，从文章宏观结构、中观结构和微观结构三个层面向读者分享应用文写作的修改技巧，从修改方式、遣词造句、语体特征、表达技巧等角度提升读者的文章修改能力。

2. 更新部分案例和范例。应用文写作的基本知识和行文规范变化不大，但我们面对的工作场景在不断拓展，这对应用文写作提出了新的要求，及时更新本书第一版中的部分案例和范例，将应用文写作的技能与规范融入案例分析，有助于帮助读者将写作理论与实际联系起来，加深对应用文写作规范的理解。

3. 补充应用文写作任务。为了帮助在校学生了解未来职场中的应用文写作需求，本书针对不同文种的工作场景，补充了适量的应用文写作任务和训练题目（读者可通过扫描书中二维码的方式获取）。任课教师可根据实际需求，有针对性地开展教学实践，指导学生进行写作实训，使学生将写作知识内化为写作技能，为今后的职场发展奠定基础。

人民邮电出版社的工作人员征集了部分院校任课教师对本书的意见和建议，在此谨对相关工作人员和教师表示衷心的感谢！由于编者水平有限，书中难免存在不妥之处，欢迎广大读者批评指正！

王用源

2023年4月

高等院校通识教育新形态系列教材

天津大学『十四五』规划教材

（慕课版）

应用文写作技能与规范

王用源/编著

White Feather

人民邮电出版社

北京

图书在版编目（CIP）数据

应用文写作技能与规范：慕课版 / 王用源编著. --
北京：人民邮电出版社，2022.1
高等院校通识教育新形态系列教材
ISBN 978-7-115-57730-6

Ⅰ. ①应… Ⅱ. ①王… Ⅲ. ①汉语－应用文－写作－
高等学校－教材 Ⅳ. ①H152.3

中国版本图书馆CIP数据核字(2021)第214556号

内 容 提 要

本书是将传统纸质教材与数字化教学资源融为一体的新形态教材，基于大学生校园生活和初入职场的需求，重点讲解事务文书、日常文书、党政机关公文和科技文书中常用文种的结构、特点、写作技能与行文规范等内容。希望本书能在提升读者应用文写作能力的同时，培养读者的写作素养、大局意识、规范意识和思辨意识。

为了便于读者学习，本书除了提供 PPT 课件、案例分析、教学大纲等电子资源，还配套了微课视频及在线课程。读者可通过扫描书中及封面的二维码观看教学视频，也可登录学习强国 App、智慧树网、中国大学 MOOC 平台观看全部视频课程。

本书可作为普通高等院校、高职院校的应用文写作课程的教材，也可作为普通读者自学和训练的参考用书。

- ◆ 编　　著　王用源
　　责任编辑　楼雪樵
　　责任印制　王　郁　焦志炜
- ◆ 人民邮电出版社出版发行　　北京市丰台区成寿寺路 11 号
　　邮编　100164　　电子邮件　315@ptpress.com.cn
　　网址　https://www.ptpress.com.cn
　　北京鑫丰华彩印有限公司印刷
- ◆ 开本：787×1092　1/16
　　印张：15　　　　　　　　　　2022 年 1 月第 1 版
　　字数：323 千字　　　　　　　2025 年 8 月北京第 11 次印刷

定价：49.80 元

读者服务热线：(010)81055256　印装质量热线：(010)81055316
反盗版热线：(010)81055315

2010年以来，我在天津大学开设应用文写作类课程，并积极投身本科教学改革，承担试点专业的写作课教学任务，实现教学相长。近年来，在做好传统课堂教学的同时，我积极响应教育部建设在线开放课程的号召，主动尝试将信息技术与教育教学融合，于2018年建成天津大学第一门通识类在线开放课程"应用写作技能与规范"，并上线中国大学MOOC和智慧树平台。下面就"应用写作技能与规范"课程的培养目标、教学实践、本书编写情况、配套资源和使用方法等与读者进行交流。

一、助力人才培养，提升写作素养

在新工科、新商科、新文科、新医科、新农科教育体系中，沟通与写作能力的培养是大学素质教育和综合能力培养的一个重要环节。据调查，世界一流大学对语言表达能力的培养非常重视，绝大多数世界一流大学都开设了沟通与写作的相关课程并提供咨询与辅导，以培养学生相应的表达与交流能力。大多数美国著名大学以不同形式要求本科生掌握一定的沟通技能和写作技能，并将其作为完成学士学位的必要条件。可见，加强学生沟通与写作能力的训练对人才培养具有重要的作用，开设此类课程也有利于完善不同专业的素质教育体系。

"应用写作技能与规范"课程的培养目标有三：在知识层面，帮助读者了解日常学习、生活和工作中常用的应用文的文种特点、格式要求和行文规范等；在能力层面，帮助读者掌握事务文书、日常文书、党政机关公文和科技文书的写作技能，提升读者的应用文写作能力；在素养层面，着重培养读者的写作素养、大局意识、规范意识和思辨意识。

二、致力教学实践，注重试点推广

针对大学生需要提升沟通与写作能力的现实需求，我在天津大学面向本科生先后开设了"现代公文写作"和"语言交际艺术"等课程。2013年，我受邀面向天津大学"国家试点学院"精密仪器与光电子工程学院的工程科学实验班开设"中文沟通与写作"课程，作为工程类专业素质教育核心课程之一纳入学校本科教学改革项目，目前已完成六届学生的试点教学，并出版《中文沟通与写作》教材，获评天津大学教学成果一等奖。2015年，"中文沟通与写作"课程被推广至天津大学英语、光电信息科学与工程、动画等专业，分别作为必修课和跨学科选修课开设至今。2016年，天津大学中文系面向求是学部机械工程专业和建筑工程专业，开设"言语表达技能训练"和"写作思维训练"两门必修课；2019年，面向求是学部英才班和医学部智能医学工程等专业开设沟通与写作类必修课，我参与了课程的设计和教学实践。

随着试点班级不断增加，传统教学模式的局限性日益突显，在线开放课程"应用写作技能与规范"的建设和推广使更多的学生从中受益。本书是应用文写作教学实践的再一次推广，以飨读者。

三、保障内容品质，提供配套资源

本书在内容和形式上精心策划，意在给读者提供良好的学习体验。本书内容有以下特点。

1. 精选实用文种，拓展电子资源。应用文文种繁多，为便于读者学习，同时兼顾教学课时安排，本书基于大学生校园生活和初入职场的需求，精选事务文书、日常文书、党政机关公文和科技文书中常用的文种进行理论讲解、案例分析。同时为满足不同专业及学校的需求，本书提供了丰富的电子资源，将未涉及的一些文种及案例资料呈现给读者。

2. 创设写作攻略，提升写作技能。本书先讲解不同文种的基础知识，再辅以案例分析巩固写作要点，并尝试将应用文写作的理论知识与写作技能相结合，这具体体现在"写作攻略"中。写作攻略主要包括写作的经验之谈、应用文写作的研究心得，以及写作注意事项，旨在与读者交流不同文种的写作技巧和行文规范，以帮助读者快速掌握写作要领，实现由知识到能力的飞跃。

    3. 评析范例案例，直观呈现批注。本书在对精选范例进行点评的同时，也注重对病文或普通案例的评析。范例固然可以引导读者进行学习、模仿，但读者常常觉得范例高不可及。本书将对部分范例进行简析，帮助读者领会优秀的作品好在哪儿；重点对案例的标题、文章结构、遣词造句、格式规范等方面进行批注式剖析，帮助读者直观地了解病文的缺点和错误。

四、加强平台合作，服务课堂教学

    人民邮电出版社与智慧树平台共同为读者带来全新的学习体验。读者可扫描书中二维码观看本书相关视频，也可登录智慧树平台观看完整课程视频。相关电子资源和其他文种的相关资料可在人邮教育社区（www.ryjiaoyu.com）搜索并下载，具体包括配套PPT课件、其他文种（如申论、规章制度类文书等）的教案和课件、书中已选用和未选用的范例和案例分析，以及关于应用文写作研究的参考文献、教学大纲、课程标准等。相关资源将持续更新。

    为增强适用性，本书采用了模块化的形式安排内容，各个章节相对独立。读者在使用时，可根据不同专业的需求进行选择和拓展。任课老师还可选用在线视频，采用混合式教学模式和翻转课堂式教学模式授课。读者在了解不同文种基本写法的基础上，可参照写作攻略，融会贯通，将写作知识转化为写作能力。

五、感谢各方支持，敬请匡谬补缺

    我所承担的应用文写作类课程建设得到了天津大学教务处、外国语言与文学学院的悉心指导，在线开放课程的建设和运行得到了智慧树平台、中国大学MOOC的大力支持与周到服务，本书的编写得到了人民邮电出版社的信任与支持，在此一并表示感谢！

    在本书的编写过程中，我参考了大量资料，引用了一些党政机关、学校官方网站发

扫码看视频

课程介绍

布的写作材料，在此向本书直接引用和参考的已注明和未注明的教材、专著、文章、案例的作者致以诚挚的谢意！

　　本书的编写结合了编者近年来在课堂教学和在线开放课程运行上的一些经验，但囿于学识、教学经验等，定有诸多不足，恳请各位同人、读者批评指正。

王用源

2019年4月21日

目录 Contents

目录 Contents

2

05 —

06 —

目录 Contents

4

Chapter 01

第一章
应用文写作概述

应用文已成为党政机关、企事业单位、社会团体和个人在社会活动中处理事务、沟通信息不可缺少的重要工具。应用文写作能力是语言表达能力的重要组成部分，已成为核心的职业能力。

扫码看任务

第一章
写作任务

第一节　应用文写作的重要性

1981年8月，著名教育家叶圣陶先生在与《写作》杂志编辑人员谈话时曾说："大学毕业生不一定要能写小说、诗歌，但是一定要能写工作和生活中实用的文章，而且非写得既通顺又扎实不可。"叶老所说的工作和生活中实用的文章就是应用文。

近年来，"大学生写作能力差"的相关报道屡屡见诸报端。论文指导教师时常提及学生的论文"缺乏逻辑，杂乱无章""满篇的语病""写论文就是他人论文观点的拼凑""不会正确使用标点符号""错别字随处可见""文本格式不规范"等，用人单位抱怨很多毕业生"不会写总结""不会写计划""不会写新闻稿、发言稿"。

2018年，清华大学在清华新闻网发布了一条题为《清华将在2018级学生中启动"写作与沟通"必修课　2020年覆盖所有本科生》的信息。信息发布后，各大媒体纷纷转载，网友讨论非常热烈，纷纷点赞，基本上没有负面的评价。这反映了社会对大学生应用文写作教育的迫切需求和期待，不少学校也开始重视并大力建设这类课程。然而，不少学生尚未意识到应用文写作能力的重要性。多数学生只有在需要撰写论文、撰写实习报告、提交各类评选材料的时候，才会意识到应用文写作的重要性。在理工科学生中，甚至有人认为，写材料不是他们将来的主要工作，学习应用文写作没什么用。

高等学校肩负着培养高素质拔尖创新人才的使命。写作能力是大学生必备的一种能力，也是评价一个人综合素质的指标之一。随着社会各个领域的迅速发展，社会事务日益繁重，社会关系日益复杂，处理程序日益规范，应用文的使用范围也日益广泛。应用文已经成为党政机关、企事业单位、社会团体和个人在社会活动中处理事务、沟通信息不可缺少的重要工具，它如同一根纽带，将政治、经济、文化、科学等各个领域和行业紧密联系在一起，广泛应用于上传下达、发布信息、沟通商洽、社交礼仪、交流思想、办理业务等社会生活的各个方面。毫不夸张地说，无论是社会各界、各级各类组织还是个人，其在处理公务或私事时均离不开应用文。在这种形势下，应用文写作仅靠专职的秘书人员是远远不够的，社会各界、各类人员势必成为应用文写作的主体。因此，应用文写作能力逐渐成了衡量一个人能力水平的重要指标。

那如何提升应用文写作能力呢？可以说，写作能力是一种综合能力，包括思维能力、认识能力、分析能力、语言组织能力和表达能力等，不是一两本应用文写作大全就能解决的，也不是一两门写作必修课就能显著提升的。写作能力的培养需要一个过程。培养写作能力，不能只靠在课堂上学习一些写作的基本理论知识，还要在正确理论指导下进行科学的训练，讲求学以致用。课堂上，教师可选取具有代表性的学生作业进行讲评，学生要认真完成每一次写作练习并虚心听取教师的点评意见，也要认真与同学交流，分享写作经验并听取同学对自己作业的修改意见。除了在课堂教学环节指导学生认真练习外，教师还要科学、合理地设计课后练习题，设置一定量的课外学时，加强对学生作业的点评和针对性指导，让学生从教师的修改意见中领悟应用文的写作技巧和行文规范。

在大学阶段，写作教学的种类很多，有基础写作、应用写作、创意写作等，还有一些专业文书写作，作为通识教育课程，它们更多的是讲授应用写作或说理写作。本书侧重于应用写作。本书注重结合大学生校园生活的写作需求，并选取一些将来工作中常用的文种，精选不同层次的实际案例进行讲解。学生应先练习好大学阶段的应用文写作，循序渐进，为今后的社会工作写作夯实基础。步入社会以后，还需要继续学习、不断提高。

第二节　应用文概说

一、应用文的含义

应用文是党政机关、企事业单位、社会团体和个人在日常学习、工作和生活等社会活动中，用以处理各种公私事务、传递交流信息、解决实际问题所使用的具有实用价值、格式规范、语言简约的多种文体的统称。应用文重在应用，是人们相互交往、传递信息、表达思想、解决问题、指导实践的沟通工具。

应用文是一个统称，虽有共同特点，但不同的应用文文种又有不同的写作要求、格式规范、表现形式和读者对象。从内容性质和使用对象来看，应用文可以分为公务文书和私人文书两大类；从使用范围来看，应用文涉及社会的各个领域，种类繁多，包括党政机关公文、事务文书、规约文书、礼仪文书、日常文书和专用文书等。

党政机关公文，又称法定公文，一般简称公文。《党政机关公文处理工作条例》（中办发〔2012〕14号）规定了15种公文文种，即决议、决定、命令（令）、公报、公告、通告、意见、通知、通报、报告、请示、批复、议案、函、纪要。

事务文书，包括的种类较多，有计划、总结、信息、简报、大事记、述职报告、调查报告等。

规约文书，又称规章制度类文书，包括章程、制度、办法、规定、规则、细则、规程、公约、守则、须知等。

礼仪文书，包括表扬信、慰问信、欢迎词、欢送词、答谢词、祝酒词、请柬、讣告、唁电等。

日常文书，包括各类书信、倡议书、建议书、读书笔记、条据、记录、启事、声明、海报等。

专用文书，是相对于通用文书而言的，一般应用于特定的领域或特定的范围，如外交文书、经济文书、科技文书、司法文书（法律文书）等。

关于不同文种的归类，目前学术界还没有统一的标准。有些文种的归类存在交叉现象，这主要是分类标准不同造成的。此外，还有很多难以归类的应用文，一般把它们归入事务性文书，如各类统计报表、科学技术档案、教学档案、人事档案等。

二、公文的含义

公文，是公务文书的简称，有广义和狭义两种理解。广义的公文泛指应用文中除私人文书以外的公务文书，包括各级各类党政机关、社会团体、企事业单位制定和使用的公务文书。狭义的公文专指法定公文，即党政机关公文。可见，应用文的范围大于公文。

改革开放以来，党和国家多次对法定公文进行了规范。中共中央办公厅1996年5月3日印发的《中国共产党机关公文处理条例》（中办发〔1996〕14号），规定了14种党的机关公文文种，即决议、决定、指示、意见、通知、通报、公报、报告、请示、批复、条例、规定、函、会议纪要。国务院2000年8月24日发布的《国家行政机关公文处理办法》，规定了13种行政机关公文文种，即命令（令）、决定、公告、通告、通知、通报、议案、报告、请示、批复、意见、函、会议纪要。

2012年4月16日，中共中央办公厅和国务院办公厅联合印发了《党政机关公文处理工作条例》（中办发〔2012〕14号），此条例自2012年7月1日起施行。《中国共产党机关公文处理条例》和《国家行政机关公文处理办法》停止执行。

《党政机关公文处理工作条例》指出："党政机关公文是党政机关实施领导、履行职能、处理公务的具有特定效力和规范体式的文书，是传达贯彻党和国家的方针政策，公布法规和规章，指导、布置和商洽工作，请示和答复问题，报告、通报和交流情况等的重要工具。"这个定义可从以下5个方面理解。

（1）公文必须是在公务活动中形成并使用的文书。

（2）公文有法定作者，公文的作者不是指公文的草拟者，而是指制发公文的机关、组织和个人，法定作者中的个人是指党政机关、合法组织的负责人。

（3）公文必须直接表述法定作者的意志。

（4）公文有特定的规则、程序、格式，为特定的读者撰制，在确定的范围内使用。

（5）公文直接作用于社会管理系统，这是公文的生命和灵魂，是公文最本质的属性。

三、文书、文件和公文

文书、文件、公文这三个名称是在我国不同历史时期产生的，并沿用至今。在党政机关工作中，"文书""文件""公文"三者经常通用，均可指党政机关及其他社会组织在公务活动中形成和处理的收、发文件以及机关内部所使用的文件材料，即公务文书。由于历史沿革、使用习惯和其他原因，三者有不同的使用场合、称名和用法。

文书，指公文、书信、契约等，或从事公文、书信工作的人员。"文书"一词使用普遍而广泛，是所有文件材料的总称，既包括公务文书，也包括私人文书，是一个整体概念；也指一种职业。

文件，在《现代汉语词典》中有三个义项：①公文、信件等；②指有关政治理论、时事政策、学术研究等方面的文章；③计算机系统中信息存储的基本单元，是关于某个主题的信息的集合。应用文写作中的"文件"常用作文件材料的总称，多指重要的文件，如中共中央文件、国务院文件等具有规范格式的正式文件。具体的一份文件材料可称文件，而不称公文或文书。

公文一词出现于东汉末年。汉代多称文书，少称公文；三国时期后，多称公文，指的是官府之间往来的公事文书。现在的"公文"是指因处理公务而产生的文书或文件，即公务文书或公务文件的简称，通俗的理解就是各类机关相互往来处理事务的文件。

写作攻略

一、谈谈写作能力与认识能力

写作能力是一种综合能力，包括思维能力、认识能力、分析能力、语言组织能力和表达能力等，可以说，写作能力是与写作密切相关的多种能力的综合体现。下面谈谈写作能力与认识能力。

在学习和工作中，有这样一种现象：有些人的语言表达能力很强，特别是书面语的表达能力很强，但不一定能写好应用文。譬如，有报道称，有些国内名校新闻专业出身的实习生和毕业生，写作功底越来越差，采写的新闻稿件经常逻辑不清晰、层次不分明；有些中文系的毕业生，书面语表达尚可，但写出来的材料没有广度和深度。原因何在？我们认为，这可能是认识能力的问题。

在写作能力的训练和培养方面，某些世界一流大学的一些做法值得我们学习、借鉴。《光明日报》、光明网"光明微教育"专门介绍了几所国外名校是怎么提升学生写作能力的：哈佛大学开设的是融合学术、道德、社会问题的写作课程；耶鲁大学的写作课程，注重一手资料的研究、文本细读和批判性思维；麻省理工学院的写作课程讲究写作、阅读和研究的有机结合。可见，提升写作能力，不是仅仅专注于写作本身，不是为写作而写作，而是需要和其他能力有机结合。写作能力与其他能力是相辅相成的关系，甚至可以说，写作能力需要其他能力的支撑。

2015年以来，我国在线开放课程逐年增多，而且很多学习平台是免费开放的，只要你想学，就能轻易学到应用文写作的相关知识。应用文写作类在线课程一般都会讲解一些应用文写作的基本格式和写作技巧，有时被戏称为"玩套路"。如果熟悉并掌握了应用文写作的这些"套路"，就一定能写好应用文吗？不一定！学会基本格式和写作技巧只是在表达形式上掌握了一定的写作要领，但是在表达内容上，大多数人还是会有力不从心之感。这就需要提升认识能力来解决内容表达的问题，这也是提升写作能力的核心问题。

撰写应用文，特别是公文，需要掌握一定的写作"套路"，这是很有必要的。掌握应用文的行文规范，可以在形式上提高语言表达的规范程度，减少写作中的硬伤。一篇文章写得是否规范，从形式上一眼就能看出来。虽然形式不是第一位的，但学习应用文写作首先要注重形式规范。公文必须按照党和国家机关批准并发布的公文规范来制发，具体来说，行文格式就是要按照《党政机关公文格式》（GB/T 9704—2012）来处理，使用有明确规定的文种，遵循规定的格式和行文程序，不得擅改，这正体现了公文格式的规范性。

掌握了行文规范后，就需要在表达内容上下功夫，全面提高自身的写作能力。一个人的写作能力，至少包括语言表达能力和认识能力。语言表达能力可以解决应用文写作的形式问题，而认识能力解决的是写作中的内容问题。本书的编写目标是，在强调树立规范意识的同时，也注重培养读者的大局意识和思辨意识，这也是基于形式和内容两方面的考虑。

那么如何提升认识能力呢？下面略谈三个方面。

第一，不断提升自身的政治理论修养，做到与时俱进。

应用文写作，特别是公文写作，理论性、政策性很强，离不开党和国家相关政策的指导。公文写作的过程，本来就是依靠政策、理解政策、表达政策和执行政策的过程。要提高认识能力，就需要具备较高的思想政治素质和政治觉悟，努力掌握党的基本理论知识，掌握科学的世界观和方法论，并且要做到不断学习，与时俱进。

那怎么提升政治理论修养呢？建议多多关注时政要闻、学习掌握党和国家的大政方针，如能结合相关理论的发展历程来学习，理解就会更深刻。如果不能做到系统学习，可以多看看时政要闻，每天几分钟，耳濡目染，也能逐步提高。

第二，要用历史的和发展的眼光来看待问题、分析问题。

锻炼自己站在历史的高度和时代的高度来思考问题，培养大局意识。在工作中，熟悉本单位、本系统的各方面情况，有利于培养自身的大局意识。在平时，而不是在写作时，我们要有意识地去了解自己所在学校、所在工作系统的总体情况，日后思考问题时就能做到从大局出发。那怎么去了解并掌握本单位、本系统的历史和发展情况呢？

设想一下，当部门领导或单位领导给你布置一个写材料的任务时，你一般会怎么做？是接到任务就写，还是会去找一找参考资料？你一定会去找参考资料的。怎么找？在此推荐一个方法：查阅本单位、本系统不同时期的文件，因为不同时期的文件具有明显的继承性、延续性和创新性。在大致阅读了不同时期的文件之后，就会从中把握事物的发展变化规律，也能正确把握主流和主要趋势。

第三，掌握相关业务知识，学会积累并整理各种材料，从中看出门道。

宋代诗人陆游给他的一个儿子传授写诗的经验时，写了一首《示子遹》，诗的大意是：他初作诗时，只知道在辞藻、技巧、形式上下功夫，到中年才领悟到这种做法不对，诗应该注重内容、意境，应该反映人民的要求和喜怒哀乐。陆游在另一首诗中又说"纸上得来终觉浅，绝知此事要躬行"。可见，所谓"工夫在诗外"（《示子遹》），是指学习作诗，不能就诗学诗，而应该在掌握渊博的知识、积极参加社会实践上多下功夫；就是要强调"躬行"，到生活中广泛涉猎，开阔眼界，从而提升认识能力。

学习应用文写作同样如此。在平时，我们要努力掌握相关业务知识，有意识地全面收集、大量占有各类材料，包括现实的、历史的，正面的、反面的，直接的、间接的，典型的、特殊的，"面"上的、"点"上的等材料。"巧妇难为无米之炊"，没有材料，是写不好应用文的。有了材料，还要学会甄别材料、利用材料，这是选材的问题。在选材的过程中，要依靠认识能力来鉴别和选取材料。以文章的主旨为出发点，选取有代表性和典型性的材料，注重特殊性和普遍性的统一，才能更好地揭示事物的本质，增强材料的说服力。

初涉应用文写作，有的人可能会有这种感觉：知道要写什么，或者知道想写什么，但下笔时，却不知道怎么去表达。例如，要概括一件事，但发现自己不能很简洁地概括出来，这就是如何使用语言来表达思想和想法的问题了。这里给读者一个建议：在积累并整理各种材料的过程中，要学会"看门道"。就是平时在阅读别人的材料时，不仅要看别人写了什么，而且要琢磨别人是怎么写的，这样一来，就能学到并掌握一些写作的方法和技巧。阅读多了，积累多了，便水到渠成。

二、用理性思维学习应用文写作

学习了一些应用文写作的基本理论和基础知识，如果不经过写作的实践训练，就不能把写作的基础知识转化为写作能力。训练可从模仿开始。格式方面，模仿起来比较容易，但是内容方面，模仿起来就比较困难了。那怎么利用书中的范例、案例材料来提高写作能力呢？如果运用理性思维去看待范例和案例，便会发现应用文写作是有章可循的，这个"章"，可以说是写作的"套路"，也可以说是写作的语言表达规律。这些规律需要从众多案例材料中归纳出来。

打个比方，学数学时，我们可以利用数学公式去完成一些计算题，还能做到举一反三。那应用文写作呢？同样可以去总结不同文种的表达模式和行文规范。应用文具有规范化的格式，特别是党政机关公文，是以《党政机关公文处理工作条例》《党政机关公文格式》等文件对公文的格式加以规定的，其他应用文，也有很多约定俗成的格式，不能随心所欲地写。工作中，办理什么事情，需要使用什么文种，都有明确的规定。在写法上，不同文种的文章结构都有大体模式，不能随意变更、自创一套。基于应用文的这些特征，如果我们利用理性思维去看待、去学习，一定能很快摸清应用文写作的门道。

什么是理性思维，这是一个有争议的概念。一般来说，理性与感性相对，理性认识与感性认识相对。理性认识是在感性认识的基础上，把所获得的感觉材料，经过思考、分析，加以去粗取精、去伪存真、由此及彼、由表及里的整理和改造，形成概念、判断、推理。思维，是在表象、概念的基础上进行分析、综合、判断、推理等认识活动的过程。理性思维很强调逻辑性、程序性，这正好与应用文写作的行文风格和特点相契合。在应用文写作中，我们可以有意识地使用理性思维去分析材料、总结写作的方式方法，在钻研应用文写法上多下功夫。

拿到一篇材料，可以分析、总结材料中的语言表达模式，然后将不同性质、不同文种的材料放在一起，作一比较，就会发现不同文种在行文的方式、短语的使用、句子的使用等方面存在一定的差异，这些差异就是不同文种在写法上的差异。下面从五个方面介绍如何利用理性思维来学习应用文写作。

第一，应用文标题拟制的模式化。

在结构方面，文章的第一个要素往往是标题。应用文写作中的大多数标题，都有固定的模式，比如常见的标题类型有公文式标题、文章式标题、正副标题等，每一种类型都有其适用的文种和范围。就党政机关公文来说，其标题一般由发文机关名称、事由和文种构成，其他应用文也有约定俗成的一些标题格式。

应用文主旨的表达，最佳的位置就体现在标题上。除了文章的大标题，文中还可以设置各级小标题，各级标题一起体现文章的主旨或主要内容，所要表达的意图应在各级标题中直截了当地表达出来，做到清晰无误。拟定标题时，还要讲究表意的单一性。这就需要我们掌握不同文种标题的拟定方法。

第二，应用文文章结构的格式化。

文学作品的正文部分，有"凤头、猪肚、豹尾"之类的讲究，写法比较灵活，没有固定的格式。就应用文来说，标题之后往往可以分出前言、主体、结尾、落款等部分。各类应用文的正文部分常常有各自特定的结构。开头部分往往要说明发文的目的、依据，或者工作的背景、意义；主体部分通常采用分条列项式的写法来表述发文的具体事项；结尾部分有的用来提出希望、发出号召，或说明工作要求等，有的还需要专门的结束语，如"特此申请""妥否，请批复""特此通知""特此函达"等习惯用语，最后还要署名、署时。也就是说，应用文写作有规律可循、有章可循，我们可以用理性思维去把握应用文的结构。

第三，应用文的遣词造句有规律。

下面简要谈谈应用文遣词造句的问题，更详细的讲述将在计划类文书和总结类文书的写作攻略中呈现。

以计划类文书和总结类文书为例，我们通过大量分析计划和总结的遣词造句方法便知：计划类文书多使用动宾结构（短语）来表达"做什么，目的是什么"，即任务和措施；总结类文书多使用主谓结构来表达"什么怎么样，成效如何"，总结类文书有时也采用动宾结构来表达工作中采取的相关措施。

在众多的计划和总结中，不论是各级标题，还是文中的具体内容，在短语结构类型上存在显著的文种特征。例如，把计划类文书中一些句子的修饰、限定成分等剥离开去，剩下句子的主干，就可提炼出下面这些基本的表达模式。

提升……水平，支撑……建设

加快……发展，适应……需求

加强……战略，提高……质效

加大……力度，优化……结构

实施……举措，凝聚……力量

强化……管理，增强……能力

推进……改革，赢得……机遇

推动……转型，实现……转变

上面这些结构都是动宾结构，前面是动词，后面是动词支配的宾语。前半部分用来表达工作中拟采取的措施，后半部分用来表达将要达到的效果或目的。

这些表达模式很像数学公式，掌握了这些表达模式，我们就可以根据学习、工作的实际情况来补充相关内容，进行遣词造句。需要说明的是，我们讲的是如何用理性思维去分析、提炼、总结出"写作表达模式"，而不是拿着这些模式去生搬硬套。

哪些材料可作为我们分析、学习的材料呢？在此推荐两大类材料：一类是中国共产党历次全国代表大会工作报告，另一类是历年国务院政府工作报告。我们可以从中学习遣词造句的方式方法。除了行文中的这些表达模式可以用理性思维总结出来，其他方面我们也可以去总结，比如标题的拟定、词语的使用、短语的使用、句型句式的使用、长短句的使用等，也是有章可循的。

第四，用写作理论指导写作实践。

学习应用文写作一定要做到理论联系实际。我们要把应用文写作的相关理论运用到学习、工作中，与具体的应用文相结合，发挥理论对实践的指导作用；同时，用具体的应用文写作来印证所学的理论，加深对理论的认识。在学习中，我们可以模仿、借鉴优秀的应用文，运用理性思维总结其中的写作规律，掌握处理内容和形式、观点和材料的写作方法。写作理论是从实践中得来的，还得运用到实践中去。我们要勤于动笔，多加训练，这样才能把理论知识内化为写作能力。在课内外学习活动中，不放过每一次锻炼应用文写作的实践机会，比如撰写活动宣传策划、活动通知、新闻稿、活动总结等，在理论的指导下认真写作，做到行文规范，掌握行文技巧，从而达到熟能生巧。

第五，用理性思维看待文章真实性。

文学作品要讲究真实，但讲究的是艺术真实，因此文学作品允许作者虚构、夸张，并且还需要作者充分发挥想象力，去实现思想、情感和心灵的真实。应用文则不同。应用文使用的材料、数据要坚持实事求是的原则，都是有据可查的，就像理工科学生做实验后撰写实验报告一样，不能弄虚作假。应用文讲究的是生活真实，"真实"是第一位的。要实现应用文的真实性，也需要在语言表达上细细琢磨。平时在阅读各类文件时，要理性看待文件材料，看看优秀的应用文（范文）是如何表达真实的。

1. 谈谈应用文写作对人才培养的重要性和必要性。

2. 收集历年国务院政府工作报告，尝试分析其中各部分的写作方法。

3. 利用网络，查询有关汉语短语结构的基本知识，了解汉语短语的结构类型和功能类型。

4. 事务文书包括的文种繁多，不同教材对事务文书的定义不尽相同，谈谈你对事务文书的认识和理解。

5. 分析下列总结材料，提炼其中的语言表达模式。

一年来，我们深入贯彻以习近平同志为核心的党中央决策部署，坚持稳中求进工作总基调，统筹稳增长、促改革、调结构、惠民生、防风险，稳妥应对中美经贸摩擦，着力稳就业、稳金融、稳外贸、稳外资、稳投资、稳预期，主要做了以下工作。

一是创新和完善宏观调控，经济保持平稳运行。（略）

二是扎实打好三大攻坚战，重点任务取得积极进展。（略）

三是深化供给侧结构性改革，实体经济活力不断释放。（略）

四是深入实施创新驱动发展战略，创新能力和效率进一步提升。（略）

五是加大改革开放力度，发展动力继续增强。（略）

六是统筹城乡区域发展，良性互动格局加快形成。（略）

七是坚持在发展中保障和改善民生，改革发展成果更多更公平惠及人民群众。（略）

八是推进法治政府建设和治理创新，保持社会和谐稳定。（略）

节选自《2019年国务院政府工作报告》

Chapter 02

第二章
事务文书

　　事务文书是党政机关、企事业单位、社会团体和个人在处理日常事务时用来沟通信息、安排工作、总结得失、研究问题的实用文体，是应用文写作的重要组成部分。计划、总结、事迹材料、述职报告、新闻、简报、大事记、策划书、调查报告、会议记录等都属于事务文书的范畴。

扫码看任务

第二章
写作任务

第一节　计划类文书

一、计划的含义

计划是党政机关、企事业单位、社会团体或个人对未来一定时间内要做的工作作出预定安排的一类文种，是为完成一定时期的任务而在事前对目标、措施和步骤作出简要部署的事务文书。

计划必须从实际出发，根据有关政策、自身条件、客观形势和发展动态，确定明确的目标、任务，提出具体要求和相应措施，并在规定的时间里认真执行。制定出好的计划是迈向成功的第一步。

二、计划的特点

1．科学的预见性

在制订计划前，要对该项计划在目标、时间、步骤、措施、保障等诸方面作出成功与不成功的因素的分析，对发展趋势和所能达到的目标、可能出现的问题作出科学的预判，以保证计划的科学性和成功率。

2．明确的目的性

计划都是有目的的，并且应该是经过努力后才能实现的。目标定得太高，经过努力都不能实现，就容易挫伤人们的积极性；目标定得太低，不易调动人们的积极性。目标一定要结合实际情况来合理确定。

3．措施的可行性

完成计划不仅需要明确的目标，还需要有力的措施和保障，执行步骤需明确、具体，要有可行性，这样才能保证目标的实现。

4．执行的约束性

计划一经制定，就要对完成任务的实际活动起到指导和约束作用。工作的开展、时间的安排、经费的使用等，都必须按计划严格执行。计划也是后期总结的依据，是检查计划落实与否的约束性材料。

三、计划的种类

计划的种类很多，"计划"只是一个总称，纲要、规划、计划、安排、方案、预案、工作要点等都属于计划类文书。不同类型的计划具有不同的表现形式和写法。

纲要，是对全局范围内带有远景发展设想的某项工作作出的提纲挈领式的总体计划，一般由级别较高的党政机关制定，内容上具有很强的政策性、原则性、指导性，纲要涉及的时长一般为十年左右。

规划，是从宏观角度对某项工作的指导思想、方向、规模等作出原则性的规定，是纲领性文件，具有全局性、长远性和指导性等特点。规划的时间一般为三到五年，甚至五年以上。

计划，主要着眼于近期目标，从相对微观的角度对全局性工作或某一单项工作的任务、措施作出具体性的规定，便于直接贯彻实施，具有指令性。

安排，常用于布置一定时限内的一项工作，适用范围比较小，内容单一，在内容和语言表述上比计划更加具体。"安排"很少写指导思想、工作原则等内容，常常是开门见山，开宗明义，写清工作方法、措施和步骤，文字简练，便于执行。时间范围上，安排可以是每天的安排，也可以是一周、一个月、一个季度的安排，但很少有超过一年的。

方案，一般是对即将开展的工作作出最佳安排时使用的一种计划类文书。相对而言，安排是对已经确定的一个时期的工作计划的具体分解和贯彻，而方案一般是针对尚未成定局的新问题、新工作制定的一套工作方案。在讲究科学决策、民主决策的今天，在工作中往往可以先从不同角度设计出多套方案，供领导决策参考，经过反复论证后，确定最佳方案。从时间期限来看，方案的时间范围比较模糊，没有明确的时间限制。

预案，经常用作党政机关、企事业单位为应对各种突发事件而预先制定的工作方案。预案都是为了应急之用，所以也叫应急预案。预案是为了防患于未然，预先设想一些问题，并对此提出解决方案，因此预案要尽可能周全、具体、可行。事前设想得越周全，预案的目标和措施就越准确。

工作要点，是计划的摘要形式，多用于领导机关对下属单位布置工作和交代任务。在写法上，工作要点多以分条列项式的写法来写，全文的几个大点、几个小点，分别依次排序。以文件形式下发的计划，一般采用工作要点的方式来写。

计划还可从不同角度进行分类：按内容分，有工作计划、生产计划、学习计划、科研计划等；按范围分，有国家计划、部门计划、单位计划、个人计划等；按时间分，有跨年度的多年计划、年度计划、季度计划、月份计划，有长期计划、中期计划、短期计划等；按性质分，有综合性计划和专题性计划；按呈现形式分，有条文式计划、表格式计划和文表结合式计划。

四、计划的写法

计划一般由标题、正文和落款组成。

1．标题

（1）公文式标题，一般包括四个要素：单位名称、执行时限、内容范围和计划种类，如《××大学20××—20××年科研工作发展规划》。

（2）省略时限的标题，如《××大学教学工作计划》。

（3）只写时间和文种的标题，如《20××年工作计划》。

从标题信息的完整性来看，建议使用公文式标题。所拟计划如还需要讨论定稿或需经上级批准，应在标题的后面或下方用括号加注"草案""初稿"或"讨论稿"等字样。个人计划的姓名不写在标题中，应写在文末日期之前。

2．正文

正文一般包括前言、主体和结尾三个部分。

（1）前言（开头）。前言是计划的纲领性内容，主要是说明依据什么方针、政策以及上级的指示精神，然后是对基本情况的分析，或对计划的概括说明，完成任务的主客观条件如何，制定这个计划要达到什么目的，完成计划指标有什么意义。

（2）主体。主体部分是计划的核心内容，应包括三个要素：任务目标（做什么）、办法措施（怎么做）和进度安排（何时做）。主体部分要写明实施计划的具体要求、分工、程序、方法、时间等。计划三要素的繁简程度可以不同，但缺一不可。

（3）结尾。如果是整个单位的工作计划，可在结尾提出明确的执行要求，可以展望计划实现的情景，给人以鼓舞，也可以提出希望或发出号召。如果是个人的学习或工作计划，可以写一些自我激励或表示决心的话。不是所有的计划都需要写结尾，有些工作要点可以不写结尾部分。

计划中有些内容在正文里不便表述或会影响排版时，如图、表等，可作为"附件"列在正文之后。

3．落款

在正文的右下方写明制定计划的单位名称或个人姓名，在署名下一行写上日期。如标题中已经写明单位名称和日期的，此部分可省略。

在行文格式方面，虽然事务文书不是法定公文，但可参照《党政机关公文格式》来处理。

范例

教育部2021年工作要点（节选[①]）

2021年是中国共产党成立100周年，是"十四五"规划开局之年，也是全面建成小康社会、开启全面建设社会主义现代化国家新征程的关键之年。

教育工作总体要求：以习近平新时代中国特色社会主义思想为指导，贯彻落实党的十九大和十九届二中、三中、四中、五中全会精神，贯彻落实习近平总书记关于教育的重要论述和全国教育大会精神，按照"五位一体"总体布局和"四个全面"战略布局，增强"四个意识"、坚定"四个自信"、做到"两个维护"，坚持稳中求进工作总基调，立足新发展阶段，贯彻新发展理念，构建新发展格局，以推动高质量发展为主题，以改革创新为根本动力，坚持系统观念，更好统筹发展与安全，坚持和加强党对教育工作的全面领导，全面贯彻党的教育方针，落实立德树人根本任务，坚持发展抓公平、改革抓体制、安全抓责任、整体抓质量、保证抓党建，全面推进依法治教，巩固拓展新冠肺炎疫情防控和教育改革发展成果，为建设高质量教育体系立柱架梁，推进教育治理体系和

---

① 在选用范例和案例时，为节省篇幅，我们做了适当删减，特此说明。下同。

治理能力现代化，为建设教育强国开好局、起好步，以优异成绩庆祝建党100周年。

一、深入学习宣传阐释习近平新时代中国特色社会主义思想

1. 加强思想理论武装（略）

2. 加强宣传引导（略）

3. 深入研究阐释（略）

二、推动改革和发展深度融合高效联动

4. 全力做好教育"十四五"规划编制工作（略）

5. 扎实推进新时代教育评价改革（略）

6. 深化考试招生制度改革（略）

目标任务：高考综合改革稳妥推进。高考内容改革不断深化，艺术体育等特殊类型招生进一步规范。中考招生录取综合改革试点落地省份在省域范围全面推进招生录取综合改革。

工作措施：指导河北等八省市借鉴改革试点省份经验，制定考试和录取方案，开展模拟演练，稳妥做好招生录取工作，确保新高考平稳落地。深化高考内容改革，进一步体现德智体美劳全面发展要求，创新试题形式，加强对学生关键能力的考查。严格规范体育艺术等特殊类型招生工作，进一步健全制度、规范程序、严格管理、强化监督，提高体育艺术人才选拔质量。深入推进中考改革，有序扩大招生录取改革范围，完善省级统一的中考命题机制，着力提高命题质量。

7. 推进民办教育规范发展

......

三、发挥教育人力资本优势更好服务国家创新体系建设

12. 构建新时代中国特色职业教育体系

......

四、全面落实立德树人根本任务

16. 提升思想政治工作质量

目标任务：弘扬伟大抗疫精神，深化爱国主义教育，增强广大师生的"四个自信"。充分发挥思政课作为落实立德树人根本任务关键课程作用。常态化开展精准画像工作，一体化构建思想政治工作体系。

工作措施：推进大中小学思政课一体化建设。推动以习近平新时代中国特色社会主义思想为核心内容的高校思政课课程群建设，实施深化新时代思政课改革创新质量提升专项行动，深入实施"一省一策思政课"集体行动。开展加强"四史"学习研究教育"攻坚行动"。督促各地各高校台账式落实《教育部等八部门关于加快构建高校思想政治工作体系的意见》。推动领导干部、"两院"院士等专家学者、英雄模范人物进校园开展思想政治教育。围绕"明理""共情""弘文""力行"四大板块实施八大行动，持续开展"我和我的学校""青春告白祖国""小我融入大我，青春献给祖国""奋斗的我 最美的国""新时代先进人物进校园"等品牌工作，全面推进《新时代爱国主义教育实施纲要》贯彻落实。指导各地"一校一案"落实《中小学德育工作指南》。开展"从小学党史，永远跟党走""学习新思想，做好接班人""开学第一课""全国中小

学生电影周"等主题活动，强化红色教育实践活动。加强和改进职业院校德育工作。创新开展职业院校"文明风采"活动。深入实施"青年红色筑梦之旅"活动。推进职业院校"三全育人"综合改革。组织好"网上重走长征路"学习教育工作。指导各地各高校进一步明确网络思政的建设内容、主要任务与重点资源保障。加强学生心理健康教育。建立完善高校专职辅导员职业发展体系和专职辅导员管理岗位（职员等级）晋升制度。

17. 用心打造培根铸魂、启智增慧的精品教材

……

五、提升人民群众教育获得感

22. 深化校外培训机构治理

……

六、提升教师教书育人能力素质

30. 推动师德师风建设常态化长效化

……

七、坚持和加强党对教育工作的全面领导

35. 健全保障教育事业优先发展的经费投入体制机制

……

40. 抓好"奋进之笔"项目实施（略）

🔍 简析

此范例是采用条文格式写成的工作要点。工作要点通常采用条款的形式，分条列项逐一写明，教育部每年的工作要点就是这方面的典型范例。

计划的三要素是任务目标、办法措施和进度安排。对于年度工作要点来说，进度安排的执行时限就是当年一整年。在2019年以前，教育部的工作要点没有明确指出哪些是"目标任务"，哪些是"工作措施"。从2019年开始，教育部每年的工作要点都明确提出了各领域的目标任务和工作措施，目标清晰，任务具体，措施明确，可操作性强。下面依托此范例介绍计划类文书的一些写作技巧。

计划类文书一般包括前言、主体和结尾三部分，但工作要点可不写结尾部分。

（1）前言部分主要用于说明制定计划的依据、要达到的目标、计划的意义等，表述"教育工作总体要求"时，多采用动宾结构来表达。

（2）再看主体部分的遣词造句。为节省篇幅，未将全文列出，但看其要点我们也能略知一二。主体部分共分为7个大项和40个小项，小项序号采用了全文拉通排序的方式。每一个要

点归纳为一个小项，每个小项多采用一个动宾结构组成的无主句来表述，如"扎实推进新时代教育评价改革""深化考试招生制度改革""推进民办教育规范发展""深化校外培训机构治理"等。在表达"目标任务"时，主要使用动宾结构来表达，如第16点的目标任务是"弘扬伟大抗疫精神""深化爱国主义教育""增强广大师生的'四个自信'"等；有时也使用主谓结构来表达，如第6点的"高考综合改革稳妥推进""高考内容改革不断深化"，但多数情况下是使用动宾结构来表达目标任务的。在表达"工作措施"时，绝大多数时候采用的是"（状语+）动词+宾语"的句子结构，如"扎实推进……改革""深化……改革""推进……发展""深入实施……行动""持续开展……工作""建立……制度"等。每句话基本都由动宾结构组成，这正是计划类文书的语言表达技巧。

（3）领会每个段落的写法。下面选取第16点来做具体分析。小标题"提升思想政治工作质量"采用动宾结构表达工作目的，然后用两个自然段分别说明"目标任务"和"工作措施"。目标任务就是要"做什么"，采用动宾结构的句子来表达。"工作措施"就是要"怎么做"，也是采用动宾结构的句子来表达。每项措施按照内在的逻辑顺序进行排列，如先宏观后微观、先重要后次要、先全局后局部。每句话都是以动词开头，形成一个动宾结构，如"推进……建设""推动……建设""实施……行动""开展……工作""建立……制度"等表达格式，这正是计划类文书的写作要领。

（4）掌握标题层级及标点符号的使用规范。《党政机关公文格式》对公文文中结构层次序数的使用进行了规定，依次可以用"一、""（一）""1.""（1）"标注，其他应用文可参照执行。结构层次序数所引导的内容，如果用作小标题，需独立成段，中间可用逗号、顿号等，但句末不加标点符号，建议将小标题加粗，格式如下。

一、××××，××××

（一）××××，××××

1. ×××××××××

（1）×××××××

结构层次序数所引导的内容，如果不用作小标题，而用作一个段落的中心句，这个中心句的句末需加句号，并且需有后续内容，各段的中心句可加粗显示，其格式如下。

一、××××，××××。

（一）××××××。××××，××××××××。

1. ×××××××。××××××××××××。

（1）×××××××。××××××××××。

在实际写作中，如果结构层次比较少，可省略中间层次，但不能颠倒层次。《教育部2021年工作要点》就只用了"一、"和"1."这两个层次。第一级结构层次一般用作小标题，不管标题有多长，中间可用标点符号，但最后不使用标点符号。

扫码看资料

标点符号使用
错误辑要

××大学迎新生晚会策划方案

一、晚会主题：梦想·家

二、晚会形式

晚会将采用动画视频串联三大篇章，视频以"逐梦之旅"为主题，依托彩色黑板画的形式拍摄剪辑。视频表现一个怀揣梦想的少年一路向前，在途中遇到了一个又一个追梦的小伙伴，他们珍惜自己的音乐梦、舞蹈梦（即晚会节目）。他们聚在一起，用勇敢的心和包容的爱成就自己的梦想。

三、晚会目的

通过一台主题积极、节目精彩、游戏丰富、气氛活跃的迎新生晚会，呈现一个有亮点、有影响、深受好评与认可的迎新生之夜。同时以此为契机，宣传××社团，提升××社团在新生中的知名度和影响力。

四、前期准备

1. 人员分工安排

（用表格的形式注明筹备工作内容、负责人、时间要求等）

2. 晚会宣传方案

（1）灯箱布、条幅（内容、地点、时间、负责人等）

（2）海报宣传（内容、地点、时间、负责人等）

（3）网络宣传（内容、平台、负责人等）

（4）传单宣传（内容、时间、地点、负责人等）

（5）地标宣传（用于前往晚会会场的指引）

3. 入场券派发方案

（1）现场派发（注明张数）

（2）网络抢票（注明张数）

（3）社团内部预留（注明张数）

（4）备用（注明张数）

五、活动现场

1. 会场布置（略）

2. 入场环节（略）

3. 主持与演出（略）

4. 观众互动（游戏环节的设计、奖品发放、微博墙等）

5. 散场安排（略）

六、活动预算

（略）

扫码看案例

大学生涯规划

七、安全预案

（略）

迎新生晚会筹备组□□

×年×月×日

简析

　　这是某个学生社团筹备迎新生晚会的活动方案，属于计划类文书。此方案考虑周全，具有可操作性。在撰写活动方案时，主要是对人、财、物进行统筹安排，最后列出安全预案，写法规范。

案例分析

立鸿鹄之志　展骐骥之跃

——×××大学生涯规划

　　变动不居的时代潮流之中，唯有常立志、立长志并为之付出实践的汗水，才能紧紧抓住大学四年的宝贵时光，成就更好的自己。迈进大学之门，既能夯实专业知识，又能陶冶性情、拓展知识面。××大学以她实事求是的校风、丰富多彩的资源为我提供了一个发现自我、挑战自我、超越自我的平台，也鞭策我做好大学生涯规划，立下鸿鹄之志，并以实际行动实现自我价值与社会价值相统一的骐骥之跃。

　　在规划大学生涯之前，先进行自我评估。在学习生活上，探索人文社科的相关知识，结交良师益友，融入集体生活；在思想认识上，作为一名共青团员，积极向党组织靠拢，追求思想进步；在社团经历中，高中曾参加书画社、灯谜社，同时对辩论、乒乓球也感兴趣。下面从思想、学习、实践、生活、未来去向等方面规划我的大学生涯。

標題：采用了正副标题的方式。这种标题可用于个人计划，在单位的工作计划中较少使用。

前言：用于交代作计划的背景，说明制定规划的目的和意义。此部分写得较好。在提出规划之前，还进行了简短的自我评估，这部分内容与上下文结合不够紧密，可以不用详写。

一、提升思想认识，坚定理想信念

理想信念是青年学生思想行动的"总开关"，理想指引人生方向，信念决定事业成败，一定要坚定理想信念，没有理想信念，就会导致精神上缺"钙"。首先，要树立自信意识，做到信念坚定不动摇，每日观看《新闻联播》《焦点访谈》并浏览"学习强国"App，不断加强理论学习，提高理论水平，做到既关心国家大事，又留心身边的小事。其次，要树立自学意识，做到提升素质不落伍，通过阅读《共产党宣言》《资本论》等书籍，提高自身的政策理论水平和明辨是非的能力。最后，要树立自律意识，做到知行合一不懈怠，参加"青年大学习"网上主题团课、团支部团日活动和入党积极分子培训、预备党员培训，学党史、感党恩，坚决跟党走。

二、夯实知识基础，优化知识体系

孔子云："学而不思则罔，思而不学则殆。"学思结合、学思践悟是拓展思维疆界、丰富知识结构的重要途径。为实现上述目标，我作出以下规划。第一，钻研专业知识，遵循培养计划，融会贯通专业知识，提高自己在人文社科领域的知识水平，做到"博观而约取，厚积而薄发"。第二，拓宽知识视野，坚持"与柏拉图为友，与亚里士多德为友，更要与真理为友"，在学有余力的前提下广泛涉猎历史、哲学、建筑、人类学、社会学等方面的书籍，实现触类旁通，培养独立思考的习惯。第三，切磋思维模式，做到"切问而近思"，请教老师、请教同学，将知识内化于心，将思想外化于行，涵养深厚的批判性思维和创新精神。第四，提高学习质量，秉持"苟日新，日日新，又日新"的态度，创新学习方法、提升学习效率，践行劳逸结合、慎独自律的理念，控制每日使用手机等设备的时间，保证在图书馆、自习室的有效学习时长，做到"消化知识不过夜"。第五，全面提升外语听、说、读、写的能力。增加词汇量，养成精听、泛听的习惯，阅读外文名著、观看外语电影，尝试撰写外语影评，深入了解外国语言文化，理解外语思维方式，并在修习英语日臻纯熟的基础上学习一门第二外语。

三、投身社会实践，增长见识才干

社会实践是青年学生练就过硬本领的"大熔炉"。青年要成长为国家栋梁之材，要读万卷书、行万里路，既多读有字之书，也多读无字之书，注重积累人生经验和社会知识，注重在实践中加强磨炼、增长本领。针对社会实践，我这样规划：（略）

主体：主体部分从思想、学习、实践、生活、未来去向五个方面进行规划。各部分篇幅较为均衡。这五个部分分别设置了小标题，采用了动宾结构来写，写法规范。

在思想规划部分，"树立自信意识""树立自学意识""树立自律意识"三个方面写得很好，短语结构使用恰当。

第二部分，该生从五个方面来表达如何"夯实知识基础，优化知识体系"，写得很全面，具有可行性。从遣词造句来看，动宾结构的使用很纯熟，措施表达很到位。

每一部分的第一句或者用于阐述制定规划的意义，或者用于阐述道理，有时还引经据典，这样的写法在个人规划中倒无不妥，但在工作规划中不宜这样写。

四、追寻心之所向，放飞青春梦想

社团活动能为大学生活增添一抹亮色。"心之所向"对于一个大学生仰望星空、开拓视野有着不可替代的作用。对于大学的课余生活，作出如下规划：（略）

五、明确未来目标，奔向美好明天

多少事，从来急，天地转，光阴迫，大学本科生涯如白驹过隙，唯有早立目标、早做打算、早明前路，方能做到"剑已配妥，转身不惧江湖"。对于未来目标，我作出如下设想。第一，广泛阅读专业文献，增强科研能力，深化学科素养。第二，在大二学年组织调研队，参加"挑战杯"学生课外学术科技作品竞赛，撰写社会调查报告和学术论文，提升学术竞争力，增长见识。第三，在大三学年联系学院研究生导师，如有机会继续深造，则努力寻求在研究领域有所奉献，培养学术兴趣，争取进入课题组。第四，在大四学年认真撰写毕业论文，参加选调生考试，参与公共治理事业，实现自我价值和社会价值的统一。

慎思笃行，臻于至善；怀瑾握瑜，风禾尽起。以上五条构成我的大学生涯规划，我将坚定不移地贯彻落实。同时，受限于知识水平、生活经验和认识能力，上述大学生涯规划必然不够完善，需要在日后的实践中不断丰富和纠偏。"行百里者半九十"，我将在日复一日的学习生活中精进自己，把自己这块材料铸造成器，有一分光，发一分热，书写人生华章！

×××（署名）□□①

×年×月×日

第五部分和结尾部分加波浪线的句子是文学性语言的表达方式，在应用文中不宜使用。

结尾：用于表达为实现目标的决心，并表示将根据实际情况不断丰富和纠偏，写得很中肯。

写作攻略

一、计划类文书的写作技巧

在计划的含义中有三个关键词：目标、措施和步骤。撰写计划需要包含这三部分的内容，但要想把它们准确、规范地用语言表达出来，并非易事。

---

① 文中一个□表示右空一字，读者在写作时应注意此格式规范。特此说明，下同。

从宏观结构来看，要会谋篇布局，做好正文框架的布局，对前言、主体、结尾各部分的结构要成竹在胸。从中观结构来看，要掌握每个自然段的写法，每个自然段大约要写几句话，每句话之间要遵循什么逻辑关系，都要心中有数。从微观结构来看，讲究遣词造句，每句话要用什么样的句子来表达，要做到恰当得体，符合文种的表达要求。下面着重从中观结构和微观结构来介绍计划类文书的几点写作技巧。

1. 掌握每一段的基本写法

每一段写什么、怎么写，这属于文章的中观结构。不同层次的计划，写法略有差异。

小型的计划（如部门计划、科室计划、个人计划），一般在前言部分集中交代制定计划的目的和意义。

比较大型的计划（如整个单位的计划），可在主体的各个部分分别阐述相关目标的意义。一般来说，每个自然段呈现的是相对独立的内容。各段的写作要领如下：第一句为中心句，用于表述目标任务（做什么）；第二句用来阐述确定这个目标的目的和意义（为什么）；第三句及以后的内容，用来表述所要采取的具体措施（怎么做），这些措施需要使用动宾结构来表达。动宾结构是由动词和宾语组成的语法结构。计划中的措施在于说明"怎么做"，在语言表达上，就是动词和宾语之间的搭配关系。下面举例说明。

在中国共产党第十九次全国代表大会上的报告（以下简称十九大报告）中，对未来工作进行安排部署的内容具有"计划"的属性。十九大报告第五部分第（二）点的内容如下。

（二）加快建设创新型国家。创新是引领发展的第一动力，是建设现代化经济体系的战略支撑。要瞄准世界科技前沿，强化基础研究，实现前瞻性基础研究、引领性原创成果重大突破。加强应用基础研究，拓展实施国家重大科技项目……加强国家创新体系建设，强化战略科技力量。深化科技体制改革……倡导创新文化，强化知识产权创造、保护、运用。培养造就一大批具有国际水平的战略科技人才、科技领军人才、青年科技人才和高水平创新团队。

这段话一共有三个层次。第一句是中心句，表示要做什么。第二句是阐述"创新"的作用和意义，回答为什么要确定"加快建设创新型国家"这个目标任务。第三句及以后的部分用来说明怎么做，即建设创新型国家的具体措施，每一个分句都是一个动宾结构，它们需按照一定的逻辑关系进行排列。

2. 使用动宾结构来表达工作举措

计划类文书中常用的短语结构就是动宾结构，主要用于表达"做什么"。动词是动宾结构的核心，在遣词造句时，我们经常有词穷之感，就是想不到精当的动词来表达相关工作措施。要想灵活运用动宾结构，就需要储备一些动词。

促进、培育、加强、坚持、优化、深化、强化、扩大

壮大、实现、激发、保护、保证、保障、鼓励、建设

发扬、弘扬、营造、确保、构建、改善、完善、健全

支持、瞄准、遵循、拓展、实行、赋予、探索、改进

维护、监督、成立、规范、梳理、配置、铸牢、掌握

倡导、抵制、践行、造就、满足、提供、提高、提升

畅通、打通、贯通、废除、清理、打破、破除、取消

如何储备这些常用动词呢？我们可以通过学习各类文件来积累词汇。平时在学习文件时，不仅要理解文件中说了什么内容，还要去关注它是用哪些动词来表达的，长此以往，我们就能积累很多动词。

下面我们来分析十九大报告第五部分的小标题和每段的中心句。

五、贯彻新发展理念，建设现代化经济体系

（一）深化供给侧结构性改革。（略）

（二）加快建设创新型国家。（略）

（三）实施乡村振兴战略。（略）

（四）实施区域协调发展战略。（略）

（五）加快完善社会主义市场经济体制。（略）

（六）推动形成全面开放新格局。（略）

扫码看视频

计划的写作技巧

在上例中，小标题的前后两个短语和每段的中心句都是动宾结构。从这个例子中，我们要学会使用"动宾结构"来表达"计划做什么"。下面再来看《2021年国务院政府工作报告》第三部分"2021重点工作"中八个部分的中心句。

（一）保持宏观政策连续性稳定性可持续性，促进经济运行在合理区间。

（二）深入推进重点领域改革，更大激发市场主体活力。

（三）依靠创新推动实体经济高质量发展，培育壮大新动能。

（四）坚持扩大内需这个战略基点，充分挖掘国内市场潜力。

（五）全面实施乡村振兴战略，促进农业稳定发展和农民增收。

（六）实行高水平对外开放，促进外贸外资稳中提质。

（七）加强污染防治和生态建设，持续改善环境质量。

（八）切实增进民生福祉，不断提高社会建设水平。

这是国务院对八大重点工作的安排部署，这些中心句都是以动宾结构来表达的。每句话由前后两部分组成，前半部分用来表达工作措施，后半部分用来表达将要达到的目标或目的。

3. 掌握动宾之间的搭配关系

在使用动宾结构的时候，还需要注意动词和宾语之间的搭配关系。同一个动词可以跟不同的宾语进行搭配。例如：

完善基层民主制度　　完善农业支持保护制度

完善市场监管体制　　完善公共文化服务体系

完善文化经济政策　　完善人大专门委员会设置

"完善"的宾语大多是制度、体制、体系、政策、机构设置等。再如：

统筹推进"五位一体"总体布局　　协调推进"四个全面"战略布局

统筹推进党的各项建设　　　　　　加快推进农业农村现代化

推进国际传播能力建设　　　　　　推进重大技术创新、自主创新

推进大国协调和合作　　　　　　　推进合宪性审查工作

"推进"的宾语大多是布局、建设、改革、创新、合作、工作等。有些"推进"的前面还有"统筹""协调""加快"等，它们是动词前的状语。

4. 适当使用状中结构

在应用文写作中，经常会使用没有主语的句子，也就是无主句。这些无主句大多数是动宾结构，有时动词的前面会使用状语，构成状中结构。例如：

全面深化、全面净化、全面贯彻、全面建成、全面建设

不断壮大、不断增强、不断促进、不断完善、不断改善

着力加快、着力解决、着力提高、深刻领会、充分发挥

主动参与、紧密结合、始终保持、牢固树立、深入开展

深入推进、统筹推进、积极推进、坚定实施、加快发展

奋力谱写、持续改善、持续扩大、持续提高、稳妥推进

下面这些词常用来充当状语：

全面、全力、着力、努力、竭力、大力、奋力

深刻、充分、主动、紧密、大幅、日益、坚决

始终、牢固、深入、统筹、积极、坚定、牢牢

持续、稳妥、快速、有效、扎实、更加、逐步

不断、尽快、有序、共同、初步、进一步

这些状语，主要用来表达程度、态度、方式、语气等。在语言的节奏上，状中结构也起到调节作用，例如"不断加强师资队伍建设"就可以这样停顿：不断加强／师资队伍建设。

以上介绍了计划类文书中观结构和微观结构的写作技巧，下面为读者总结计划类文书遣词造句的两种基本表述模式。

第一种模式，使用"状语+动词+定语+宾语"来表达工作目标或任务。

（一）深入推进……改革

（二）努力打造……队伍

（三）着力提高……水平

（四）不断提升……能力

（五）持续优化……结构

（六）切实加强……监管

（七）扎实做好……教育

（八）共同营造……氛围

第二种模式，使用两个动宾结构，前一个表达措施，后一个表达目标。

（一）提升……水平，支撑……建设

（二）加快……发展，适应……需求

（三）加强……战略，提高……质效

（四）加大……力度，优化……结构

（五）推进……改革，赢得……机遇

（六）推动……转型，实现……转变

（七）实施……举措，凝聚……力量

（八）强化……管理，增强……效能

二、计划类文书的一些弊病

1．计划开头部分"戴高帽"

就文章整体而言，开头部分是必不可少的内容，我们习惯把一些应用文的开头部分称为文章的"帽子"。帽子有大小、高低之分。有人将应用文中冗长不当的开头称为"戴高帽"。"戴高帽"大致有如下三种现象。

（1）以空话、套话开头。写一个计划，非要写出好几个"在……下"，还有意识地按照逻辑关系去写，例如，"在……思想的正确指导下""在……的正确领导下"（如果是受多重领导的机关，还列出多个上级机关），再写"在……的大力支持下""在全体员工的共同努力下"等。这样的开头，帽子戴得高高的，把篇幅弄得太长。一连用好几个"在……下"，套话太多，这是我们应该反对的。

（2）引用依据过多。制订计划时，有所依据是必需的，但要做到少而精。不少计划，在前言部分详细交代各项依据，生怕漏掉一个。例如，"为了××，根据《××》《××》《××》和《××》，以及《××》，结合本单位实际情况，特制定本计划。"从党中央、国务院文件开始，一直往下排列，有的甚至还加上各个文件的发文字号，弄得开头部分特别长。这里有一个问题，就是该不该详细交代制订计划的各项依据呢？其实，没有必要引用所有的相关依据，只引用直接上级机关的文件即可，或者用概括性的语句来表达。

（3）指导思想和精神一大串。指导思想是每个单位、每位领导干部开展工作不可缺少的前提条件。党政机关要站在党的立场，依据党和国家的方针、政策、法规去观察事物、分析问题、处理问题、开展工作。只有在正确思想的指导下，才能看清事物的本质，找出存在的问题，采取正确的方法，从而很好地完成工作。所以，在工作计划的前言部分交代工作的指导思想是必要的，但要精练。

有一篇计划的前言是这样写的：

在校党委的领导下，在院党委和校团委的指导下，深入学习贯彻党的十九大精神、学校第×次党代会精神、第×次教学工作会议精神、第×次科技工作会议精神等，依据学校的工作要点和校团委的工作要点，努力提升……不断……加强……结合本单位工作实际，特制定本年度的工作计划。

上例写了一系列的指导思想和指导精神，加上各种依据，开头部分就写了好几百字。当然，在计划的前言部分，哪些内容必不可少，哪些内容可有可无，虽然没有明确规定，但以上三种弊病需要避免，切实转变文风。

2. 计划主体部分要素不全

计划类文书内容的三要素为目标、措施和步骤，这三个要素的详略程度可以不同，但一个都不能缺少，特别是目标和措施不能少。在实际工作中，我们看到一些计划要素不全，比较突出的问题是只有目标，没有措施。

一些单位的工作计划，列出了很多工作目标，并且要求全单位、各部门努力实现既定目标，但是没有在计划中说明工作措施。这样的计划就像是给各部门下达工作任务和各项指标时，只提要求，不讲措施，这简直是以"岗位责任书"或"任务分解表"来代替工作计划。

根据计划约束性和指导性的特点，在计划中可以提出对工作进度和绩效的考核标准，目标是计划的灵魂，但不能只有目标。如果只有工作目标，缺乏具体的工作措施和步骤，就无法成为一个完整的计划。制订计划，是在工作之前对工作的任务、目标、方法、措施作出的预见性安排，所以计划也应提出相关措施，起到指导的作用，不能像写岗位责任书那样来写。

还有的计划缺失工作目标。例如：

① 认真学习十九大精神，当好党委宣传贯彻十九大精神的助手。

② 继续贯彻全国高校思想政治工作会议中的"四个服务"和"四个正确认识"教育。

③ 宣讲改革开放的成就。

这个计划写了要"做什么"，但没有明确的目标以及如何去做，通过什么途径去做也没有交代。这样的计划在执行过程中，如何评价工作是否到位、是否达到了预期效果呢？所以，这就属于计划要素缺失的问题。

3. 制订计划的先后顺序颠倒

大到国家，小到基层单位，各单位、各部门每年年初都要制订工作计划。从时间先后顺序来看，应该是单位先制订计划，单位内各部门再根据单位的总体计划来制订各部门的分计划，但在实际工作中，有些单位要求下级部门先提交部门计划，然后再形成单位的总体计划，这在顺序上是不合理的。因为一个单位的发展目标不是各部门目标的简单相加，一定要先制订好总体计划，各部门再同心协力地去实现单位的总体发展规划。

另外，每年全国"两会"召开的时间一般是在三月。地方的"两会"召开的时间通常比全国"两会"时间要早一些。为什么全国"两会"都在三月召开呢？这是由于人民代表大会要审查和批准国民经济和社会发展计划，以及计划执行情况的报告，三月这个时间有利于处理相关事宜，并且刚好错开农历春节。

有些单位制订并发布本单位的工作计划，往往要等"两会"结束后才发布，甚至更晚。等计划发布后，时间都快到五六月了，差不多半年的时间过去了，这在一定程度上影响了计划的时效性。因此，一般性质的单位应尽早制定并发布计划。单位计划发布后，各基层部门才能据此制定部门计划。

第二节　总结类文书

一、总结的含义

总结是党政机关、企事业单位、社会团体或个人对以往某个阶段或某方面的工作进行系统的回顾、检查、分析、评价，从理论上概括经验、教训，获得规律性的认识，以便指导今后工作的一种事务性文书。

写好总结的关键在于：做到全面、系统地总结，从理论上进行分析和概括，要总结出有规律性的认识。

二、总结的种类

总结可以从不同角度进行分类。

按内容分，有学习总结、工作总结、思想总结、科研总结等。

按范围分，有单位总结、部门总结、科室总结、个人总结等。

按时间分，有年度总结、学期总结、季度总结、月度总结等。

按性质分，有综合总结、专题总结等。

个人总结是对个人的思想、学习和工作等方面的情况进行总结。综合总结又称全面总结，它是对某一时期各项工作的全面回顾和检查，进而总结经验与教训。专题总结是对某项工作或某方面问题进行专项的总结，尤以总结推广成功经验为常。总结还有各种别称，如自查性质的评估、汇报、回顾、小结、心得、体会等都具有总结的性质。

三、总结的写法

总结由标题、正文、落款三个部分组成。

1. 标题

（1）公文式标题。依次由单位名称、时限、事由、文种名称构成，如《××大学20××年度教学工作总结》。

（2）文章式标题。用一个或多个短语来概括主要内容或基本观点，不出现"总结"字样，但对总结内容有提示作用，如《继承创新　扎实工作　促进共青团的事业不断发展》。

（3）正副标题。分别以文章式标题和公文式标题为正副标题，正标题揭示观点或概括内容，副标题点明单位名称、时间、事由和文种，如《知名教授上讲台　教书育人放异彩——

扫码看视频

总结标题的
写法

××大学20××年课程思政工作总结》。

2．正文

正文包括前言、主体和结尾三个部分。

（1）前言。一般用来说明工作的相关背景、基本概况等，也可交代总结主旨并作出基本评价，其目的在于让读者对总结的全貌有一个概括的了解。大学生在写个人总结时，前言可写明个人的基本信息，然后对过去一段时间的思想、学习、社团、科研、社会实践等方面进行总体的自我评价，再转入下文。如果是写工作总结，前言部分首先介绍个人的基本信息和工作岗位的基本情况，然后对自己的工作进行简要的自我评价。如果是写一个单位、一个部门的工作总结，特别是党政机关的总结，一般在前言部分写明指导思想、工作依据，以及工作业绩的自我评价等。开头力求简洁，要统领全文、开宗明义。

（2）主体。主体部分应包括主要工作内容、成绩及评价、经验和体会、问题或教训等，这些内容是总结的核心部分，可按纵式结构或横式结构撰写。所谓纵式结构，即根据所做的工作、方法、成绩、经验、教训、今后打算等，按纵向结构逐层展开，这种结构比较适合单一性、专题性的工作。所谓横式结构，即按材料的逻辑关系将其分成并列的若干部分，标序加题，逐一写来。总结质量的优劣在于能否全面分析取得的成绩以及取得成绩的原因和做法，能否总结出带有规律性、理论性的经验。

（3）结尾。以归纳呼应主题、指出努力方向、提出改进意见或表示决心、信心等语句作结，要求简短精练。如果主体部分没有指出工作中的缺点或存在的不足，可在结尾部分提及，并写明今后的打算和努力的方向。

3．落款

如果总结的标题中没有写明总结者或单位名称，就在正文右下方署名署时。如是报纸杂志或简报刊用的交流经验的专题总结，可在标题下方居中署名。

🔧 案例分析

魏××个人小结

我是魏××，××大学××学院20××级英语A班的学生，男，中共党员。学习和工作勤勤恳恳，认真负责，获得了老师和同学们的好评。我是一个艰苦朴素、勤奋刻苦、尊敬师长、团结同学、勇于进取的男孩。下面是我的年度个人总结。

一、学习成绩

在注重提升各方面素质的同时，我对专业学习非常重视，在专

标题：①标题拟得不好，个人姓名一般不写入标题；②用"小结"显得不太正式；③这种标题未能概括出主旨来。

学习成绩：仅列出所取得的

业学习的各方面都获得了大幅度的提高，并取得了较为出色的成绩。大一我获得"国家奖学金"和"××大学三好学生"的荣誉。大二下学期，我辅修××大学金融学双学位，学习踏实稳定。大二我获得了××银行一等奖学金。大三全学年我获得91分多的优秀成绩，专业排名第三。

二、团委助理工作

自大二上学期被选为团委助理以来，我积极工作，乐于奉献，积极协助学院团委老师开展了一系列颇有成效的工作，获得老师们的赞赏。大三学年我仍然在团委值班，其间我负责整理文件、清理卫生、接待来访同学等日常工作。与此同时，我还兼任学院党建助理，协助党建老师完成学院学生党建、理论教育和党员志愿服务等工作。我秉承着服务同学、贡献学院的宗旨，将所负责的每一项工作都开展得有声有色，得到了同学们的肯定。

三、社团工作

在社团工作中，因为学生党建工作烦琐，任务较重，所以我把主要精力放在了党支部建设和学院党建工作上。我曾作为老生代表连续参加了第二期和第三期××班新老党员交流会；受邀参加自动化学院社研会活动，并担任评委；创新党支部工作形式，与学生会合办"你捐书，我铭记"志愿服务活动；作为优秀老生党员代表受邀参加校学生党校优秀党员经验交流会活动；受邀参加由学院社团团委举办的新生入党流程培训活动，并担任主讲人……通过参加这一系列的活动，我在把自己的知识传播给他人的同时，也获到了很多宝贵的经验，直接或间接地支持或者参与了社团的活动，锤炼了自己的能力。

四、志愿服务

每年寒假暑假，我都积极响应学校号召，参加社会实践活动。×年暑假，我来到湖南××公司的建设工地，进行了半个月的学习实践，所完成的社会实践报告获得校级论文三等奖。×年寒假，我怀着不一样的心情，再次带领学妹回访母校，参与举办了一场大型宣讲会，也获得了优秀宣传志愿者的称号。在上学期期末的学院党员志愿服务中，作为组织者，我发挥了应尽的职责，为身边的同学作出力所能及的贡献。

五、生活作风

在生活中，我勤俭节约，待人热情，乐于助人，性格开朗，严于律己。在平日的学习和生活中，我积极地跟班里和系里的同学交

成绩，未将学习的方式方法等总结出来，也就是没有总结出经验来。

助理工作：只写了自己做了什么，未谈从中得到的收获。这种就事论事的写法，难以总结出"认识"和"体会"来。

社团工作：可看出该生组织、参与了大量的课外活动，此部分最后提到"锤炼了自己的能力"，但具体锻炼了哪些能力，没有总结提炼出来。在写法上，建议先总结哪方面的能力得到了提高，并以具体的事例来支撑。结构上宜采用总分式，而不宜用分总式结构。

志愿服务：积极投身志愿服务和社会实践，能了解国情、社情、民情，也能增长见识和才干，写作时，要善于从实践经历中进行总结，提高到认识层面上来谈体会。

流沟通，与同学和谐相处。在学习和生活上，同学们遇到什么困难和问题都愿意与我沟通交流。我热爱体育运动，坚持锻炼身体，强健体魄，十分注重自己的身体健康，经常与同学一起踢足球、打篮球等。

六、思想认识

作为一名正式党员，在努力学习科学文化知识的同时，我还注意自己党性修养的培养。×年以来，我担任20××级英语系党支部书记，带领支部成员共同努力，参加了学校党委组织的各项活动，并取得了很好的成绩。我支部先后被选为"××大学学习型示范性党支部"（全校共10个），"××大学先进基层党组织"（全校共80个），我被评为"××大学优秀共产党员"（全校共200个）。

总而言之，通过一学年的努力，自己在学习、工作、实践、生活、思想等各方面都取得了较大的进步。当然，我仍会在今后的日子里继续奋斗，争取做一个"全面、协调、可持续发展"的复合型人才。

思想认识：在结构安排上，将"思想认识"放在最后，逻辑关系欠妥。高校育人的理念是"德才兼备，以德为先"，建议把"思想"部分放到最前面去写。

结尾：对全文进行概括，比较精练。

30

🔍 简析

　　该生从六个方面对过去一年的学习、工作、实践、生活、思想等进行了总结，总结得比较全面，开头和结尾部分写得比较规范，但也有一些不足。①从全文结构来看，该总结采用了横式结构，将过去一年的情况分成六个部分，标序加题，逐一写出，但所拟的小标题只是分类"标签"，没有概括出经验或认识。②在语言表达方面，全文"我"字的使用频率过高，致使文章不精练。在撰写个人总结时，默认的人称就是"我"，因此，很多"我"字可以删去。③文末缺少署名、署时。

⚙ 案例分析

鸿鹄去万里　归来仍少年
——×××大学学习生活总结

岁月不居，时节如流。曾几何时，我才刚刚迈入××大学的大

标题：采用了正副标题形式，值得肯定，但是正标题的语言太文学化，对全文的概括不够准确，表意不显豁。

门，如今大一学年已步入尾声。在即将进入大二学年的重要关口，我将对大一学年的学习生活进行复盘、总结，以期在未来打造更好的自己。

我是×××，××大学20××级××专业的学生，热爱学习、热爱劳动、热爱思考，能做到勤勉工作、团结同学、奋发向上。下面是我的大一学年学习生活总结。

一、深化理论修养，思想境界不断提高

积极向党组织靠拢，递交入党申请书，每月定期向组织提交思想汇报，认真参加入党申请人培训、谈话，通过入党申请人考试，党性修养显著提升；踊跃参加"青年大学习"网上主题团课，用心完成课后习题，理想信念之基不断筑牢；在"思想道德修养与法律基础"的思想政治理论课上多次举手发言，耐心思考课上问题，精心准备期末考试，思想道德修养明显提高；参与主题团日活动，与××团支部深入联谊，重温红色经典歌曲，红色基因被深刻唤醒；参加十九届五中全会精神线上线下班级学习研讨，初心使命意识不断深化。

二、优化学习效益，知识结构日益完善

树立"专时专用"意识，养成良好的学习习惯，主动增加自习、阅读的有效时间，学习效率和质量得到切实提升；改善外语学习方法，利用碎片时间提高词汇量，借助中国大学MOOC平台学习语法句式，用外语撰写影评，并努力修读一门小语种（法语），外语听、说、读、写能力全面增强，英语四级考试顺利通过；秉持"又博又专，愈博愈专"的自我提升理念，修读六门大类选修课，选修课内容涵盖历史、哲学、逻辑学、法学等诸多方面，广泛阅读各类书籍，欣赏中外经典电影，钻研人文社科相关理论，知识面不断扩展，思考的深度显著提高。

三、力行社会实践，本领才干稳步增长

报名参加学校招生宣传协会的回访母校实践活动，组建"讷言闽行实践队"并担任队长，创建招生咨询群，录制高考加油视频，组织线上宣讲直播，展现天大品格、高扬北洋精神，组织能力、沟通能力、表达能力和团队合作意识、爱校荣校意识切实增强。（略）

四、立足兴趣导向，文体素质持续精进

参加"知学沙龙"论语共读会，品读儒家经典，人文素养深深内化于心；选修学校图书馆开设的第二课堂"软笔书法鉴赏"并加入新竹书画社，欣赏经典书法碑帖，品味书法文化内涵，传统文化

前言：写了两段，可以合并为一段。另外，如能对过去一年的情况进行概括性总结，全文形成总分结构，会更好。

理论学习：该生此部分写得很实！总结出思想政治的学习措施和效果，很好。这一段从多个方面进行总结，只有一句话，因此建议把文中分号改为句号。

专业学习：该生总结出自己的学习方法，用"动宾结构"来表达；总结出学习效果，用"主谓结构"来表达，写法规范。总的来看，学习成效方面总结得还不够，比如未总结学习成绩如何。

社会实践和文体活动：积极投身社会实践和志愿服务，兴趣爱好广泛。该生能从实践经历中总结措施和成效，并提高到认识层面来谈体会，很好。

艺术修养不断夯实；参加招生宣传协会"我和天大的故事"征稿比赛和中秋季校庆活动，分别获得一等奖、二等奖，对天大的感情更加深厚；参观晋江市博物馆"牛转乾坤"——辛丑（牛年）新春生肖文明图片联展，优秀传统文化传承保护意识不断深化，文化自觉、文化自信愈加深厚。（略）

择高处立，寻平处住，向宽处行。在复盘自己大一学年学习生活的过程中，我还发现自己的一些不足。例如，性格内向慢热，交际能力尚待提升；易生畏难情绪，做事效率亟须提高等。总体而言，在大一学年的学习生活中，自己在思想、学习、实践、文体等方面都得到了成长。接下来我将不忘初心、砥砺前行，在自强不息中臻于至善。

结尾： 分析不足并展望未来，写法规范。尽量少用"我"和"自己"，语句会更精练。

🔍 简析

该生从思想、学习、实践、文体四个方面对过去一年的大学学习生活进行总结，较为全面，使用动宾结构来表达采取的措施，使用主谓结构来表达成绩或收获，短语的使用十分精当。

⚙ 案例分析

20××年路灯管理所季度工作总结

作为城管系统的一分子，路灯管理所承担着县城各大主街道及小街小巷的路灯新建、维护、运行管理工作。20××年第三季度，在县政府、局领导的正确领导及大力支持下，我所紧紧围绕路灯维护的中心工作，始终践行方便群众的服务理念，不断追求更高的工作效率、更优的服务质量和更快捷的运行机制，较好地保证了亮灯率。现就第三季度的工作情况总结如下。

一、主要工作及成效

（一）坚持理论、业务学习，提高职工业务素质，认真学习党的路线方针政策以及县委县政府的有关文件会议精神，订购了《城市亮化》等相关杂志，职工学习有安排、有考勤、有笔记、有记

标题： 要素顺序不当，应改为《××县路灯管理所20××年第三季度工作总结》。

正文： ①第（一）这段文字与第（二）和第（三）的格式不一致，应将第二级结构层次作为小标题，全文统一；②综观全文，此部分的结构和篇幅不协

录，切实提高了职工的政治业务素质。

（二）路灯日常维护管理工作。

1、强化路灯维护工作，确保道路照明运行正常。本季度维修大街小巷路灯960余盏，处理地埋电缆故障点20余处，处理白天着灯事故9次，恢复铁叶门、南街小区、墩脑等路段被大车挂断的路灯线路5起，维修雷雨季节因恶劣天气损坏的路灯杆4起。切实提高了路灯照明的覆盖率，使路灯设施完好率在97%以上，确保路灯设备的正常运行。

2、全力保障重大节假日期间路灯的运行质量。为迎国庆，我所及时组织维护人员对县城路灯及亮化设施进行了全面细致的维护检修。重点修复了岚山公园的上山道、岚湖路、游步道的路灯及望江亭、电视塔等亮化景观灯；替换了文化广场已腐蚀的庭院灯10杆，其余的庭院灯、龙柱灯及外围路灯都已进行了大规模修复；陆续更换了已烧坏受损的九洲大桥、文化广场、岚山、岚湖路、延伸街、黄坊至化工厂路段、湘江大道、同济大道等十余处电缆890米。

3、加强巡查管理，确保路灯设施安全运行。我所制定了详细、全面的巡查制度，维护人员每天必须对区域内路灯设备进行巡查，对偷盗路灯设备、撞坏路灯、路灯倾斜、人为损坏等情况进行巡查，发现问题及时处理；督查室每星期对区域路灯进行检查，记录相关检查结果，并对区域管理进行考核。这些制度有效确保了路灯设施的安全运行。

（三）强化施工质效监管，确保路灯设施安装工程质量。

1、第一期路灯集中监控系统于7月完成招投标工作，8月相关技术人员开始正式拉网安装。为确保系统安装后顺利运行操作，技术人员在每个控制箱安装监控设备时，都会组织员工进行观摩学习怎么安装监控点、怎么布网线、怎么查看监控电脑的数据等。目前此项工程的安装、布网都已完成，即将拉网测试。

2、第二期大街小巷的监控系统材料采购已经完成，将于下月组织人员进行安装建设。

二、统一调度，紧密配合"三治"工作

坚决遏制"脏乱堵"现象，全面提升城市管理水平，全力营造规范有序、整洁优美、和谐文明的人居环境，有效提升城市品位，使县城容貌平面整洁宜人、立面绿化美化、空间亮丽和谐、动态规范有序。

（一）治脏。强化主街道路灯的清洗工作，保证主街道路灯的干净完整，大街小道路灯无破损。积极开展"卫生日"活动，对办公区内外进行彻底清扫，全面清理庭院内外的卫生死角，做好沟道

调，给人重业务轻理论之感。

第一部分：①标点符号使用不当。二级标题后不宜使用句号，三级层次序数阿拉伯数字后面不应使用顿号，应用下脚点"．"。②此部分从三个方面来总结路灯日常维护管理工作，每段第一句是中心句，从表达方式看，难以判断是"总结"还是"计划"。③第1点利用数据来总结工作情况，值得肯定，但强化路灯维护工作的措施没有总结出来。④第2点写得太具体，要保障运行质量，有无长效管理机制？可尝试总结。⑤第3点对制度建设进行总结，很好，但制度建设一般写在前面，即这三点之间的先后顺序还可调整。

①"（三）强化……质量"后不宜用句号。②此部分内容篇幅失衡。③小标题总结的"强化施工质效监管"，"监管"体现在何处？题文不符。

第二部分：①总结得有点牵强，并且独立为第二部分，与第一部分和第三部分并列，不妥。②"治脏""治乱""治堵"是三个关键词，如将其作为中心句或小标题的话，建议写成三个短语或短句，并将这三个关键词融

疏通工作。

（二）**治乱**。对于悬挂在路灯上存在安全隐患及违法违章、影响美观的广告牌，坚决配合城管大队进行全面清理整治。开展城区亮化设施整治，大力完善和修复破损的路灯设施。

（三）**治堵**。坚决保障路灯亮灯率，严格控制开闭时间，坚决避免因路灯亮化不到位而引发的交通拥堵问题。

三、存在的问题和困难

（一）城市道路照明维护经费不足。按照县政府指示，从×年起，县城路灯的闭灯时间修改为凌晨五点，长达九小时的亮灯时间给路灯线路带来了严重超负荷，再加上高温天气的影响，维护人员工作量急骤增加，管理成本高、难度大。

（二）专业人员少，技术力量薄弱。我所员工男少女多，线路维护作业专业性强，能熟练胜任路灯检修、施工安装的工作人员仅有男性员工2人，我所长期面临技术断层，这给我们及时、准确处理路灯故障和日常维护检修工作带来了困难。

（三）由于我所现有的14米吊车出现了故障，本地汽修部门无法解决，销售方又迟迟未给予处理，导致县城主街道路灯无法维修。

第三季度，我所的各项工作都完成的较好，但我们也清醒的看到还存在很多的问题和不足。第四季度我们将继续牢固树立务实苦干、开拓创新的精神，在主管局的大力支持和帮助下，把路灯管理所的各项工作干的更好。

入其中。③在语言表述上，不太符合总结类文书的行文风格。

第三部分：分析了存在的问题和困难。建议针对这些问题提出解决办法，如需上级部门帮助的，可用"请示"向上级部门行文。

"的""地""得"使用不当，应改为"完成得较好""清醒地看到""干得更好"。

简析

这是某路灯管理所某年第三季度的工作总结，从形式和内容来看，都存在不少需要完善之处。例如，只写了做了什么，没有对工作的措施和效果进行总结提炼，详见案例右侧的分析。

写作攻略

扫码看视频

一、撰写总结的不同角度

在学习和工作中，我们对问题要从不同的角度进行全面分析，同样，撰写总结也可从不同角度组织材料。下面介绍六种常用的写作角度，每种角度有其

总结的写作角度

自身的优点和缺点，有不同的适用范围。撰写不同性质、不同用途的总结材料，可以根据实际需要选择恰当的角度。

1．按工作职责进行分块总结

工作职责是指在工作中所负责的业务范围和所承担的相应责任。在工作中，每个人都有自己的工作职责，又称岗位职责，例如路灯管理工作人员可从施工、监管、维护等不同的职责来总结。对大学生来说，总结要以学习为主，同时还要兼顾其他方面，从学生"职责"来说，就可从思想、学习、社团、科研、实践、生活等方面来进行总结。

按工作职责进行总结是一种最主要、最常用的总结角度，常用于年度考核总结，便于对工作进行全面总结。这种角度的优点是"全面"，有利于上级部门考核员工岗位任务的完成情况；缺点是重点不突出，在对常规性工作进行总结时，若年年从这个角度总结，则容易重复，很难写出新意。

2．按工作进展顺序进行总结

上级部门或领导常常关注工作的结果和成效，向上级部门进行汇报时，多以汇报结果为重点，但是在"工作总结"中，就可以向领导展示整项工作的全貌。例如，在完成某一重点项目或专项工作之后，从"领导重视，统一思想；精心策划，制定方案；精心组织，分工协作；抓好节点，强化执行；健全方案，狠抓落实；总结提高，改进推广"六个方面依次进行总结。

这种角度适用于对专项工作进行总结，不适用于对日常工作进行总结。这种角度的优点是能够展示工作进展的全貌，缺点是重点不突出、特色不鲜明，写不好的话，就容易写成流水账。这需要总结者善于把握工作的关键节点，以便突出重点。

3．按工作措施和成效进行总结

工作措施是计划类文书的必备要素，撰写总结时，也可以把落实某项工作的具体举措以及所取得的成效总结出来。例如，每年的国务院政府工作报告都要对过去一年的工作进行总结，这部分内容就是按措施和成效进行总结的。《2021年国务院政府工作报告》里写道：

一年来，我们贯彻党中央决策部署，统筹推进疫情防控和经济社会发展，主要做了以下工作。

一是围绕市场主体的急需制定和实施宏观政策，稳住了经济基本盘。（略）

二是优先稳就业保民生，人民生活得到切实保障。（略）

三是坚决打好三大攻坚战，主要目标任务如期完成。（略）

四是坚定不移推进改革开放，发展活力和内生动力进一步增强。（略）

五是大力促进科技创新，产业转型升级步伐加快。（略）

六是推进新型城镇化和乡村振兴，城乡区域发展格局不断优化。（略）

七是加强依法行政和社会建设，社会保持和谐稳定。（略）

这些总结性语句是每个自然段的首句，也是段落中心句。这些中心句的前半句用动宾结构来表达举措，后半句多用主谓结构来表达成效。

从工作措施和成效的角度来总结，这也是很常用的总结角度。在日常工作中，我们要不断改革创新、进行工作试点，对于创新性、试点性的工作，更应从措施和成效的角度进行总结，这样才能让别人了解改革和试点都采取了哪些新举措，取得了哪些新成效，以便推广成功的做法和经验。

4．挖掘工作特色进行总结

特色，是一个事物显著区别于其他事物的风格、色彩和形式等，是由事物赖以产生和发展的特定的具体环境因素所决定的，是其所属事物独有的。工作特色，也是相对而言的。要想找准工作特色，需要进行横向比较和纵向比较，即与同类型单位或部门进行横向比较以突显自身特色，与自身过去的工作进行纵向比较以挖掘出闪光点来。

这种角度常用于对专项工作进行总结，或者对某个岗位聘期内的工作进行总结。这种角度的优点是能够突显集体或个人的工作特色，缺点是难以兼顾全局。从这种角度进行总结，对总结者的大局意识和识断能力要求较高，总结者不仅需要充分掌握材料，而且需要善于比较，方能从大量的材料中挖掘出工作特色。

5．依托关键词进行总结

关键词，指的是能体现一篇文章或一部著作的中心概念的词语。就工作总结来说，主要的工作内容可以概括成关键词。例如，党中央提出的五大发展理念，就用了创新、协调、绿色、开放、共享作为关键词。在工作中，各种重要会议也会提出一些关键词来表达新的工作理念，这些关键词也会成为一个时期的热点词汇。在撰写总结时，总结者就可以围绕关键词进行总结。要抓准关键词，就需要总结者经常关注党和国家的最新精神和发展理念，开拓思路，以便提炼并总结出关键词。

从这种角度进行总结的优点是重点突出，能很好地体现时代性。在提炼并使用关键词时，需要注意两点：一是要注意关键词之间的逻辑关系；二是要灵活运用关键词，最好将关键词融入各级标题。

6．按工作思路进行总结

"工作思路"是一个比较抽象的概念，一般指在开展工作时对某项工作进行思考、设计，梳理工作顺序，分析可能出现的问题，提出相应的解决办法和工作方案等，并根据工作的进展不断调整工作方式和方法。工作思路在很大程度上能体现一个人的工作能力和水平。如果你的工作思路与众不同，或者别有创新，就可以围绕工作思路来总结。能否总结得好，主要取决于思路是否新颖、清晰、深刻。

从这种角度进行总结，有利于展示个人的工作能力和管理水平。这种角度的总结，还有一些很重要的用途，例如在岗位述职、岗位晋升、岗位竞聘，以及各类先进个人评选的时候，能让别人知道你"工作有思路"。

以上六种写作角度只是总结常见、常用的角度，在写作时，可以根据用途、实际情况等因素来选取适当的角度，也可以综合运用多个角度，使优缺点互补，进而做到全面、系统、有高度地进行总结。

二、讲究总结的形式之美

评判一篇总结质量的优劣，不外乎从形式和内容两个方面进行。形式和内容是互为表里的关系，形式美与内容美密切相关，一切美的内容都必须以一定形式表现出来，一定的形式美不能脱离内容而存在。什么是形式美呢？在此不做哲学意义上的讨论。我们所讲的形式美，主要是指客观事物外观形式的美。什么样的形式可以让我们体会到美感呢？通常情况下，外型上需要具有一定的审美特征。例如，从整体上看，总体的形式要达到和谐的状态；从各部分结构的组合形式来看，具有均衡、对称、整齐、比例、节奏、韵律、变化、一致、参差等审美特征。

当你拿到一篇总结，不论是电子版还是打印版，第一眼看到的都是整篇总结的外观，包括这篇总结的标题、篇幅、段落、字体、字号大小、行间距大小等外在的形式。如果整体是和谐的，在没有细读文中内容之前，你就会体会到一种"美感"，看着就舒服。

在平时的学习中，不少人不太注重写作材料（作业）的形式美，形式上多多少少存在一些问题，比如没有区分各级大小标题，看不出文章的结构框架，不善于分段，段前不空格，字号大小选择不当，行间距太小，等等。

除了排版以外，文章的各级标题也是总结在形式方面的重要组成部分。标题是总结的纲目。一个好的标题，或各个自然段精练的中心句，能够让总结锦上添花，增添形式上的魅力。下面，依次讲解如何做到形式美。

1．大标题的形式美

文章的标题称为大标题，文中的标题称为小标题。一般来说，文章的大标题在字号上要比正文的字号适当大一些，加粗显示，以便醒目。总结作为一种事务文书，它的标题比较灵活，一般有三种写法，分别是公文式标题、文章式标题和正副标题。

公文式标题，也就是四要素俱全的标题，由单位名称、时间、内容、文种名称构成。这种标题的优点是要素俱全，一目了然，也便于存档；缺点是工作的重点、主要思想没有在标题中直接体现出来。若想在标题中揭示出工作的经验和做法，就可采用文章式标题。文章式标题，就是用一个或多个短语的形式来概括总结的主要内容或基本观点。总结中常见的文章式标题，多采用两个短语的形式来表达。用一个短语的话，信息含量比较少；用两个短语，可概括更多的内容。但需注意的是，两个短语之间不使用顿号或逗号，用空格隔开即可。

工作总结的标题常常使用两三个并列短语，短语之间不用逗号，而是以空格或版面排列法来表示停顿。例如：

继承创新　扎实工作　促进共青团的事业不断发展

不忘初心　牢记使命　为实现中华民族伟大复兴的中国梦不懈奋斗

在"继承创新"和"扎实工作"之间、"不忘初心"和"牢记使命"之间，都不使用标点符号，用空格来隔开。如果第三个短语较长导致转行，可以采用版面排列法，如：

不忘初心　牢记使命
为实现中华民族伟大复兴的中国梦不懈奋斗

文章式标题虽能概括出总结的主要内容，但工作总结一般需要存档，这样的标题看不出是哪个单位哪个年度哪个方面的总结，因此建议采用正副标题。正副标题就是分别以文章式标题和公文式标题作为正、副标题。正标题用来揭示主旨或概括主要内容，副标题用来点明单位名称、时间、内容和文种。例如，十九大报告的正标题是《决胜全面建成小康社会　夺取新时代中国特色社会主义伟大胜利》，副标题是"在中国共产党第十九次全国代表大会上的报告"。虽然这是十九大报告的标题，但标题的拟定方法是相通的，这为我们拟定总结的标题提供了参考。

2．小标题的形式美

总结文中的各级小标题也具有重要的作用，能体现出总结的理论高度。这些小标题是从具体的工作中总结提炼而来的，这本身就是一种总结行为。那如何从具体工作中提炼出一个一个的小标题呢？

对于初学者来说，可以先梳理一下所做的工作，依次把它们列出来，然后概括这些工作中所采用的措施和做法，从这些措施和做法中寻找内部的联系，从而总结出带有规律性的认识和经验，然后用精练的语句将其表达出来，就形成了一个一个的小标题。如果不想把它们作为小标题，可以把它们作为每个自然段的中心句。

对于有一定写作经验的人来说，可以先根据既定的工作计划和现在的工作实际来思考。因为工作思路、工作举措是在制订计划时就有了一定的规划，所以不用从烦琐的具体工作中去总结工作思路，而是先提出工作思路、工作特色或者工作举措，然后再去找工作实例、工作业绩来进行支撑。

不管是从具体工作中提炼出来的小标题，还是从工作计划入手拟定的小标题，都需讲究形式美。在拟定小标题时，不能把每个小标题看作各自独立的，要全文综合考虑。小标题之间要讲究整齐、平行、对称等，注意每个小标题之间的逻辑关系，要共同对大标题形成支撑。

大标题：一个天大人的意志与脚步

四个小标题分别是：

一、以信仰为意志，走思想进步之路

二、以快乐为意志，走学习求知之路

三、以兴趣为意志，走科研创新之路

四、以奉献为意志，走社会实践之路

这是天津大学某学生总结材料中的文章标题和文中四个小标题。大标题的概括性很强，小标题整齐、对称，对大标题形成了很好的支撑。

3．文本排版的形式美

文本排版，是对写作材料进行形式美化处理的必要手段。为提高党政机关公文的规范化、标准化水平，2012年，《党政机关公文格式》国家标准发布，这个标准规定了党政机关公文通用的纸张要求、排版和印制装订要求、公文格式各要素的编排规则。标准中提到："本标准适用于各级党政机关制发的公文。其他机关和单位的公文可以参照执行。"应用文的很多文种都可以参照《党政机关公文格式》的排版要求来执行。下面略谈文本排版的常见问题。

第一，字体的选择。不同的办公软件中，软件系统自带的字体有限，且存在一定的差异。公文文中各要素的字号和字体一般用3号仿宋体字，其他文书的字号虽无明文规定，但也要注意字体的选择。如果你选择的字体不是常用字体，或是根据个人喜好选择的字体，当你发送电子版材料给别人时，别人看到的字体可能就会发生变化，甚至会影响全文的格式、页码等。

第二，页边距问题。党政机关公文对页边距、版心的尺寸、每页的行数、每行的字数都有严格的规定，其他文书没有严格的限制。一般来说，Word文档有默认的页边距，比较合理，非特殊情况不宜改动。

第三，段前空两格。段前空两格是在小学阶段就应知应会的常识。除了每个自然段段前空两格以外，文中各级标题前面也应空两格。

第四，行间距问题。有些人在撰写完材料后，没有对行间距进行处理。为了美观，建议对文字材料的行间距进行适当调整。例如，各高校对毕业论文的行间距都有一定的规定，虽然各有不同，但多数不采用单倍行距。如天津大学要求本科毕业论文的行间距设置为1.25倍行距，要求硕士论文、博士论文的行间距设置为固定值20磅。

第五，字体加粗的问题。在写作材料中，哪些内容需要加粗显示，哪些内容不需加粗显示，没有明确的标准，但需要从美观、醒目的角度去考量。建议将各级标题加粗显示，方便读者把握文章的大体框架。除特殊情况外，最好不要在文中对少数字词进行加粗。

第六，文字对齐方向问题。大标题需居中排列，全文使用两端对齐。材料中如有表格，还需另行处理，表格中文字的排版较难处理。表格的样式比较多，按需选用，如学术类文章常用三线表。表格中文字的方向，可根据需要选择居中对齐或左对齐的形式。表格中文字的字号可略小于正文的字号。

三、追求总结的内容之美

每到年底，学生申请奖学金要撰写总结材料，员工年度考核要撰写年终总结，有的人还需要撰写所在学生社团、所在工作部门或单位的总结，这时应如何写作？

1．利用构思来理清写作思路

在构思过程中，可能暂时找不到方向，毫无头绪，于是从头梳理一年来自己或者所在部门都做了哪些工作，到处收集材料；当材料汇总在一起，又觉得材料很多，有的材料价值较大，有的材料根本派不上用场；甚至，有的人会觉得一年到头，天天在忙碌，但没有多少工作值得一提。若有此困惑，就需要利用构思来理清写作思路，从繁杂的材料中理出头绪来。

初入职场或者没有写作经验的人，可能会逐一总结做过的具体工作，写出来的总结，只见树木不见森林。在这样的总结中，只能看到一项一项的具体工作，每项工作都是相对独立的，写出来的总结就像大事记，只是一些材料的堆砌。

有一定写作经验的人，会先列出做过的主要工作，从这些工作中，总结出每项工作所采取的措施和取得的效果，再分析这些措施和效果之间的相互关系、逻辑关系，也就是想一想先写什么、后写什么，然后进一步把这些措施和效果总结成工作思路、理论认识，用各级小标题或段落中心句将这些措施、效果、理论认识表达出来。这种写法，是一种自下而上的写法，是从众多的工作实例中去总结经验、教训等。

具有丰富写作经验的人，将采用自上而下的顺序进行写作。计划和总结是密切相关的两类文种。事前作计划，事后作总结。先有计划，然后进行实践，在实践中加深对学习、工作的理解和认识，不断总结经验、教训，再计划、再实践、再总结，所以不能把"总结"孤立起来，仅仅为总结而总结。因此，要以计划为出发点，在原定计划的工作思路、拟定工作特色的基础上进行总结。注意，不是去套用计划的内容，而是去思考：原来提出的工作思路、工作理念在哪些工作举措、工作内容中得以体现，取得的效果如何？也就是在工作思路的指导下，总结出一些工作措施、工作效果。同时，思考这些工作举措、效果之间有何内在的逻辑关系，这个逻辑关系就是行文的逻辑顺序。这样一来，就知道先写什么、后写什么了。最后，想想这些工作措施、效果在哪些具体的工作中能够得到体现，也就是去找能够支撑这些工作思路、工作措施的具体材料。这种构思过程是自上而下的过程。从行文来看，就是先总后分的结构。这种构思的顺序与行文的顺序是一致的。使用这种构思方法，就不是先收集材料后总结了，而是先构思后找支撑材料。这样，在撰写总结时，对材料的取舍就有了很强的针对性，在各部分篇幅的安排上也能很好地做到均衡。

2．用虚实结合法来撰写总结

虚实结合法的"虚"，指的是总结中的理论观点、工作思路、经验规律等，而"实"指的是具体的工作情况、工作成绩等。先虚后实，以虚带实，是撰写总结时常用的一种方法。在正文的各个部分，可以将小标题处理为"虚"，起到统领作用；在每个自然段，段首第一句话为"虚"，用作全段的中心句。在篇幅上，"虚"的部分略写，"实"的部分详写。也就是观点、认识要少而精，起到点睛的作用；材料要详而实，利用实例、数据等来说明、支撑观点。

另外，还要注意"虚"和"实"如何结合、如何过渡的问题。在写作中，最好不要提出一个观点，然后紧跟几个具有代表性的实例。那应该怎么处理为好呢？我们以一个自然段的撰写为例来说明。

一般来说，正文每个自然段的第一句话总结出一个观点或认识，然后对下文要列举的材料进行概括，先从整体上反映某一方面工作的全貌，再写有代表性、典型性的事例。这种写法能很好地做到点面结合，否则就只有"点"，没有"面"。从整体上看，总结要既有树木又有森林，总结的内容既要有深度又要有广度。很多范文在虚实结合的处理上做得比较好，我们可以通过阅读各类优秀的总结范文，从中领悟虚实结合的写作方法。

3．多做纵向和横向比较，正确处理成绩与不足

在学习或工作中，经常会进行各类评选、年终考核，各单位、各部门在一起集中汇报过去一年的工作或学习情况，这时要想突显自己工作的特色或亮点，就需要进行必要的纵向比较和横向比较。

纵向比较，就是把今年的工作跟往年的工作进行比较，把今年的工作总结跟往年的总结进行比较，看看在哪些方面有进步、有突破。横向比较，就是把本单位的工作与其他兄弟单位的工作进行比较，与同类型单位的工作进行比较，把自己的学习工作情况与其他人的情况进行比较，看看本单位或自己的优势在哪儿，通过纵向比较和横向比较，可以找出有特色、有亮点的经验和做法。

在总结经验、突显成绩的同时，也需要正确处理不足，不能只讲成绩，避谈不足。作总结，是为了总结得失，以便更好地指导今后的工作，所以在总结经验的同时，还要反思工作中的不足，并分析其原因。查找不足时，可从主观和客观两个方面找原因，要把问题写得具体一些，从成绩中总结经验，从不足中吸取教训。基于总结，为了更好地开展工作，还需要适时调整工作思路，使工作思路更加符合客观实际、符合工作的发展趋势，以利于今后开展工作，少走弯路。

四、掌握总结的写作技巧

在计划类文书部分，我们介绍了计划的写作技巧。计划和总结是相辅相成的，下面通过对比来介绍总结的写作技巧。

1．区分计划和总结的基本短语结构

计划类文书多使用动宾结构来表述"做什么，目的是什么"，总结类文书则多使用主谓结构来表述"什么怎么样，成效如何"。部分计划和总结的基本短语结构如下。

计划的写法，例如：

增强……意识，提高……能力

提升……素质，推进……建设

完善……体系，促进……发展

而总结的写法是这样的：

……素质不断提高，……意识不断增强

……体系不断完善，……成效初显

……实现新突破，……取得新进展

扫码看视频

总结的写作技巧

这样一对比，就能清晰地区别计划和总结所采用的基本短语结构了。当然，总结材料可以从工作措施角度进行总结，也可以用动宾结构来表达已经采取的工作举措。

2．各级标题使用不同结构的短语

总结正文部分的一级标题多采用"动宾结构+主谓结构"的表述方式。用动宾结构表达工

作措施，用主谓结构表达采取相应措施后的成效。

例如，《天津港保税区20××年工作总结》的一级标题（节选）：

一、项目先导、创新驱动，助力区域经济发展

二、拓展功能、强化服务，管理效能实现提升

三、规划先行、建设支撑，区域配套日趋完善

四、科学管理、依法治理，美丽空港建设提速

五、加强保障、促进和谐，社会事业全面发展

这些一级标题的前八个字，多用来概括具体的措施和典型的做法，后半部分则用来表达工作成效。从总体来看，每个标题的格式和字数协调一致。

在一级标题之下还可设置二级标题，二级标题多采用"主谓结构"（如不独立成段，则作为段落中心句来使用）。

《天津港保税区20××年工作总结》的二级标题（节选）：

（九）城市管理水平提高

（十）环境保护收效显著

（十一）公共服务加快发展

（十二）社会保障力度加大

（十三）就业总量质量同增

（十四）安全稳定局面良好

（十五）控股公司实力全面提升

（十六）党的建设扎实推进

（十七）作风建设持续加强

（十八）廉政建设不断深入

每个二级标题都是一个主谓结构，前面是主语，说明工作内容；后面是谓语，表达工作效果。相比而言，计划则多采用动宾结构来表达工作措施，若是计划，在语言表达上则是这样的：

（九）提高城市管理水平

（十）提升环境保护收效

（十一）加快发展公共服务

（十二）加大社会保障力度

（十三）增加就业总量质量

（十四）巩固安全稳定局面

（十五）全面提升控股公司实力

（十六）扎实推进党的建设

（十七）持续加强作风建设

（十八）不断加强廉政建设

比较上述案例，其短语结构的差异一目了然，我们就把握了计划和总结在短语结构上的特点和基本写法。

3．注意词语之间的搭配关系

采用主谓结构来总结工作成效时，谓语部分经常会使用状中结构，即状语和谓语中心语搭配的结构。

相同的状语可以跟不同的中心语进行搭配，例如：

不断：不断提升、不断完善、不断发展、不断改善

更加：更加完善、更加广泛、更加强劲、更加巩固

明显：明显提高、明显增强、明显改变、明显好转

同一个中心语可选用不同的状语进行搭配，例如：

……深入推进、快速推进、稳步推进、创新推进

……更加完善、日益完善、不断完善、日趋完善

其他搭配，例如：

……扎实开展、大幅提升、大幅提高、显著增强

……持续改善、持续提高、基本建立、逐步健全

……加快形成、有效治理、深入开展、初步实现

案例中的"……"是主语部分，后面的状中结构用来说明"怎么样"，即总结什么工作做得怎么样。在平时的学习中，要注意积累这些常用的搭配结构，并在写作中灵活运用。

4．指出不足的常用表达

一般来说，总结的结尾部分会对工作中的不足进行分析，那怎么用语言来表述呢？可以采用两种方式。一种是使用否定词语来表达。从语言表达来看，就是采用主谓结构来表达"什么不怎么样"，例如：

……后劲不足　　　　……尚不牢固

……效益还不高　　　……能力不够强

……发展不平衡　　　……结构不合理

……面临不少难题　　……存在不少薄弱环节

另一种是对需要长期推进的工作进行表达，例如：

……有待提高　　　　……有待加强

……尚需提高　　　　……差距依然较大

……任务艰巨　　　　……问题仍有发生

……还有弱项　　　　……需要进一步落实

在查找不足时，可以从主观上和客观上去查找不足，也可从人、财、物三个方面分析不足。例如：人的能力、素质等还不能满足发展的需求；发展效益不佳，存在一些薄弱环节等；现有的体制机制制约着发展，需要与时俱进等。

第三节 事迹材料

一、事迹材料的含义

事迹材料，又称典型材料，一般有两种用途：一是宣传典型，二是评选先进。

用于宣传的事迹材料是党政机关、企事业单位用于表扬先进、树立典型，使广大干部群众见贤思齐，有所效仿，从而尽心竭力地做好本职工作而如实记载和反映工作、学习中涌现出来的先进集体、先进人物的优秀事迹的书面材料。

用于申报、评选先进集体或个人的事迹材料，是有关单位或部门为引导良好风气、推动工作、激励后进等，组织相关先进典型的评选，有关个人根据评选要求撰写的事迹材料，以便评选活动的组织单位考评。

二、事迹材料的种类

根据性质的不同，事迹材料可分为正面典型材料和反面典型材料。正面典型材料，又叫先进事迹材料，可以起到积极的示范带动作用，具有树立先进典型、引导良好社会风气的积极意义；反面典型材料可以起到警示的作用，一般不独立使用，往往结合正面典型材料使用，有利于党政机关、企事业单位或个人受到正、反两方面的教育或警戒。

根据对象的不同，事迹材料又可分为个人事迹材料和集体事迹材料。在此，以先进个人事迹材料的写作为例进行讲解，先进集体事迹材料的写作可仿此。

三、事迹材料的写法

事迹材料一般由标题和正文两部分组成。

1．标题

（1）公文式标题。由单位名称或个人姓名、内容、文种构成，如《××竞选××大学十佳杰出青年事迹材料》。

（2）文章式标题。用一个或多个短语来概括事迹材料的主要内容，将先进性、典型性直接在题目中体现出来，如《勤学勤做勤求索 助己助人助天下》《不忘初心 坚守教育情怀 用爱与智慧办百姓家门口的好学校》等。

（3）正副标题。分别以文章式标题和公文式标题为正、副标题，如《年轻没有失败 奋斗创造未来——×××申请自强之星的事迹材料》《使命重于泰山 用坚守捍卫生命的城墙——记龙头山镇抗震救灾团队先进事迹》。

2．正文

（1）开头。开头部分一般设置一个自然段，用于对先进个人的基本情况进行简要介绍，然后用最简要、最吸引人的一两句话概括出全文的精华或主旨；或者用白描的手法陈述先进个人的基本情况和主要成就。若是大学生，开头部分可交代个人姓名、性别、学院、专业、学生社团任职情况和事迹概述等；若是职场人士，开头部分可简述工作岗位、工作年限、工作范围和事迹概述等。这样写，有利于读者对先进的个人和事迹有一个总体的了解。

（2）主体。主体部分应与开头部分自然衔接，过渡要自然。主体部分用来具体、准确、完整地介绍先进个人的典型事迹或成功的做法，在结构安排上，主要有两种写法。

① 总分式。在开头部分总体概括、评述，在主体部分逐一展开。在"分"的部分，可以按事迹的主次、递进、因果等内在逻辑关系来安排顺序。这种结构安排适合单一性质的典型材料。

② 并列式。这是一种常用的文章结构，但并非真正的并列式，每项内容之间也是重点分明、有逻辑关系的。每项内容可采用小标题进行概括，每个小标题就是一个先进、典型的事迹，每个事迹的篇幅要尽量保持均衡、协调，然后用一条主线把各个小标题串起来，否则整篇材料就会很散，会显得主题不集中。

具体内容的撰写应寓先进事迹或典型经验于具有代表性的具体实例之中，可以使用量化的数据加以说明，以增强感染力和说服力。主体部分不要追求"大而全"，一般选取三个或四个角度来塑造典型、体现先进。如果实例太少，不足以丰富人物的立体形象；如果实例太多，想面面俱到，反而会没有特点。

（3）结尾。结尾部分可以阐明先进事迹的意义，进行总体评价，或者对未来进行展望，或者对自己进行激励等。如果是用于宣传的事迹材料，可以提出向先进个人学习的倡议或号召。结尾的写法多种多样，可根据事迹的不同性质，采用不同的结尾方式。

案例分析

天津大学第×届"十佳杰出青年（学生）"
候选人事迹材料

标题：若评选部门统一了标题格式，照做即可；若没有统一要求，可采用正副标题的形式。

李××，男，中共党员，天津大学管理与经济学部××级工程管理专业本科生，被免试推荐攻读本校研究生，天津大学学生科技协会第×届主席，天津大学国旗护卫队第×届队长。

入学伊始参加"天麟班"新生党员培训，获"天麟班优秀学员"荣誉称号，并在学部开学典礼上代表全体新生发言。大一作为××类型招生考生唯一代表接受天津电视台采访。刚刚步入天大的这些经历坚定了我严格要求自己的决心，而接下来的大学生活让我成长了许多，也收获了许多。

开头：①第一段采用了基本信息呈现式的写法；②第二段是过渡段，说明自己曾经很优秀，并以此为基础再创优异成绩；③第一段和第二段也可合并为一段。成长与收获缺乏概括，若能用几个并列短语加以概括更好。

一、学习竞赛砥砺荧屏英姿

在专业知识学习上，认真刻苦，被免试推荐攻读研究生，以总分第一名的成绩获得天津大学首届何伯森奖学金，连续三年被评为校三好学生。积极参与相关竞赛，团队获"挑战杯"学生课外学术科技作品竞赛全国铜奖、天津市金奖、天津大学特等奖；作为队长代表学校参加康腾案例分析大赛，获全国第六名，为天大历史最佳成绩；获评天津大学第×届"学生科学奖"；同时代表天大参加中国教育电视台《天才知道》、江苏卫视《一站到底》节目录制，并接受天津电视台专访。

二、勇担重任塑成领袖气质

在校四年，我先后担任国旗护卫队队长和校学生科技协会主席，身负两个校级大型社团，以服务学生为宗旨，将两份沉甸甸的信任扛在了自己肩上。作为天津大学学生科技协会第×届主席，带领科协团队策划组织"挑战杯""学生科学奖""科普节校园开放日""机器人节""创新创意大赛"等大型科研赛事，凝练科协团队，汇聚科创精神。身为国旗护卫队队长，组织"迎国庆队列表演"等系列大型活动，在带领国护出色完成每一次校内外升旗任务的同时，也完美完成一系列校外大型活动的升旗仪式，将国护的风采洒满京津大地。作为××级工管党支部书记，获校创先争优优秀共产党员称号；担任班长带领班级获得"五四示范团支部标兵"，个人获天津大学优秀共青团干部等称号；作为学部××级工程管理新生班主任，尽心解决学弟学妹们学习、生活中的问题，号召工管人为罹患白血病的学弟捐款14700余元，为工管的新生力量奉献真心。

三、践行实践丰富社会阅历

践行实践是历练自我的最佳途径。我在大一时参加回访母校活动，积极宣传天大名校形象；大二时代表天大参加北京德鲁克管理学院全国夏令营，主持见面会、素拓活动，展示了天大人的良好风貌；大三时带队走访5·12地震灾区并完成调研论文，获评实践先进个人；大四时建立"中国梦卓越梦"实践队，调查南方高校大学生创业意向，同时赴沈阳万科实习；在校期间，我同时作为第九届大学生运动会志愿者，认真完成本职任务。这些实践经历也在不断地丰富我的社会阅历，让我对社会有了更为深刻的认识。

主体：主要从三个方面来展示大学期间所取得的成绩，每个方面采用了高度概括性的小标题，三类典型事迹具有内在的逻辑关系，顺理成章。

学习：不仅学习成绩优异，而且有丰富的科研活动，能证明其突出的学习能力和成效。

社团：①身兼两个大型社团的主要负责人，并取得突出成绩，很优秀；②这两个职务的顺序可以调整一下，以保持前后一致；③同时还担任了其他学生干部职务，可谓"勇担重任"。

实践：①这个小标题拟定欠妥，"践行"与"实践"搭配欠妥，丰富阅历的定调有点低了，目的不明；②最后一句升华不到位，"更为深刻的认识"不具体。

四、北洋积淀放飞天大梦想

感谢母校的培育之恩，给予我锻炼、展示的平台；感谢在社团和学习中给予我指导的老师，他们教会了我做人做事；感谢在我的工作和生活中帮助我的朋友们，他们给了我家一般的温暖。"望前驱之英华卓荦，应后起之努力追踪"，在北洋园积淀四年的我将怀着一颗感恩的心，以"实事求是"的校训导航人生，自信满满地放飞天大梦想！

结尾：①采用了感谢式写法，并用一句自我激励的话来结尾，一气呵成，写得很好！②总体来看，最后一部分与前三个部分不属于并列关系，可以不写小标题，单独作结即可。

👁 范例

"国际化"学院的好书记
——记天津大学药物科学与技术学院党委书记冯翠玲

冯翠玲，女，天津大学药物科学与技术学院（国家外专局首批国际化示范学院）党委书记，曾获全国三八红旗手、天津市廉政勤政优秀党员干部等荣誉称号。她真抓实干、亲力亲为，既秉持原则，又务实创新，用扎实的工作业绩做到"本土书记"与"外籍院长"的完美结合；她罹患癌症，仍坚守岗位，夯实基层党组织基础，"想教师们所想"，成为"国际大家庭"的"稳压器"；她甘于奉献、春风化雨，关注、守护每一位学生的成长成才，是大学生们最爱的"党员妈妈"。在平凡的岗位上，冯翠玲默默地履行着基层党务工作者的责任，践行着社会主义核心价值观。

外籍院长的"本土书记"

天津大学药学院是天津大学在新时期的国际化试点学院，75%以上的教师具有海外留学或工作经历，院长由外籍华人或者外国人担任。由于社会制度和教育体制的差异，中外多元文化的冲撞融通一直存在于药学院。2003年，冯翠玲受命担任该学院的党委书记，组织上不仅希望她能够成为不同文化之间的"黏合剂"，更希望她在支持配合"外籍院长"推进学院发展方面"掌好舵"。

药学院的首任院长毕业于美国哥伦比亚大学，是我国"长江学者"特聘教授。由于长期在美国工作生活，他对国内大学的有些做法不理解。一次在研究生入学典礼上，他表示政治课效果不好，不应该再开。冯翠玲当即插话，政治教育很重要，不能砍掉，却被性格直率的院长当场轰了出去。冯翠玲在楼道里转了几圈，觉得自己不能甩手而去，于是她面带微笑地又推门回到教室，在会上重申了自己的理解和认识。事后，冯翠玲不断地与院长进行沟通，她说，这是中国大学的特色，也是我的职责，希望你理解和支持。我们要培养学生成为国家的栋梁，不仅成为科学家，而且要成为政治家、领导者。在沟通中，她既坚持原则又注意方法，始终做到换位思考、求同存异，最终赢得了院长的认可："在冯身上，我看到了一位真正共产党人的风格。"

2013年6月，天津大学聘任瑞士苏黎世大学数理学院教学院长、国际分子设计与新药研发领域知名专家杰伊·西格尔为药学院新任院长。他上任不久便提出，要在天津大学建设世界水平的分子设计中心。冯翠玲意识到，这是药学院的重要发展契机，必须全力支持配合好院长的工作。她想方设法推动学院行政管理、教学科研水平的提升，用高效的执行力让学院决策"落地"。2013年整个暑假，冯翠玲没有休息一天，一直都在学院实验室的改造工地上与工人协调方案，协调施工。当崭新的国际一流的实验室展现在人们眼前的时候，人们开心地笑了，她却悄悄地哭了。

其实，2001年12月，冯翠玲就查出有恶性肿瘤，10年后，她被第二次查出肿瘤。她凭借着顽强的毅力，顶住了常人难以想象的心理上和生理上的痛苦，配合医生，积极治疗。每次化疗，她都选择在周五进行，为的是在周六和周日休息两天后，周一能够继续工作。她没有因化疗时强烈的呕吐而倒下，头发、眉毛掉光了，她就戴上假发上班，她脸上洋溢的热情没有让任何人看出她是一个正在接受化疗的癌症患者。

西格尔院长说："共产党的书记很重要，她是我的忠实的合作伙伴！"她为学院发展扫除了观念上的冲突和障碍，让先进的治学理念在中国高校"思想政治"的领导下"软着陆""生根安家"。

"国际大家庭"的"稳压器"

高校是各类思潮交锋的前沿阵地，做好思想政治工作事关宏旨。冯翠玲认为，最重要的就是要加强组织建设，发挥党支部的战斗堡垒作用。

药学院原来只建有一个党支部，教工和学生党员在一起开展活动，很不方便。校党委批准改建党总支后，冯翠玲及时调整党支部设置，组建了教工、研究生和本科生多个党支部，选好配强支部书记，不断夯实基层基础；她建立党政联席会议制度，引进、选聘优秀党员青年教师，积极推荐党员教师担任外籍教授的科研助手，让党员成了改革发展和教学科研的中坚力量。

作为党组织书记，冯翠玲从不高高在上，而是教师们的"贴心人"。为了使教师们静心教书、潜心育人，教师们的医疗保险、住宿、子女上学、家属就业等问题，甚至夫妻吵架这些事情，都一件一件记挂在冯翠玲心头。一名比利时籍教师到校任教之初，冯翠玲帮他联系到国际教育学院学习中文，融入中国文化。后来，这名外籍教师娶了一位中国妻子，冯翠玲还为他张罗了温馨的中式婚礼。另外一名外籍教授为了节省科研经费，在国外购买了二手实验仪器，由于不熟悉海关通关手续，仪器在海关滞留一个多月。冯翠玲顶着盛夏酷暑，与他数次到海关协调，终于将仪器运回学校。

"书记"这个称谓对冯翠玲来说，是一份沉甸甸的责任和义务。她每年主持全院教师的年终奖绩效考核，亲自逐一核算后将方案发到每位教师的邮箱，做到公平、公正、公开。学院所有人都知道冯翠玲"工资条"上的数字。她对于实验室以及学院资源的合理分配，也让人心服口服。学院刚组建时条件有限，冯翠玲就和所有的行政管理人员挤在一间办公室里办公，毫无怨言。对学院每位老师，冯翠玲给予充分的尊重。学院每出台一项改革措施，她都会组织大家热烈讨论，广泛听取意见。

在教师们眼里，冯翠玲是这个国际化大家庭的"稳压器"，许多人的负能量和压力都会转嫁给她，而她却从没有着急发火过。学院每一项成绩的取得，无不浸透着冯翠玲的心血和汗水。

大学生的"党员妈妈"

教书育人，立德为本。作为党组织书记，冯翠玲像关爱自己的孩子一样关爱学生，把培养学生成长成才作为应尽职责，引导他们系好人生的第一粒扣子，被学生们称为"党员妈妈"。学院中有一名本科学生，由于痴迷网络游戏，经常缺课，学校下发了试读通知书。冯翠玲没有放弃这名学生，与家长、任课教师、同学多次沟通，深入了解学生的性格和表现，分析存在的问题和形成原因。打电话不接，就到宿舍等；宿舍里找不到，就去网吧里找。一次又一次尝试，一遍又一遍谈心，这名学生终于回到课堂，如今还参加了研究生考试。

为了更好地做好学生思想工作，冯翠玲和年轻辅导员们一起报名参加国家心理二级咨询师资格考试，在培训班中，她是年龄最大的。

冯翠玲说："培养人才是教师的责任，学院的一切工作要以利于学生成才、让学生受益为根本目标。"如今，这个理念也成为全院教职工的共识。

她还注重在政治上对学生进行引导，精心安排党课内容，开展丰富的主题实践活动，让学生受到思想教育，境界得以提升，培养对党的感情。为了保证学生党员的质量，她坚持亲自与每一名新发展的党员谈话，从未间断。三年来，药学院共发展新党员101人，学院本科生党员由原来的5.5%增加到22.6%，研究生党员由原来的32.6%增加到41.7%。

冯翠玲用坚韧、包容、勤奋，诠释着一名共产党员的信仰与坚守；她用党性、敬业、服务，树立了高校基层党组织书记的榜样。迎着困难上，见了荣誉让，政治意识、责任意识、奉献意识、纪律意识在冯翠玲这名普普通通的党务工作者身上得到了充分体现。

（来源：共产党员网）

🔍 简析

这是一篇全国优秀党务工作者的事迹材料。

（1）开头。第一段采用他人角度式开头，加波浪线部分的内容就是对先进典型进行的总体概括，对全文起到了统领作用；同时，语言生动形象。

（2）主体。主体部分从三个方面来塑造优秀党务工作者的形象，其中"本土书记""稳压器""党员妈妈"是其面对不同工作对象时的三种角色，这样写，先进个人的形象就很立体。主体各个部分都是以"讲故事"的方式来体现其先进性、典型性的。材料的选择做到了有代表性、具体、感人。主体中加波浪线的内容，采用了点面结合的写法，即先概述，再举一两个例子来支撑，用事实说话，很有说服力。

（3）结尾。结尾部分采用总结陈述式写法，用一段话对上文所提到的先进事迹进行总结，指出事迹的先进性和典型性，起到了"点题"的作用。

👁 范例

黄大年同志先进事迹材料（节选）

黄大年，广西南宁市人，1958年8月出生，中共党员，著名地球物理学家，国家"千人计划"

入选专家，国家"千人计划"专家联谊会第三届执委会副会长，生前担任吉林大学新兴交叉学科学部学部长和地球探测科学与技术学院教授、博士生导师。2009年，黄大年同志毅然放弃国外的优越条件回到祖国，刻苦钻研、勇于创新，取得了一系列重大科技成果，填补了国内多项技术空白。2017年1月8日，黄大年同志因病去世，年仅58岁。

黄大年同志秉持科技报国理想，把为祖国富强、民族振兴、人民幸福贡献力量作为毕生追求，为我国教育科研事业作出了突出贡献，他的先进事迹感人肺腑。（略）

黄大年教授是享誉国内外的<u>卓越科学家</u>。在英国学习和工作期间，他致力于开展高精度重磁场探测装备及数据处理解释方法技术研究工作，长期从事海洋和航空快速移动平台高精度地球微重力和磁力场探测技术研发，专攻高效探测技术以服务于海陆大面积油气和矿产资源勘探。他带领的研发团队被同行公认为国际上最优秀的研发团队之一，在移动探测技术行业内长期被视为跟随和赶超的主要对象。（略）

黄大年教授是无私的<u>爱国者</u>。作为华侨精英，旅英期间，他生活富足，工作如意，但仍心系祖国，曾多次回国讲学，并以多种形式支持国家建设。2009年12月，在国家和母校事业的召唤下，他毅然回到祖国、回到母校。（略）

黄大年教授是杰出的<u>人民教师</u>。他担任学校本硕连读实验班"李四光班"（本科）班主任，带领班级获得长春市"十佳班级"荣誉称号。他指导研究生在《地球物理学》杂志发表亮点文章，获国际专业年会特邀。他注重为青年教师和研究生创造国际交流和系统培训机会，提升了青年师生在国际层面的交流互动能力。（略）

黄大年教授是中国共产党的<u>优秀党员</u>。他思想进步，拼搏争先，于1988年1月加入中国共产党。1992年以后他长期在国外学习和工作，未能参加党组织生活。归国后，他的政治表现和工作业绩非常突出，在此期间，他曾主动向党组织申请恢复党籍。（略）

黄大年教授是吉林大学全体师生的光辉榜样，是国家"千人计划"入选专家的优秀典范，更是当代海归赤子科技报国的<u>先锋楷模</u>！他身上所体现出的爱国情怀和科学精神，深深地感染着吉林大学全体师生和广大留学归国人员，激励着他们积极投身于国家改革发展、民族复兴的伟大事业中去。他的逝世，是国际地球物理学界和吉林大学的重大损失。他为中国科技事业、教育事业，为国防现代化建设做出的卓越贡献将永载史册！他的崇高品德和奉献精神将永远铭刻在我们心中！

🔍 简析

这篇事迹材料感人肺腑，黄大年同志的先进事迹值得我们学习。从事迹材料的写法来看，第一段采用了基本信息呈现式的开头，第二段是对先进事迹的评价以及发出向先进个人学习的号召。节选部分的第三至六段是对先进事迹的具体叙述，共分了四个角度来展示其先进性，每段首句为中心句，中心句之间有内在的逻辑关系，不宜调换顺序。每一部分的篇幅大体相当。结尾部分采用了总结陈述式的写法，进行评价和主题升华。

☕ 写作攻略

一、开头和结尾的写作模式

1. 事迹材料开头部分的四种模式

先进事迹材料的开头部分一般用来简要介绍先进个人或先进集体的基本情况。下面介绍开头部分的四种撰写模式。在具体的写作中，这四种模式还可以综合运用。

（1）**基本信息呈现式开头**。交代清楚个人的姓名、性别、学校（单位）、专业、现状等基本信息，然后用一两句话自我评价，再过渡到主体部分。这种模式适用于向上级部门申请奖学金、申请助学金、申请先进个人、竞选十佳杰出青年等。

（2）**理想信念式开头**。一开头就写自己的远大理想，并为之努力奋斗，现在终于达到了什么状态，取得了什么成绩，这些成绩的取得源于什么，并由此转入下文。这种模式适用于各类典型人物的竞选，如先进共产党员、优秀学生干部、道德类的先进个人、教书育人先进工作者等。

（3）**他人角度式开头**。以第三人称的角度来撰写，为别人写事迹材料，或者是写别人眼中的自己，以突出自己的与众不同。这种模式适用于介绍成功经验、宣传先进事迹，不适合本人去作竞选先进个人的口头事迹报告。这种模式的适用范围很广泛，如撰写人物通讯、进行宣传展示、进行网络投票等，都可采用他人角度式的开头。

（4）**落差悬念式开头**。写一个人从平凡平庸到优秀，把不可能变成可能，写出意料之外而又在情理之中的感觉。这种开头比较适用于自强之星、道德模范、年度人物等类型的事迹材料。这种开头模式不太好写，但写好了就很容易打动人、感染人。

下面结合两个案例来分析开头部分的撰写模式。

刘××，男，中共党员，××学院××专业××级的本科生，曾任××大学学生社团团委副书记、××学院学生社团团委书记、××大学移动俱乐部市场部部长、××学院辩论队领队等，曾获院、校级奖励20余项。

这是刘同学用来申请国家奖学金的事迹材料，开头部分采用了基本信息呈现式的开头，但其中缺少一两句自我评价的话，这样就导致与下文连接不太顺畅。

再来看一个先进人物事迹材料的开头部分。

××同志是××县税务局××分局副局长。他勤勤恳恳，爱岗敬业，廉洁奉公，无怨无悔，以其高尚的道德情操、勤奋踏实的工作、清廉简朴的作风展现了一个共产党员的精神风貌。他曾多次受到市局嘉奖，两次被评为全市税务系统优秀税务工作者，20××、20××年度获得×县税务局先进个人荣誉称号。

这是他人角度式的开头。第一句话写他是谁，第二句话是对先进性的揭示，也就是用一句话来对他进行评价，第三句是他曾获的荣誉。这样写，先进性的形象就概括地呈现出来了。

2．事迹材料结尾部分的四种模式

事迹材料的结尾部分不是必需的内容，多数材料有结尾部分。不同性质的事迹材料可采用不同的结尾方式，下面介绍四种常用写法。

（1）**总结陈述式**。用一段话对上文所提到的先进事迹进行总结，指出事迹的先进性和典型性。这也是一种用来点题或首尾呼应的写法。

（2）**展望未来式**。主体部分所提到的事迹是以往所取得的成绩或典型的做法，面对未来，可以提出初步设想，顺势而为，以便今后做得更好。

（3）**自我激励式**。可以简要概括学习、工作中的一些经验，说明成绩的取得源于什么，这些经验和成绩对未来学习或工作有何促进作用，并把受到相关表彰视为对今后工作的一种激励。

（4）**人生思考式（哲理式）**。在结尾部分，提出一些值得思考的问题，启发读者进一步思考什么样的人生才是有意义、有价值的人生。这种方式适用于道德模范、自强之星等类型的事迹材料。

下面结合案例来分析一下结尾部分的撰写模式。

> 不断的耕耘，使×××收获了"中国第6届百人会英才奖""中国扶贫基金会全国优秀社长""××市新长征突击手"等2项国家级荣誉，6项省部级荣誉，30余项校级荣誉。

这是中国大学生年度人物评选中一位候选人事迹材料的结尾部分。这个结尾部分只罗列了一些荣誉，用来说明不断耕耘后的收获。这些荣誉固然可以说明这位候选人足够优秀，但是主体部分那些感人的事迹需要去发扬，材料中提到的自强不息的精神，需要去传承，需要给社会带来思考、产生影响。如果结尾采用人生思考式的写法，更能给读者以启发，令人深思。

二、事迹材料的选取和提炼

具体事例是体现典型性和先进性的原始材料，收集材料时，要"求全"，但写作时，要有所取舍，不能"求全"。有的人撰写事迹材料，有"求全"的心理。其实，越想面面俱到，结果越容易没有重点，就不能突出个性和特色。有的人的材料很多，但如果只是杂乱无章地堆砌，不进行提炼，也不能很好地体现其典型性和先进性。选取和提炼事迹材料时，可从以下两个方面入手。

扫码看视频

材料的选取和提炼

1．排列材料，分类处理，善于取舍

先把收集的材料排列出来，然后进行分类，分类不要太多，三个或四个即可。分类的过程就是遴选、分析、归纳的过程。遴选时要"求精"，善于取舍，舍弃那些说服力不强、代表性不强的材料；分析时要"求深"，深入分析材料蕴含的本质；归纳时要"求准"，准确区分材料的共性和个性。在每一类材料中，选择有代表性的材料，然后进行提炼，形成一些

关键词，这些关键词就可以用来拟定小标题。那如何提炼呢？提炼的内容要有一定的高度，建议从思想层面、精神层面、人才培养目标层面等方面进行概括、总结。

2．寻找材料之间的内部联系

选择事迹材料一般需要从不同角度选择不同性质的素材。善于寻找材料之间的内部联系，才能把看似不相关的材料融合到一起。当对每类材料进行分析、归纳后，再站在更高的角度、更高的层次来综合概括各个小标题，那些看似不相关的材料就在一个更大的视野下发生了联系。例如，有的同学在专业学习、社团工作、科研活动、社会实践、文艺体育等方面都很优秀，但是分开写，很可能会显得零散，给人的印象就是全面、全才，但是没有特色、没有个性；如果从素质教育、人格完善、成才目标等角度进行再一次的概括、提炼，这些方面自然就会融为一体，成为不可或缺的一部分。

第四节　述职报告

一、述职报告的含义

述职报告是指担任领导职务的干部或单位负责人，根据制度规定或工作需要，定期或不定期向选举或任命机构、上级领导机关、主管部门以及本单位的干部群众，汇报自己履行岗位职责情况和德、能、勤、绩、廉等方面情况的一种文种。

述职报告是工作报告中的自我评述性报告，主要用于干部管理考核。述职报告的作用是使上级组织或人事部门和群众了解和评定领导干部个人或集体的政绩，预测其发展潜力，进而促使其更好地完成工作任务。党政领导干部述职始于实施公务员制度之后，随着述职报告的广泛使用，述职报告也可用于考核各级各类工作人员履行岗位职责的情况，对于没有一定职务的工作人员来说，常称其为"工作业绩报告"，这就是广义的述职报告。

二、述职报告的种类

述职报告可以从不同的角度进行分类。

1．按内容划分

（1）综合性述职报告。报告内容是对一个时期内所做工作的全面、综合的反映。

（2）专题性述职报告。报告内容是对某一方面工作的专题反映。

（3）单项工作述职报告。报告内容是对某项具体工作的汇报，这往往是临时性、专项性的工作。

2．按时间划分

（1）任期述职报告。指对任现职以来的总体工作进行报告。一般来说，时间较长、涉及面较广，要写出一届任期的情况，用于任期考核。

（2）年度述职报告。指一年一度的述职报告，写本年度的履职情况，用于年度考核。

（3）临时性述职报告。指担任某一项临时性的职务，写出期间的履职情况，例如主持了一项科研项目或组织了一项体育赛事，写出其履职情况。

3．按表达形式划分

（1）口头述职报告。指需要向选区选民述职，或向本单位职工群众述职的，用口语化的语言写成的述职报告。

（2）书面述职报告。指向上级领导机关或人事部门报告履职情况的书面报告。

4．按功用划分

（1）考核述职报告。指担任某一领导职务的干部向上级主管部门汇报自己履行干部岗位职责的报告，是上级主管部门考核、评估的依据。

（2）竞聘述职报告。指在公开竞聘某一领导岗位时，竞聘者向聘任机构或组织汇报自己履行原岗位职责的报告，是上级组织部门任免、使用干部的依据。

三、述职报告的写法

述职报告一般由标题、称谓、正文和落款四部分组成。

扫码看视频

述职报告的写法

1．标题

述职报告的标题有多种写法，大致可分为单标题和双标题两种。

（1）单标题

①只用文种名称作标题，如《我的述职报告》或《述职报告》。

②由时间和文种构成，如《20××—20××年述职报告》。

③由职务和文种构成，如《××学院院长述职报告》。

④由职务、时间、文种构成，如《××大学教务处处长20××年述职报告》。

（2）双标题

由正标题和副标题组成，将内容的侧重点或主旨概括为一个或多个短语作为正标题，以职务、年度和文种构成副标题，如《深化本科生教育改革　提高本科生培养质量——教务处处长××20××年述职报告》。

2．称谓

若是向上级机关呈送的书面述职报告，应写明受文机关；若是向领导和本单位干部职工进行口头述职报告，则应写明称谓（称呼）；若是用于公示的述职报告，可以不写称谓。

3．正文

述职报告的正文一般包括前言、主体和结尾三部分。

（1）前言。一般包括三方面内容：一是任职情况，包括任职时间、担任职务以及变动情况等；二是岗位职责和考核期内的目标任务；三是对任职期间的履职情况进行总体自评。这三方面的内容都要简略地写，写一个自然段即可。有时，因工作变动等，上述三方面内容在写作中可以灵活处理，有些内容可写入主体部分。

（2）主体。主体部分是述职报告的核心内容，是考核评议的主要依据，主要写工作思路、工作业绩、经验体会、问题及教训，以及今后的努力方向、目标或打算。用于考核的述职报告，应当侧重陈述工作业绩、总结经验教训；而用于竞聘的述职报告，需重点写原岗位的工作思路、对于应聘岗位的初步设想，向组织部门或选聘单位展示自己的工作能力和领导能力。

主体部分的写法大致有以下三种。

① 工作项目归类式。即把自己所做的工作按性质加以分类，如管理、科研、教学、财务、后勤等，一类作为一个层次，依次陈述。自己主持开展的工作和协助别人开展的工作要分开写；对自己取得突出成绩的工作，有创造性、开拓性进展的工作要重点写；一般性、日常事务性的工作要简略写。

② 时间发展顺序式。即把任期内的工作情况按时间先后顺序分成几个阶段来写。这种形式在任期述职报告中经常采用，因为任期时间较长、涉及面广，所做的工作和存在的问题较多，这样写便于归纳总结，以展现工作的全貌。

③ 内容分类集中式。这种写法很常见，采用这种写法的述职报告一般包括主要工作、工作思路、成绩效益、经验教训、存在问题及对策等内容。在主要工作部分，可以再以工作项目归类式进行总结。

（3）结尾。一般用"专此述职""以上报告，请审阅""特此报告，请审查""以上报告，请领导和同志们批评指正"等语句作结。必要时，可以安排一个专门的结尾部分放在结束语之前。可以对自己进行一个基本的总结性评价或自我批评，也可以简要说明自己的一些体会或今后的打算，这些内容如果在前面已经提及，也可不写。

4．落款

在结尾之后，署名、署时。述职人姓名也可置于标题之下。

范例

×××同志工作业绩报告

×××，男，中共党员，汉族，生于×年×月，××学历，××学位，副教授，曾任××大学××学院团委书记、科技处××科科长（办公室主任），×年×月任××大学后勤服务集团副总经理至今。工作中，先后从事学校基层党团工作、学校机关管理工作和学校后勤保障工作等岗位。在组织和领导的关心帮助下，积极提升大局观，在不同的工作内容中完成岗位和身份的转变，在实践中提高工作水平，取得了一定的成绩，现作如下汇报。

一、不断强化政治素质，努力提升工作水平

养成良好的学习习惯，坚持不懈地学习党的理论和方针政策，坚持理论联系实际，用行动践行入党誓词。在注重自身理论学习和党性修养的同时，注重发挥党员模范带头作用，廉洁自律。

在担任基层学院团委书记期间，带领学生党员、团员加强党团建设，学生团支部荣获××大学优秀团支部。

×年，由组织推荐参加教育部思政司组织的国家教育行政学院第×期全国高校辅导员班主任骨干培训班，使我有机会开拓视野，提升工作理论水平。不断地学习、积累，使我的知识结构更加完善，为满足不同工作的需要，奠定了基础。

二、立足本职工作，服务学校大局

×年参加工作至今，从××大学基层党团工作到机关行政工作，再到后勤保障工作，我积极适应不同岗位的要求，始终坚持围绕学校的中心工作，努力提升自身的大局观和执行力。

1. 围绕"育人第一"，探索工科学校对艺术类学生的管理方法

××学院于×年正式启动，是当时××大学唯一的艺术类学院。面对专业特点突出、学生对理工科环境认同感低的状况，如何探索工科学校对艺术类学生的有效管理方法是一个新的课题。在担任该学院辅导员和团委书记期间，按照学院"遵循艺术教育规律，适应××大学管理"的思路，针对学生特点，找准突破方向，积极探索。

以专业特点为切入点，通过多种途径和方法做好思想教育工作。首先，在迎新、入学教育阶段，积极开展思想教育工作；其次，抓住教育契机，开展主题教育活动；最后，抓住学生党团组织开展教育工作。实现艺术类学生与理工科学校的契合。

做好顶层设计，加强学生自我管理与服务。注重发挥学生主动性，增强学生自我管理意识，引导学生进行自我服务。创立"年级工作委员会"制度，牢牢抓住学生党员、学生干部、专业骨干三支队伍，培养一支高素质的干部队伍，提高学生自我管理能力，有效、深入地推动学生日常管理工作。

树立优秀典范，开展朋辈教育引领学生成才。通过挖掘学生中的典型人物，充分发挥青春榜样的示范、带动和辐射作用。如表演系一名学生获"世界大学生先生"国际荣誉，动画系一名学生获得有××大学诺贝尔奖之称的"学生科学奖"，这是该奖项自设立以来首次由艺术类专业的学生获得。通过典型的示范作用，引导学生把个人价值的实现和成才需要紧密结合起来，使其不断提高自身综合素质。

2. 围绕"两个聚焦"，强化科技处办公室职能

×年×月至×年×月，担任××大学科技处××科科长（办公室主任）期间，我深刻意识到办公室工作承上启下的作用，办公室是机关和基层的桥梁，是协调部门间关系的纽带，是保证工作正常运转的中枢。为使科技处办公室在学校科技工作中发挥更大的作用，积极采取有效措施。

广泛学习、把握政策，办公室参谋能力不断提升。积极学习业务知识，了解学校科技信息，及时掌握科技工作进展，共编撰 8 期××大学科技工作简报——《科技聚焦》，参与完成《××大学科研情况介绍》，积极为学校科技工作发挥参谋助手作用。

规范制度、创新方法，办公室执行能力逐步加强。制定和完善科技处内部管理规定，如公章管理使用制度、值班制度，参与制定保密制度、计算机安全管理制度等。以建立合理和稳定的机制，保证执行过程中的统一性，提升工作效率；任用学生助理并成立科技处学生助理小组，分担日常工

作，充实办公室人力资源。在××部长×××访问本校期间，科技处办公室参与承担主会场接待工作，取得良好效果。

统筹兼顾、服务基层，办公室协调能力显著增强。 在纵向协调上，利用办公室了解政策、明确信息，了解学校意图等条件，积极为基层工作出点子、理思路、谋对策；在横向协调上，通过联系、沟通、调解、协商等方法，统筹各部门关系，形成有效合力，避免矛盾上交；在内部协调上，通过紧紧抓住重点工作和急难事务，带动办公室有侧重地开展工作。通过三方面的协调，实现上下之间、部门之间和人员之间统一思想、协调行动，有效地发挥整体能力。

3. 提升后勤集团服务能力，为学校发展保驾护航

×年×月担任后勤服务集团副总经理，分管商贸服务中心，×年×月，又分管会议接待中心。在工作关系上，找准工作定位，对正职做到服从而不盲从、到位而不越位；对其他副职配合而不旁观、补台而不拆台；对下级宽宏而不刻薄。在工作内容上，按照集团"以服务为根本，以经营促服务"的理念，通过规范运营，提升服务能力，确保商贸服务中心和会议接待中心对后勤集团的造血功能，实现集团社会效益和经济效益的双丰收，为学校事业发展提供更加优质的服务保障。

加强制度建设，打造运营标准化。 建立健全商贸服务中心管理组织架构，制定并实施绩效目标考评体系和《商贸服务中心员工工资制度》等一系列内部管理办法，强化目标管理和过程控制相结合的管理模式。在此措施的推动下，平稳渡过×年全国"用工荒"，员工队伍结构趋于合理。

建立以速达系统为基础的进销存模式，各超市采取集中采购、统一管理、资源共享、在线沟通的运营模式，提高质量意识、满足师生需求、降低运营成本，提高企业运营的成熟度，同时保证了采购环节的廉洁性。

延伸经营链条，实现高水平服务。 商贸服务中心整合学校多方资源，做大做强连锁品牌，在教学楼内增设服务区，在课间为广大师生提供茶歇休息服务，增强市场竞争力；会议接待中心多方筹资400余万元改造升级招待所软硬件，在提高服务水平的同时大幅增加经济收入。

文化融入商业，引领消费意识。 变"生意人"为"经营者"，不断增强对学校的热爱和对师生的关心，商贸服务中心提供工作岗位供学生勤工助学，鼓励学生创业。会议接待中心招待所参与网络团购活动，引领校内消费意识。

一年多来，师生对商贸服务中心和会议接待中心的满意度不断提高，商贸服务中心商品种类增加28.8%，销售额增加71.6%，会议接待中心销售额增加 21%。两个中心的员工在后勤职工文化节、学校合唱大赛等活动中也表现出了良好的精神面貌，进一步形成了上下一体、真抓实干的良好局面。

三、所获荣誉

在领导和同志们的帮助下，我也取得了一些荣誉，如×年获××大学管理育人先进工作者，×年获××市新长征突击手等称号。

工作虽有一些成绩，但我始终清醒地认识到自身还有许多不足。在未来的工作中，我还需要继续磨炼意志，进一步提高个人素质和工作水平，不辜负组织的培养和期望。

🔍 简析

这是一篇用于干部竞聘的工作业绩报告，写得很全面，工作思路、工作成效、经验体会都分析得很深入，文章结构安排合理，重点突出。

（1）称谓：这篇工作业绩报告（述职报告）在所在单位进行了公示，用于公示的述职报告可以不写明称谓。

（2）开头：写明述职者的基本信息、任职情况，并对任职期间的履职情况进行总体自评。

（3）主体：首先写自己的思想政治素质，这是开展工作的前提。然后根据三个不同岗位分了三个小部分，分别列出小标题，每个小标题都是对每个部分主要内容的概括。这些小标题鲜明、醒目地展示出工作思路、工作内容，这样的结构方式概括性强、中心突出、脉络清晰。

（4）结尾：采用谦虚式写法，"不足之处"写得稍显简略。

（5）具体写法：这篇述职报告的遣词造句很有特点，下面进行具体分析。

① 在"做好顶层设计，加强学生自我管理与服务"部分，精练地概括了述职者从事学生管理工作的思路和具体做法，很好地做到了"虚实结合"。学生工作十分烦琐，从中概括出几条举措即可。这里使用了很多体现工作能力的动词，如"发挥、增强、引导、创立、抓住、培养、提高、推动"等，这些动词用得非常准确，把自己履行岗位职责的情况总结了出来。

② 在第二部分的第2小点，小标题和各段中心句都写得很好。标题下有个过渡段，说明岗位及岗位职责情况，并以"积极采取有效措施"引出下文。下面三段的首句均为中心句，用于总结工作思路和认识等，中心句之后是对理论认识的支撑。这样就把工作实践上升为理论认识了，以便运用这个理论认识去指导今后的工作实践。

（6）总的来说，这篇述职报告主次分明，行文流畅，内容翔实，数据详细具体，虚实结合处理恰当，事例典型，详略得当，是一篇典范之作。

🔱 写作攻略

一、明确述职报告的内容

述职报告虽以报告为名，与作为党政机关公文的"报告"却不是同类文种，其内容、功能和作者身份都有很大不同。述职报告与工作总结和个人总结倒有不少相似之处，但写作内容及相关要求也有所不同。因此，明确述职报告的内容是写好述职报告的第一步。

不同行业、不同职务级别的领导，其述职报告的内容各不相同，但不论哪一行业、哪一级别的领导，其述职报告都应该具备以下内容。

1．岗位职责

述职报告首先要简明扼要地介绍自己的基本情况，如所任职务、任职时间等，然后介绍自己的岗位职责范围，即自己分管的工作、任职期间的主要工作目标等。之所以要介绍，是因为岗位职责是群众评议和干部考核部门衡量述职者是否称职的标准。同一层次甚至同一职位的领导，因为分工的不同，其职责范围各不相同，但岗位职责是任何一个职位都具有的。

2．指导思想

指导思想是每一位领导干部开展工作不可缺少的前提条件。领导干部的工作有其目的性和原则性，那就是站在党的立场，依据党和国家的政策法规观察事物、分析问题、处理问题、开展工作。没有正确的指导思想，没有对党和国家的方针政策的深入领会，就不可能辨明工作中的是非曲直。只有在正确思想的指导下，才能看清事物的本质，找出存在的问题，采取正确的方法，从而很好地完成本职工作。

3．主要工作

这是述职报告最主要的内容。述职者要向组织、群众如实汇报自己所做的主要工作，工作过程中所取得的成绩以及由此带来的经济和社会效益，工作中出现的失误以及由此造成的损失，也要一一汇报。具体说来，主要包括以下方面：自己主持开展了哪些工作，结果如何；协助别人开展了哪些工作，结果如何，自己所起的作用如何；在任职期间，党和国家有哪些方针政策出台，自己是如何贯彻执行的，效果如何；在任职期间，上级有哪些重要指示，自己是如何落实的，效果如何；在工作实践中遇到了哪些新情况和新问题，自己是如何处理的。以上各点，都包括成功和失误两个方面，并且要处理好成绩与问题、个人与团队的关系。

4．经验教训

对自身的工作实践，还要能够概括出一些规律性的认识，其中包括成功的经验有哪些，今后应该如何发扬；失败的教训有哪些，今后应该如何防止。这部分内容要有分析研究、集中概括，要提高到理论的高度。对于教训，还应着重分析造成失误的主客观原因，明确自己应承担什么样的责任。

二、述职报告的写作要求

述职报告是用于干部管理考核的专用文种，在写法上、内容上、呈现形式上，均有特定的要求。

1．把握述职报告与总结的异同

述职报告与工作总结、个人总结在表达方式、结构形式、语言特点等方面有很多相似之处，但它们在诸多方面有着本质的区别。第一，功能不同。工作总结在于总结过去、指导未来；述职报告则用于履职汇报、接受评议，也要写今后打算。第二，评判角度不同。工作总结可以对工作内容、成绩、经验、体会、教训等进行总结，分析问题少，下一步工作对策也少，重在体现工作成效、业绩；述职报告则应陈述岗位职责是什么，既要突出成绩，又要评价得当，重在体现自己是否称职。第三，内容范围不同。工作总结可以从多角度、多方面来梳理工作内容、摆成绩、讲不足等；述职报告则必须围绕岗位职责来陈述履职情况，不得另搞一套。

2．实事求是反映履行职责情况

述职报告要务实，要既讲成绩又讲失误，既讲优点又讲不足，不能揽功诿过。对具有较大影响，能体现自己工作能力和领导水平的工作实绩，要写得深入透彻；对一般性工作、常规性工作尽量少写或一笔带过。在述职报告中，还要处理好分管与协管之间的关系，要注意把个人成绩和集体成绩分清楚，处理好个人与集体、个人与上级和同级之间的关系。述职报告应重点陈述分管工作的情况，要公正、准确，既不拔高，也不贬低，更不能有失公允，力求反映工作的真实面貌。对于协管的工作，要讲清楚参与的程度、发挥的作用、投入的精力、解决的困难等。

3．善于抓住重点还要突出特点

不论是按工作内容来叙述，还是按时间顺序或者岗位调动顺序来叙述，述职报告都不要事无巨细、面面俱到，否则，很容易写成一篇平淡冗长的流水账。要有意识地抓住核心问题，突出重要成绩，总结主要经验，查找实质性问题。凡是重点工作，要写得详细、具体；次要工作则可约略提及。

不同行业、不同职务层次、不同岗位的领导有不同的工作职责和工作方法，即使同一职务的领导也会因分工的不同而有不同的工作重点，至于工作方法，就更是各具特色了。因此，述职者要突出自己工作的特点，体现自己的工作能力，尽量避免那种千部一腔、千人一面，没有特点、没有个性的写法。

4．巧用虚实结合突出理论认识

述职报告质量的优劣是检验述职者理论水平、文化水平、政策水平、管理水平及综合能力的一把标尺。理论水平如何在字里行间体现呢？述职者可以使用虚实结合法来突出理论认识水平。

"虚"指的是理论观点、工作思路、施政理念、经验规律等，"实"指的是具体工作情况、成效、成绩等。述职报告应以叙事为主，论理为辅，用叙议结合的方式来表达。述职报告既不能像大事记或记流水账那样就事论事，堆砌材料，也不能像理论文章一样，通篇理论阐述，缺乏事实根据。最好的方法是叙议结合、虚实结合，对事实加以概括总结，使理论与事实有机地结合起来。前文范例《×××同志工作业绩报告》中大多数自然段的首句为"虚"（经验、做法），然后用"实"（具体工作）来支撑，虚实相间，材料充实，点面结合，有血有肉，就是一篇很好的述职报告。在语言表述上，"虚"的部分要少而精，是点睛之笔，用来体现深度和高度；"实"的部分要详而实，用来支撑观点。

第五节　新闻和简报

一、新闻的写作

在新媒体时代，新闻写作与传播的方式正在发生变革。掌握新闻写作的基本方法，充分利用各种信息平台，对做好宣传工作将起到很大的推动作用。

1．新闻的含义

新闻是用概括性的叙述方式，以简明扼要的文字或图片，迅速、及时地报道国内外新近发生的、有报道价值的、群众最关心的事件的一种文体。新闻有广义和狭义之分。广义的新闻，是指报纸、电台、电视台、互联网等媒体上经常使用的记录与传播信息的一种文体，主要包括消息、通讯、特写、新闻评论等。狭义的新闻一般专指消息。

从发布的媒介看，新闻还可分为传统媒体新闻与新媒体新闻。新媒体是相对于传统媒体而言的，是继报刊、广播、电视等传统媒体之后发展起来的新的媒体形态，是利用数字技术、网络技术、移动技术，通过互联网、无线通信网、卫星等渠道以及计算机、手机、数字电视机等终端，向用户提供信息和娱乐服务的传播形态和媒体形态。

随着现代通信技术和网络技术的发展和普及，撰写新闻不再只是传统新闻媒体的工作，新媒体、自媒体的到来，改变着人们获取新闻、阅读新闻的方式。很多单位、个人可以依托网络平台进行新闻发布。根据发布的范围，新闻可分为对内新闻与对外新闻。比如在一个学校或一个工作单位内部向特定人群发布的新闻，可称为对内新闻。在大学校园里，各类教育教学活动的新闻，就是对新近发生在校园里的事实的报道。一般来说，校内新闻的受众是学校的教师和同学。校内新闻和校外新闻的目的是有所不同的，新闻的重点也就有所不同。

2．新闻的特点

新闻具有真实性、时效性和简短性等特点。真实性是新闻的灵魂和生命，是撰写新闻的基本原则。新闻的价值体现在时效性方面，要及时报道新情况、新经验、新问题，给人以新意、新信息。新闻写作，要求用最简洁的语言，摆出事实，讲明道理。

如果是新媒体新闻，除了具备传统新闻的特点之外，还具有新媒体环境下的其他特点，如新闻发布的即时性、信息数量大、信息传递的迅速性、信息发布的便捷性、信息交流的互动性等。新媒体强调的是影音、文字信息的整合，随着科技的发展，新媒体新闻还将在视觉、听觉、触觉等方面形成新的特点。

3．新闻的要素和结构

（1）新闻六要素

一般把新闻的构成要素概括为六要素，谁（Who）、何时（When）、何地（Where）、何事（What）、为何（Why）、过程如何（How），即"5W+1H"；换一种说法，也就是人物、时间、地点、事件、原因、发生过程。撰写新闻时，导语部分一般要包括这六个要素，这样有利于读者迅速把握新闻的主要内容，提高阅读效率。

（2）新闻的结构

新闻的结构有很多种，常用的有以下三种。

① 倒金字塔结构，这是以事实的重要程度或者受众关心程度依次递减的次序来安排段落，把最重要的内容写在前面，把次要的内容写在后面。这种结构的优点：新闻六要素集中呈现；便于快速排版、压缩篇幅；便于尽快呈现重要信息；可以较快吸引受众的关注。其缺点：写作模式化，缺少新意；标题、导语、主体的内容容易重复；重点在前面，显得虎头蛇尾。

② 金字塔结构，也叫时间顺序结构，是按照时间顺序来安排材料，事实如何发生就如何写。这种结构的优点：构思方便，容易下笔；行文流畅，脉络清晰；娓娓道来，故事性强。其缺点：篇幅较长，容易写成流水账；开头平淡，不容易吸引人；不容易凸显重点和亮点。

③ 平行结构，又叫并列结构，是对同一个主题从不同的侧面进行反映，有利于读者从多角度来了解新闻事实。这种结构的优点：比较适合多主题的内容，便于呈现并列、递进等逻辑关系。其缺点：篇幅可能较长；主次关系不易处理。

4. 新闻的写法

一则新闻一般由标题、导语、主体、背景材料和结尾等部分组成。

（1）标题。各大纸质媒体采用的新闻标题形式多样，有正题、引题和副题等，而网络媒体则以单标题居多。采用单标题还是双标题，可根据发布新闻的载体来决定。例如，目前很多校内新闻、单位内部的新闻都发布在校园网、单位官网、微信公众号上，采用单标题形式的居多。

（2）导语。导语是开头的第一句话或者第一段话，用简练的文字将新闻最重要、最新鲜的事实概括地反映出来，给读者以强烈的印象，并吸引读者读完全文。导语具有提纲挈领、引起下文的作用，根据不同的新闻事实，可以采用不同的写法。

扫码看视频

新闻的写法

概述式导语，就是直接把新闻事实中最重要、最有吸引力的部分简明扼要地进行概括总结，这是新闻导语常用的写法。

评论式导语，就是在叙述新闻事实的基础上，对新闻进行客观、科学的评价，揭示新闻的意义，以加深受众对新闻的了解，增强宣传效果。对科学研究成果的报道就可采用评论式导语。

描写式导语，就是抓住所报道的新闻事件的某一特征、场景、细节，用简洁、朴素的文字勾勒出鲜明的画面，以再现新闻情景来感染受众。

结论式导语，就是对一个新闻事件的意义、目的、结果等进行总结，让受众直接了解事件的结果。

此外，新闻的导语还有号召式、设问式、对比式、引语式等写法。

（3）主体。这部分是对导语的进一步深化和解释，可以补充导语里面没有涉及的一些新闻事实。主体部分的内容要充实，事实要典型，材料取舍要得当。

在主体的写作上，需合理安排写作顺序。应根据新闻事件的性质和特点选择适宜的写作顺序，如以时间为序、以重要程度为序、以逻辑关系为序（点面、因果、递进等）。

（4）背景材料。新闻背景主要用来交代新闻活动中的主要人物、活动背景以及历史情况等，帮助烘托和深化主题，加深读者的理解。背景材料有说明性背景材料、对比性背景材料、注释性背景材料等。不是每一则新闻都需要写背景材料。

说明性背景材料，是指用来说明和解释新闻事实产生的原因、条件和环境的材料，以方便受众理清新闻事实的来龙去脉。说明性背景材料可以分为历史背景材料、人物背景材料、地理背景材料和事物背景材料等类型。

对比性背景材料，是指能与所报道新闻事实形成前后、正反等对比的材料，通过对比来衬托出新闻事实本身的意义、价值等，加深受众对新闻事实及其意义的理解。

注释性背景材料，是指对新闻稿中的专业术语、历史典故、产品性能，以及其他不易被大众所理解的知识性问题进行解释的材料，一般出现在科技报道或涉及专业知识的报道中。

新闻的背景材料写法多样，在文中的位置也比较灵活。写作时，应注意与主体的关系，背景材料不宜写得太多，以免喧宾夺主。

（5）结尾。新闻的结尾写法灵活，可采用自然结尾、概括结尾、展望结尾、议论结尾等形式，应简短有力。对内新闻的结尾一般用来阐述活动的意义和效果。结尾部分不是新闻必需的内容。

案例分析

××校区召开新学期第一次物业、能源
全体工作会

2月15日，后勤保障部物业、能源管理办公室在学五食堂三层会议室召开本学期第一次全体工作会。本次会议由后勤保障部副部长××主持，物业办、能源办全体及各外包单位负责人参加。

会议首先对假期工作作了全面总结，接着对新学期的物业、能源相关工作做了重点部署。副部长××强调，新学期务必继续加强校园安全检查工作，要改变以往的工作方式方法，使安全检查工作前置，加强预防性巡视。其次，要求相关工作人员从宿舍入住、供

标题：①有语病；②与导语重复；③一般不使用标点符号。

导语：①基本符合新闻六要素要求；②没有突出第一次会议的重要性；③参会人员与标题不一致。

主体：①内容交代不够具体，如对哪些工作进行了总结，重点部署的情况不具体；②行文逻辑有问题，如"首先"与"其

暖调节、用电提醒及卫生清理等方面提前做好学生返校的准备工作，全方位保障学生返校后安全、整洁、有序的生活、学习环境。

此次会议，既对过去一年的工作进行了总结，同时也为新一年的工作指明了方向。既积累了信心，又激发了大家的斗志。新的一年，新的学期，物业办、能源办将铆足干劲儿，不断提升服务品质，与××校区师生一起前行！

次"关系不明。

结尾：①不宜采用第一人称角度来写；②不宜进行主观评价和自我激励。

🔍 简析

这篇新闻稿是常见的会议类新闻，除上文指出的问题外，还有其他有待完善之处。

（1）标题如要修改，可修改如下。

修改1：后勤保障部部署新一年物业和能源管理工作

修改2：加强检查与巡视工作　做好物业与能源保障

修改3：年初部署物业与能源工作　探讨工作方式与方法改革

（2）导语部分，从新闻六要素来看，包括时间、地点、人物、事件等要素，符合导语的要求，但会议的目的和意义没有得到充分体现，缺乏新闻价值。

（3）主体部分，可补充一些信息，比如是谁作的假期工作总结；在总结中，提出了哪些经验或者好的做法。

（4）结尾写法不妥，新闻应该是一种客观报道，除了新闻社论、评论以外，不宜进行主观评价。新闻是写给读者看的，不是用来激励自己的。

（5）其他修改意见：①可增加背景材料，写一写上一年度××校区在物业和能源管理方面的经验，展示工作业绩；②客观评价后勤保障部在办学中的保驾护航作用，然后归结到提高"服务"水平上。

二、简报的写作

1．简报的含义

简报是对情况的简要报道，是各级各类机关、企事业单位及社会团体内部用来反映情况、汇报工作、交流经验、沟通信息的一种内部事务性文书。它是具有汇报性、交流性和指导性的简短、灵活、快捷的报道。根据内容性质不同，简报又可称为"动态""简讯""要情""摘报""工作通讯""情况反映""内部参考""会议简报"等。简报不同于新闻，简报是简要的调查报告，或简要的情况报告，或简要的工作报告，或简要的消息报道等。它具有简、快、精、新、实、活等特点。

2．简报的种类

简报的种类繁多：按时间分，有定期简报和不定期简报；按内容分，有日常工作简报、中心工作简报、会议简报、动态简报等。下面讲解几种常用的简报。

（1）日常工作简报

日常工作简报又称"业务简报"，是一种反映本地区、本系统、本部门日常工作或问题的经常性简报。它包含的内容较广，如工作情况、成绩问题、经验教训、表扬批评，以及对上级某些政策或指示执行的步骤、措施等。它常以定期或不定期的形式出现，在一定范围内发布。

（2）中心工作简报

中心工作简报又称"专题简报"，是一种阶段性的简报。它往往是针对工作中某一时期的中心工作、某项中心任务专门编发的简报。中心工作一旦完成，简报立即停办。

（3）会议简报

会议简报是在会议期间反映会议情况的简报，是一种临时性的简报，内容包括会议举办情况、发言及会议决定等。规模较大、时间较长的会议常要编发多期会议简报，以起到及时交流情况、推动会议进程的作用。小型会议一般是一会一期简报，常常在会议结束后，编发一期较全面的总结性简报。

（4）动态简报

动态简报包括情况动态简报和思想动态简报。这类简报的时效性、机密性较强，要求迅速编发，发送范围有一定限制，在某一时期、某一阶段要保密。

3．简报的作用

有些工作不太适合写成新闻，比如工作中的好经验、好做法，就可写成简报。有些新情况、新问题，不一定都适合用"报告"来向上级汇报，就可以采用简报的形式进行汇报。简报虽然不是正式公文，不具有法定效力和行政效力，但对领导决策、总结经验、推广做法、交流信息、对外宣传等具有重要的作用。

简报可以上行，向上级部门报告工作情况、反映存在的问题等；也可平行，发送给同级部门，互通情况、交流信息；还可下行，向下级推广经验、指导工作等。在编写之前，需要初步确定简报的报送范围，以便针对不同的对象、根据不同的目的，在内容上有所侧重。

动态简报一般供领导者决策之用。动态简报的编写者要从全局着眼，及时调查、收集工作中的新问题、新动向、新意向和新走向等，为领导部门了解事物的发展动态提供宏观的、苗头性的新信息，供其决策参考。

4．简报的格式及写法

在事务文书中，简报是一种格式比较特殊的内部文件。简报由报头、报核和报尾三部分组成。

（1）简报的报头

××大学简报

（20××年第×期）

××大学党办校办 编　　　　　　　20××年×月×日

① 简报名称。简报的名称一般用套红印刷的大号字体，如"××简报""近日要情"等。如有特殊内容而又不必另出一期简报时，可以在名称或期数下面注明"增刊"或"××专刊"字样。

② 编发期数。写在简报名称的正下方，以括注的形式居中编排，也可不加括号，年份和期数均使用阿拉伯数字。

③ 编发单位。写在报头的左下方，左空一字编排，如"大会秘书处""××大学党办校办"等。

④ 编发日期。写在报头的右下方，与编发单位平行的右侧，右空一字编排。

扫码看视频

简报的写法

⑤ 简报密级。如有保密要求，秘密等级写在左上角，也有的会写"内部文件"或"内部资料，注意保存"等字样。如无保密要求，可以不写。

⑥ 简报编号。简报的编号位于报头右上方，按印数编号，如"012"。根据需要进行编号，有时可不编号。

在报头的下方，用一条红色分隔线将报头与报核隔开，分隔线与版心等宽。

（2）简报的报核

报核，即简报所刊的一篇或多篇文章。简报的写法多种多样，比较灵活，一般由标题、导语、主体、结尾、署名等部分组成。

① 标题

简报的标题用于揭示主题，要简短醒目。消息类简报的标题类似新闻的标题，经验做法类简报的标题类似总结的标题。

② 正文

消息性的简报，其写法类似于新闻的写法，一般由导语、主体和结尾三部分组成。经验或典型做法类的简报，一般由前言和主体组成，结尾不是必需的内容。

导语（前言）。通常用一句话或一段话概括主要内容，给读者一个总体印象。导语的写法多种多样，有直叙式、提问式、结论式、描写式等。导语一般要交代时间、地点、人物、事件、因果等内容。

主体。主体部分要用足够的、典型的、有说服力的材料，把导语的内容加以具体化。主体部分的写法多种多样。若是会议简报，主体部分可按新闻报道的写法来写。若是工作经验类简报，主体部分的写法更为灵活，可以采用总分式结构，在导语部分总体概括，在主体部分分条写明所做的工作、取得的成绩、获得的经验、存在的问题等；也可采用列小标题的形式来总结经验，每个小标题统领一部分内容，按并列结构来安排各部分内容。

结尾。简报的结尾或指明事情发展趋势，或提出希望及今后打算。如果主体部分已经把事情说清楚，可不写结尾。

③署名

简报正文的署名可以是供稿部门的名称，也可以是供稿者的姓名，有时还要加上责任编辑的姓名。署名写在正文的右下方，加上圆括号。

有些重要的简报，有时需在标题前面加编者按语。按语是编发单位引导读者理解简报内容、了解编者意图而写的提示语。如果简报中有多篇文章，还可在简报首页编制目录。

（3）简报的报尾

简报的报尾包括发送范围和印发份数两个要素。简报的报尾位于简报最后一页的下三分之一处，用一条间隔线与报核隔开，间隔线下面的左边写明发送范围，在平行的右侧写明印发份数。电子版简报不用写明印发份数。

案例分析

××大学加强在线开放课程建设

优化资源配置。建设5间录播互动教室，实现教师自动录课、半自动录课和双校区互动授课等功能。组织专场培训及各类工作会十余场，参与教师300余人。合作开发"北洋学堂"网络教学平台，整合"淘课网""智慧树网"等学分课程服务平台并完成课程上线工作，20××年共有来自20余所院校的7000余名学生参与在线课程学习并获得学分。

完善教学环节。规范慕课课程的实施细则，明确课程学习路线图，充分调动学生的主观能动性。完善教师教学质量综合评价体系和学生综合评价体系，基于大数据分析对日常教学活动和学生参与效果进行测评，促进教师和学生改进教与学。建设虚拟实验教学示范中心，补充实验视频等教学资源。

标题：未提炼概括出具体的举措，特点不突出。

导语：缺少导语。开头部分没有对在线开放课程建设的经验和做法进行总体概括，不太妥当。

主体：从"资源配置""教学环节"和"保障机制"三个主要的方面来总结加强在线开放课程建设的做法。

健全保障机制。出台关于进一步提高本科教学质量的若干意见，将在线开放课程建设纳入学校教学发展规划和年度重点工作。成立慕课资源开发领导小组，开展慕课建设立项，对列入计划的课程在经费、教学安排、资源配置等方面给予支持，并纳入学校教改立项项目；对建设完成并正常使用慕课教学的团队，在核算教学工作量、教学津贴、教学奖励等方面给予适当倾斜。

（供稿：教务处　责任编辑：×××）

结构：三个段落的中心句格式统一，字数相同，用词准确，写得很好。

🔍 简析

　　这是一份某大学用来总结、宣传加强在线开放课程建设的经验和做法的简报。把工作中好的经验和做法总结出来，形成一份简报，可以供上级部门参考，也可以供其他兄弟院校借鉴，这就能发挥简报沟通信息、交流经验的作用。

写作攻略

一、撰写新闻的注意事项

1. 新闻的采写准备

　　采访是撰写新闻的第一要务。采访是撰稿人为搜集新闻素材而进行的一项调查、研究和访问活动，是获得新闻素材的主要途径。在学校，采写校内新闻的撰稿人，一般是学生活动、教学活动、科研活动等的组织者、参与者。撰稿人对活动的全过程要有一个比较清晰的了解，充分掌握相关材料。撰写时，要核对材料的真实性，如果对有关问题不清楚的，可以咨询和采访相关的教师或者同学。在采写新闻的过程中，要努力挖掘新闻的亮点。

2. 写新闻前的思考

　　采用新闻的形式来宣传学习、科研或社团活动等，在动笔前，需要思考以下问题，以便有针对性地做好新闻宣传：向谁宣传？为什么宣传？宣传什么？在哪儿宣传？这几个问题决定着采写新闻的角度和意义。不同的宣传载体对标题的拟定有不同的形式要求，如在网上宣传，一般采用单标题形式，且应注意标题长度；如在纸质媒体上宣传，可采用双标题形式。

3. 新闻标题要规范

　　在新媒体新闻中，标题具有特别显著的导读效用，是争取点击率的重要手段，但我们不能为了博人眼球、扩大点击量而夸大新闻事件，不能文不对题、虚张声势。拟定新闻标题应做到语法规范，不提倡为了吸引读者点击而采取"不完整标题"的写法，如《1420名百岁寿星大调查！只有一个共性，不是饮食，不是运动，而是……》《×××排名：××排第二，第一竟是……》。另外，新闻标题要通俗易懂，但不能庸俗。

4．人称使用要正确

新闻写作要注意人称的使用，一般采用第三人称角度来写，进行客观的报道，说服力才强，不宜自我评价，切忌把自己的感情揉进去。有些同学在写校内新闻时，采用了第一人称角度来写，这是不妥的。撰写校内新闻，离不开对相关领导和老师的介绍，在新闻中一般不写成"×××书记""×××老师"，而要写成"某学院党委书记×××""教师×××"等形式，职务在前，姓名在后。

5．人员排列要讲究

在会议活动新闻中，常常要用到"出席""列席""参加"等词语，"出席"和"列席"都有参加的意思，但它们有严格的区分。法定成员参加本组织的会议叫出席，其他人员参加叫列席，但上级领导除外。新闻中所提到的人物应使用全名，注意不要写错别字；不便透露姓名的，另当别论。在排列人名时，要遵循同一级别中"党先政后"的排列顺序，如学校党委书记和校长同时出现，应把书记排在前面。

6．提炼讲话要准确

在一些校园活动中，常常有领导、嘉宾或师生代表讲话的环节，在提炼讲话内容时，可采用原话照搬或者概括叙述的方式，不要断章取义，要注意措词，用词要简练，要体现出层次感。提炼出来的讲话内容要真实，不能人为拔高。

7．新闻材料要搭配

在新媒体时代，新闻材料不只有文字和图片，还有音频、视频、表格等多种形式。很多读者更愿意浏览多元化、表现力强、图文并茂的新闻，因此，编发新闻时，撰稿人可综合使用各种类型的素材，从受众的审美心理、阅读偏好等角度综合选材，增强新闻的吸引力和表现力。

8．文稿署名要明确

新闻稿写好以后，一定要署名。目前，在一些微信公众号上发布的校园新闻，一般注明了文字来源、图片来源和责任编辑等，这是规范的做法。而一些校园网页或单位官网上的新闻未注明新闻供稿者的姓名，这是不妥的。文稿署名，一是便于编辑联系，协助处理新闻的编发；二是便于发放稿酬（如有稿酬）；三是对劳动成果的一种尊重。

二、撰写新闻的报道角度

同样的新闻事件，可以从不同角度进行新闻报道。报道角度反映的是新闻撰稿人对新闻的敏感程度，是新闻撰稿人从不同角度、不同侧面对某一事物和其他事物之间的联系进行分析、比较，去报道新闻事件本身及其思想意义。它在一定程度上能体现出新闻撰稿人处理素材、挖掘新闻价值的能力和水平。

撰写新闻，要选好角度，可以从切入点、相关点、价值点、利益点、新奇点等视角入手。下面从两个方面介绍撰写新闻需要考虑的角度问题。

1. 挖掘新闻事实的价值

有些新闻事实，在不同的时期、不同的空间，新闻价值会发生一定的变化，撰稿人在撰写新闻时，就需要努力挖掘新闻事实的价值，下面举例说明。

为提高学生的健康生活意识，天津大学自2002年起每年投入专项资金开展健康工程活动，每年向全校学生免费发放两次水果，该活动被称为天津大学的"水果工程"。每次发放水果时，媒体都有相关的新闻报道，但每次报道的角度都不同。

2017年，北方网以《厉害了我的天大 "水果工程"已坚持15年》为题进行报道，导语为"近日，一年一度的天津大学水果文化节拉开帷幕。天津大学向在校近3万名学生免费发放水果，当日共发放水果13万斤。现场还举办了炼精油、品果茶、赏诗词、猜字谜、写情诗、手绘雕刻以及科普竞答等各色活动。"

2018年，北方网以《天大"水果节""刷爆"朋友圈》为题进行报道。当时正值"双十一"购物节，报道称，不到两个小时，堆积如山的超14万斤的柚子和橙子被学生们领回，3万余名天大学生在"买买买"的同时也体会着"水果节"带来的温暖……相信天大的水果文化还会继续下去，"水果节"带来的温情也将在一代又一代天大人中延续。

2019年，天津大学新闻网以《"以苹扶贫"——天津大学将"五育"内容融入水果工程》进行报道。报道称，水果工程自2002年正式启动，到现在已经走过17个年头，从传统意义上的"发水果"逐渐演变为水果文化节，如今已是学生无比期待、校友念念不忘的校园文化符号。本次水果工程完全由学生自主设计、组织、发放，在实践中培养自身的德、智、体、美、劳，进而达到自我教育、自我管理、自我服务的育人目标。

2020年，《今晚报》以《天大"水果节" 温暖"双十二"》为题进行报道。报道称，这份"水果大礼包"包括广西宁明县那潭村的红心火龙果、德保县的脐橙，新疆布尔津县的诺干奶酪和陕西扶风县的猕猴桃等，都是来自贫困地区的特色农产品。

每年发放水果的这一新闻事实，由开始的"健康教育活动"，逐渐演变为水果文化节。根据发放水果时的情境，与"双十一""双十二""文化创意""文化符号""扶贫"等相结合，就能挖掘出新闻事实的不同价值。

新闻撰稿人不仅要选好新闻的价值点，还要挖掘其中的独特价值，展现社会意义或社会影响力，这样的新闻才更有价值，也更容易获得受众关注。

2. 选择新闻报道的角度

在学习或工作中，不同的人、不同的发布平台对同一新闻事实的报道角度也是不同的，我们可根据现实需要来选择不同的报道角度。

2019年4月29日，"六卓越一拔尖"计划2.0启动大会在天津大学召开。会议期间，来自新华社、人民日报、光明日报、中央广播电视总台、科技日报、中国青年报、中国教育报、瞭望周刊、天津日报等中央及地方数十家媒体参会报道，不同媒体报道的角度有所不同，现选择几家媒体的报道情况罗列如下。

新华社新华网以《教育部启动实施"六卓越一拔尖"计划2.0》为题，以500多字的篇幅进行报道，主要聚焦"新工科建设"，概括报道了教育部部长陈宝生的讲话。

《人民日报》以《"六卓越一拔尖"计划2.0启动实施》为题进行了300多字的文字报道，主要对实施一流专业建设"双万计划"进行报道，概括了教育部部长陈宝生的讲话。

《中国教育报》以《教育部启动实施"六卓越一拔尖"计划2.0》为题，以800多字的篇幅对"双万计划"和基础学科拔尖学生培养一流基地进行了详细报道，概括了教育部高等教育司司长吴岩的讲话。

中央广播电视总台以《教育部部署加快建设高水平本科教育　即将实施"六卓越一拔尖"计划2.0》为题，进行了1分钟的视频报道，对"六卓越一拔尖"进行了具体说明，并侧重与1.0版进行比较，说明2.0版在拓围、增量、提质和创新等方面的新举措。

《天津日报》以《"六卓越一拔尖"计划2.0启动大会在津召开》为题，全文900多字，写明出席大会的领导、典型发言高校等信息，概括报道了教育部部长和天津市领导的讲话。

天津大学新闻网以《教育部"六卓越一拔尖"计划2.0启动大会在天津大学召开》进行了更为详细的全程报道。

在日常工作中，各类工作会议较多，有些品牌活动年年举办，撰写新闻时，要想写出新意，就需要找准会议或活动的特色内容进行报道，要有独特的视角，才能写出有价值的新闻。

三、掌握简报的写作技巧

1．简报标题的写作技巧

大体来说，简报的标题类似新闻的标题，但简报有其特殊的功能，在标题的拟定上要有讲究。

第一，标题主旨要明确。相对于新闻标题来说，简报的标题需要直陈其事，不宜含蓄表达。如《天津市发挥行业办学优势加快发展现代职业教育》《天津大学积极构建研究生拔尖创新人才培养体系》《天津大学多措并举提高社会实践育人实效》《天津大学探索国际化学院建设新模式》等，这些标题就直接揭示了文章的主旨，写得很好。

第二，标题概括要适度。标题概括到什么程度合适呢？不能概括过度，也不能太具体。例如，有一篇简报的标题是《新校区工程建设进展》，这样的标题就不好，属于过度概括。原因在于，在新校区建设的过程中可能会编发多篇简报，这篇简报就没有区别性，没有把建设进展中的阶段性成果概括出来，表意不明确。再如，教育部简报中有三篇简报，标题分别为《上海市打好教育培训机构综合治理"组合拳"》《四川省实施"五大工程"打赢教育脱贫攻坚战》《清华大学对标"六个过硬"　全面加强新时代学校党的建设》，其中的"组合拳""五大工程""六个过硬"就很有概括性，如果不这样概括，可能导致标题太长。

第三，适当增强可读性。简报标题的拟定不像党政机关公文标题那样有严格的格式要求，在表意清晰的前提下，可适当讲究修辞，适当运用对仗、对偶、比喻、借代等修辞手法，以增强标题的可读性。例如，教育部简报《上好入学教育第一课　扣好人生第一粒扣子——各地各高校2018年秋季开学工作综述之一》中的"第一粒扣子"，《高举旗帜　擦亮底色——各高校马克思主义理论学科人才培养工作综述》中的"底色"，都采用了修辞手法。

2．经验类简报的虚实结合法

经验类简报与工作总结均是对正在进行或已完成的事项的回顾和反思，它们在写法上有类似之处，因此有学者把简报归入总结类文书是有一定道理的。总结要求做到点面结合，力求全面，而简报则要求抓住一点，不及其余。

虚实结合法可体现在文章整体布局上，也可体现在各个段落中。导语部分概括叙述（虚），主体部分具体展开（实）。主体部分各段第一句为"虚"，后面为"实"。"虚"是指观点，如经验、见解、道理、认识等，体现在大小标题或段旨中；"实"是指材料，如情况、事例、数据、成绩等。"实"是"虚"的支撑，没有"虚"，就缺乏高度和深度。行文时，先虚后实，以虚带实，这是经验类简报的常用写法。

某高校在实施青年师资队伍成长发展培训计划的经验简报中写道：

注重制度建设，提升培训科学性。为了使师资培训工作更有效、更系统、更优化，××大学建立青年师资队伍可持续发展支持体系相关制度。**一是形成培训学分制度。**培训课程按照需求度划分为通用必修课、特色必修课和选修课三类……**二是形成培训提质制度。**每期培训结束后设计适应当年培训实际情况的调查问卷，通过收集、整理、反馈信息，及时调整、完善青年师资队伍培养方案……

这个案例的第一句为"虚"，后面为"实"，"实"作为"虚"的支撑。

3．经验类简报的总分布局法

利用简报宣传某一方面工作的先进经验或典型做法时，多采用总分布局法。导语为"总"，主体为"分"，即导语部分先总括工作的整体情况、成效，在主体部分拆分为三四条具体经验、认识或做法。这样写的优点在于：结构清晰、逻辑性强。在每条经验中，再结合前面提到的虚实结合法进行写作。例如，在《××大学加强在线开放课程建设》这个案例中，总结出"优化资源配置""完善教学环节""健全保障机制"三条做法，属于"分"，但是全文开头部分缺乏一个"总"，整篇文章的结构就不太完整。

4．定性分析与定量分析结合法

定性分析就是对事物进行"质"的分析，运用归纳与演绎、分析与综合、抽象与概括等方法，对收集的各种材料进行思维加工，从而去粗取精、去伪存真、由此及彼、由表及里，达到认识事物本质、揭示内在规律的效果。定量分析则是对事物进行"量"的分析。在对事物进行定性分析时，往往容易受个人价值判断的影响。因此，利用简报总结各类经验时，应在定性分析的基础上辅以定量分析，用数据说话，做到定性和定量相结合，以得出更准确、更客观、更科学的结论。没有定性分析，会造成事物的性质不明；没有定量分析，定性分析则缺乏说服力。

《天津大学积极构建研究生拔尖创新人才培养体系》（教育部简报〔2019〕第33期）其中一段为：

创新人才培养模式，绘好"路线图"。启动实施新一轮研究生培养方案，出台《本研贯通人才培养实施意见》，实现本研纵向跨层次选课、横向跨学科选课，成绩统一管理、学分互认及学业信息共享。推进课程体系更新优化，开设研究生新工科课程30门，覆盖49个教学班、6383名研究生。加强在线课程建设，实施研究生混合教学模式应用实践与示范推广，支持和培育研究生"精品在线课程"15门，获评教育部在线教育研究中心2018年度全国普通高等院校"在线课程建设与应用示范案例"。积极推进交叉培养，先后搭建13个学科交叉平台，推动10个一流学科领域建设，持续向优质学科群和科研平台投放研究生资源。（以下略）

这个案例就采用了定性分析与定量分析结合法。

5. 经验类简报的点面结合法

点面结合法是文章写作中的一种常用手法，常在描写某一事物时，同时进行一般性和特殊性的描写，使文章更鲜活、生动、具有说服力，能突出特殊和一般的辨证关系。这也是谋篇布局的一种方法。在典型经验类简报的撰写中，忌讳使用"观点+事例1+事例2+事例3"的布局形式，而要采用"观点+概括叙述+事例1+事例2+事例3"，前者有点无面，后者点面结合，这就是加一个"概括叙述"的效果。所谓概括叙述，就是用高度概括的语言从整体上客观反映全面的情况，使读者看到事物的全貌。这种写法既有面又有点，既有森林又有树木，反映的情况既有广度又有深度。

扫码看案例

教育部简报

6. 尝试更换角度写作法

众所周知，对于同一个事物，不同的人选择不同的视角，将会看到不同的景象，得出不同的看法，正所谓"横看成岭侧成峰，远近高低各不同"。在平时的写作中，我们习惯于"本位主义"，即考虑问题时习惯以本部门、本岗位为出发点，无论利弊得失，常常站在局部的立场上，缺乏大局观念和全局意识。在编写简报时，编写者可尝试更换视角。换角度，出新意。视角的变化会产生耳目一新的效果。常见的角度更换有：从领导角度改为群众角度，从反映工作成果角度改为总结经验角度，从反映工作情况角度改为研究问题角度，从某个部门的小角度改为全局的大角度等。

📖🔍 思考与练习题

一、知识点巩固

扫码做练习，巩固本章知识点。

二、写作训练题

1. 结合自身实际，撰写一篇大学生涯规划。

2. 结合自身实际，撰写一篇大学学习生活总结。

扫码做练习

第二章客观题

3. 参加社会实践后，撰写一篇社会实践总结。

4. 在平时的学习中、在社团工作中，甚至在以后的工作岗位上，一年到头，我们会做很多工作，如何将这些工作写到总结里面去？

5. 总结不是大事记，不能堆砌材料，需要对所做的工作进行提炼，那该如何提炼？

6. 结合自身实际情况，拟申请国家奖学金、优秀学生干部、自强之星、三好学生等其中的一项，撰写一篇参评先进个人事迹材料。

7. 如果你是一名学生干部，结合自身实际情况，拟写一份任期内的述职报告。

8. 如果你是一名管理工作人员，根据你的岗位情况，拟写一份年度述职报告。

9. 根据你所在学生社团近期开展的一项活动，撰写一则新闻。

10. 根据你所在工作单位近期开展的主要工作，编写一期简报。

第三章

日常文书

　　日常文书，是党政机关、企事业单位、社会团体或个人在日常工作和生活中广泛使用的，用来沟通信息、联络感情、表达意愿的实用文书。日常文书虽然不像党政机关公文那样具有法定的规范格式，但也自有约定俗成的格式和特点。

扫码看任务

第三章
写作任务

第一节　书信类文书

书信是生活、学习和工作中普遍使用的一类应用文，是人们在社会生活中广泛使用，不可缺少的交际工具。用于向家人、同志、亲友表达问候、交流思想、联系事情、讨论问题的称为一般书信；用于礼仪交往、联系工作的称为专用书信。

专用书信用于礼仪交往、联系工作，具有一定的使用范围和特定格式。常见的专用书信有申请书、介绍信、证明信、慰问信、表扬信、倡议书、建议书、邀请信、贺信、聘请书、捐赠书等。下面介绍几种常用的书信及其写法。

一、申请书

1．申请书的含义及分类

申请书是个人或集体向上级组织或有关部门表达愿望、提出请求时所写的一种专用书信。根据内容和目的，申请书大致可以分为以下三类：思想政治类，如《入党申请书》《入会申请书》等；学习工作类，如《奖学金申请书》《缓考申请书》《××科研项目申请书》《工作调动申请书》等；日常生活类，如《助学贷款申请》《补办学生证申请》等。

2．申请书的写法

从内容上看，申请书内容单一，主题明确，一般一事一书。

从结构上看，申请书的格式一般比较固定，由标题、称谓、正文、结束语、落款五个部分组成。

（1）标题。申请书的标题有两种形式：一是只写"申请书"三个字；二是由申请事项和文种构成，如《转正申请书》。

（2）称谓。书信的称谓，也叫"受文对象""抬头"等，在标题下一行顶格处写出接受申请书的组织、单位、团体的名称或有关人员的姓名，如"尊敬的学校领导""××公司人力资源部负责人"等。

（3）正文。书信的正文一般包括三个部分：一是开头部分，简要交代申请人的基本信息或情况；二是主体部分，要真实、充分、有条理地写明申请的依据和理由，然后写明要申请的内容；三是结尾部分，围绕所申请的事项，写出相应的保证或相关说明。

（4）结束语。长期以来，书信类文书的结束语形成了一些习惯用语。在正文之后，独立成段写上习惯用语、表示感谢或祝颂的言辞，如"特此申请""敬请领导批准"等。

（5）落款。即署名署时，写明申请人姓名或申请单位名称（盖章），在署名下方写上成文日期或提交申请的日期。日期要确切，具体到年月日。

国家助学金申请书

尊敬的学校领导：

你们好！我是××学院××专业×级×班的本科生×××，很荣幸成为××大学的一名学生。在这里已经度过的两年大学生活中，我始终保持着一颗上进心，时刻以高标准要求自己，力求做到全面发展。经过两年的努力，我在各个方面都取得了很大的进步，在此特向领导申请国家助学金。

我来自农村，亲朋好友都为我考上××大学感到骄傲。我怀着满腔的热情，离开故土来到××大学求学。带着自豪与执着，我一直在努力地做着我应该做的事情——学习。在我求学的路上，父母省吃俭用，把学费、生活费寄给我，他们希望我能过得好。父母只想让我好好学习，我也只能用学习成绩来回报他们，每每取得好成绩向家里报告时，都可以感受到父母的欣慰，还有他们的嘱咐，这些让我再接再厉！

早年父母远走他乡打工挣钱，为我攒学费，这种情况一直持续到现在。也许是父母对我十分关爱，他们总是要我不要太薄待自己，总是把最好的东西留给我，他们说："钱我们俩会努力去挣的，你尽管按你的需要去做你的事情吧！只要你将来能够有所作为。"每当听到这句话，我都会感到阵阵心痛。这3000元的助学金对我来说能解决家里的困难，我只希望能让父母减轻些负担。

大学阶段是我人生中一个极为重要的阶段。在这两年中，我在各个方面都获得了很大的进步，综合素质得到了很大的提高。我也要特别感谢学校学院的大力培养，以及老师在专业方面的悉心指导和同学们在学习、生活中给我的支持和帮助。非常感谢国家给予我们大学生的帮助，资助优秀大学生完成学业。今天我得到了帮助，以后的日子里我会更加严格地要求自己，学好专业知识，争取早日服务社会，为国家奉献一份力量。

敬请各位领导、老师加以评判审核！

申请人：×××

×年×月

称谓：应为学校助学金评审部门。

第一段：介绍个人基本信息后提出申请。

申请理由：缺乏针对性和说服力。

第二段：陈述学习表现，但不够具体，未将大学两年来的学习情况说清楚。

第三段：陈述经济困难情况，但不够翔实。只说父母打工挣钱，还不足以说明经济困难情况，并且不宜把父母对子女的关爱作为经济困难的申请理由。

第四段：表示感谢和表达决心。此段篇幅较长，致谢内容过多，自己如何奋斗的内容略少。

落款：需亲笔签名，申请日期要确切，具体到日，日期应使用阿拉伯数字。

简析

　　大学期间，家庭经济困难的学生申请国家助学金时，一般需要提交《普通本科高校、高等职业学校国家助学金申请表》，有些学校还要求提交申请书。在申请表或申请书中，最重要的是陈述自己的家庭经济困难情况和学习情况。"勤奋学习，积极上进；家庭经济困难，生活俭朴"是国家助学金的基本申请条件。因此，申请书中应详细陈述自己家庭经济的实际情况，如家庭成员构成、家庭经济收入来源、父母身体状况、兄弟姐妹求学情况或其他特殊情况等，以便资助管理机构认定申请人的贫困等级。

二、证明信

1．证明信的含义

　　证明信是以党政机关、企事业单位、社会团体或个人的名义凭借确凿的证据证明某人的身份、经历或某件事情的真实情况时所使用的一种专用书信。证明信也称作"证明"。写证明信必须对被证明的人或事了解清楚，如实证明；措辞要肯定、确切。

2．证明信的写法

　　证明信由标题、称谓、正文、结束语、落款五个部分组成。

　　（1）标题。有两种写法：一是直接写"证明信"或"证明"；二是由事由和文种名称构成，如《关于××同学在学期间现实表现的证明》。

　　（2）称谓。写受文单位名称或受文个人的姓名和称呼，后加冒号。有些供有关人员外出活动而证明其身份的证明信，因没有明确的受文对象，称谓部分可以不写，在正文前用引导词"兹"或"今"引出正文内容。

　　（3）正文。正文要针对对方所要求的证明事项来写，需要证明什么就证明什么，无关的无须写出。如证明的是某人的历史问题，则应写清人名、何时、何地及所经历的事情；若要证明某一事件，则要写清参与者的姓名、身份及其在此事件中的地位、作用和事件本身的前因后果。

　　（4）结束语。另起一行写上"特此证明"，也可写在正文结尾处。

　　（5）落款。另起一行，在正文右下方写上证明单位或个人的姓名，成文日期写在署名下方。成文后，由证明单位或证明人加盖印章或签名，否则证明信无效。

范例

在学证明信

————————————：

　　兹有学生_____，性别___，学号：_____，生于___年___月。___年___月入我校_____

学院_____专业学习，该专业学制____年。该生现为我校_____级普通全日制本科学生。

特此证明。

×× 大学 ×× 学院（盖章）　　×× 大学教务处（盖章）□□

×年×月×日

🔍 简析

在学证明信一般由学生所在院系和（或）学生学籍管理部门开具，学号是学生在校期间的身份识别标志，注明学号和所学专业等信息，可以避免重名情况。

⚙ 案例分析

学生干部证明信

_____ :

兹有学生 ×××，男，中共党员，学号：×××，20××年9月入我校 ×× 学院 ×× 专业学习，该专业学制四年。该生现为我校 20×× 级普通全日制应届本科毕业生。

该生在学期间，担任 ×× 学院学生会主席、20×× 级学生党支部书记等职，任职期间，能积极组织、参与学生各类课外活动，具备较强的管理、组织和协调能力，得到了师生的广泛认可和好评。

特此证明。

×× 大学 ×× 学院（盖章）□□

×年×月×日

正文：①先证明学生身份；②再证明其干部身份及表现。

内容：①应提供任职起止时间；②还可对其表现进行简要评价。

落款：若是学生党员或担任学生党组织干部的证明信，应由所属党委或党总支提供证明并加盖党组织印章。

🔍 简析

就业时，有些用人单位很看重大学生担任学生干部的经历，为了证明"学生干部"的身份，用人单位可能要求毕业生到学校开具"学生干部证明信"。学生干部证明信一般由学生所在院系或学生所在社团的管理部门开具。

三、邀请信

1．邀请信的含义

邀请信是党政机关、企事业单位、社会团体或个人邀请有关人士前往某地参加会议、学术报告、纪念活动以及婚宴丧葬等的一种专用书信，有时又叫"邀请函""邀请书""请柬"等。这里的邀请函不同于党政机关公文中的公函，二者在法定效力和行文要求上有所不同。

2．邀请信的写法

邀请信由标题、称谓、正文、结束语、落款五个部分组成。

（1）标题。有两种写法：一是直接写"邀请信"或"邀请函"；二是由事由和文种构成，如《关于出席××会议的邀请函》。

（2）称谓。在标题下一行顶格写称谓，写被邀请的单位或个人的姓名和称呼，后加冒号。

（3）正文。正文通常要求写出举办活动的背景、目的、时间、地点、内容、方式、邀请对象以及需要邀请对象所做的工作等。活动的各种事宜务必在邀请信中写周详。如果邀请了外地来宾，在正文之后可将报到地点、食宿安排、接站安排、乘车线路等信息告知受邀方。

（4）结束语。另起一行，写上"敬请光临""欢迎光临""敬请莅临指导"等，也可直接写在正文结尾处。

（5）落款。另起一行，在正文右下方写上发出邀请的单位名称或个人姓名，成文日期写在署名下方。若邀请方是单位，还应加盖印章。

案例分析

"第×届全国话语语言学学术研讨会"邀请函

_____先生/女士：

"第×届全国话语语言学学术研讨会"将于20××年11月30日至12月2日在中国传媒大学举办。本次学术会议由中国传媒大学外国语学院和全国话语语言学研究会联合举办，旨在促进（外国）语言学及应用语言学学术界的广泛沟通和学术交流。工作语言为汉语和英语。在此，我们真诚邀请您前来参加会议，并请您注意以下事项。

标题：引号使用正确。不能视为作品的课程、课题、会议、活动等名称，不用书名号。

正文：为了方便相关专家、学者以及研究生同学了解学术研讨会的具体情况，邀请函将会议目的、会议主题、会议子议题、时间、地点、日程安排、报到事项等信息进行了说明，要素俱全。

一、会议主题：现代话语语言学：传承与发展

二、会议子议题：

1. 话语语言学的历史、现状与展望

2. 文化学中的话语研究

3. 传播话语研究

4. 话语的跨学科研究

5. 中外话语对比研究

6. 其他相关理论与应用研究

三、大会语言：汉语和英语

四、会议日程安排：20××年11月30日报到；12月1日会议；2日上午会议；2日晚餐后离会。

五、其他事项

会务费：700元/人（研究生减半），来往交通费用及会议期间住宿费用自理。

报到地点：中国传媒大学外国语学院

乘车路线：北京站乘地铁2号线到建国门，换乘地铁1号线到四惠站，换乘轻轨八通线到中国传媒大学站下车。

从市内来，可乘728路公交车到椑子井站下车；乘1路公交车，在四惠站换乘312路公交车到椑子井站下车；或乘342路、382路、388路、731路、846路公交车到定福庄站下车。

从首都机场站上车，乘359路公交车（首都机场—东直门外），在三元桥站下车，换乘731路公交车（顺新百货商场—康城南站），在定福庄站下车；或乘359路公交车，在东直门外站下车，换乘815路公交车（二里庄—杨闸环岛西），在定福庄站下车。

在首都机场乘坐机场大巴，在国贸站下车，换乘728路公交车，在椑子井站下车；或乘坐机场大巴到三元桥站下车，换乘731路公交车，在定福庄站下车。

回程车/机票：代表若需购买回程车票或机票，请在报到时直接与大会会务组联系。

会议论文：与会者请将中英文（中文以200字左右为宜）摘要于20××年10月30日前邮寄或用电子邮件发送至会务组。用于大会交流的论文由作者自行印刷，请在页眉注明"第×届全国话语语言学学术研讨会"字样。

联系人：×××老师

联系地址：（略）

结构：此函结构不太合理，存在主次不当的问题。

从一到四部分：会议主题、议题、日程安排等部分太简略，第三部分与前言的内容重复。

第五部分："其他事项"内容过多，篇幅占了邀请函的一半，有喧宾夺主之嫌。从"乘车路线"到"回程车/机票"这部分内容可作为邀请函的附件，不宜作为邀请函的正文。

"会议论文"是这份邀请函中很重要的内容，应独立列为一项。

电子信箱：（略）

六、参会确认：收到通知后，请各位与会者根据您的实际需要，务必在20××年10月30日前通过电子邮件或电话方式向我们确认以下信息，以便会务组的组织与接待。

第×届全国话语语言学学术研讨会（20××北京）

回　执

姓　名	
性　别	
联系方式（电话、邮箱）	Tel./E-mail:
是否需要单独住宿（标准间×元/间）	
发言时是否需要PPT演示	
是否参加文化考察	

回执：会议回执部分不宜作为邀请函的正文，可作为邀请函的附件，写在署名署时之后，可以另起一页单独编排。

全国话语语言学研究会　□□
中国传媒大学外国语学院　□□
20××年9月26日

🔍 简析

这类邀请函很常用。为使受邀方准确了解相关信息，在要素俱全的情况下，邀请函应做到主次分明、详略得当。

四、贺信

1. 贺信的含义

贺信是党政机关、企事业单位、社会团体或个人向其他集体或个人取得的成就、获得某一职位、组织的成立、纪念日期等表示祝贺的一种专用书信。

贺信已成为表彰、赞扬、庆贺对方在某个方面所作出贡献的一种常用形式，它还兼有慰问和赞扬的功能。贺信是从古代的祝辞演变而来的，它既可以宣读，也可以通过邮寄的方式送达对方。以函件形式送达的贺词叫作贺信，借助电报发出的贺词通常称作贺电。

2. 贺信的写法

贺信由标题、称谓、正文、结束语、落款五部分组成。

（1）标题。贺信的标题可直接写成"贺信"，也可由发信单位或个人名称、庆贺的事由和文种构成，如《××致××的贺信》。

扫码看视频

贺信的写法

（2）称谓。在标题下一行顶格写称谓，后加冒号。如果受信方是会议或单位，要用全称或规范化简称；如果受信方是个人，应在姓名前冠以敬词，姓名后加称呼，如"尊敬的××先生"。

（3）正文。贺信的正文一般包括以下内容：第一段往往开门见山写明谁对谁表示祝贺；然后概述对方取得的成绩或作出的贡献等值得祝贺的事由或原因；还可回顾双方的合作关系，展望未来合作前景，表达良好的祝愿等。

（4）结束语。结束语写上表示祝贺、祝愿的话，如"预祝本次大会取得圆满成功""祝您取得更好的成绩"等。

（5）落款。在正文右下方署名署时。

值得注意的是，贺信的内容要实事求是，对成绩或贡献的评价要恰如其分，表示的决心要切实可行，不可言过其实；语言要精练明快、通俗流畅，不能堆砌华丽的辞藻，篇幅要短小。用于会场张贴的贺信更要注意控制篇幅。

🔍 范例

习近平致电祝贺中国空间站天和核心舱发射成功

载人航天工程空间站阶段飞行任务总指挥部并参加天和核心舱发射任务的各参研参试单位和全体同志：

在空间站天和核心舱发射任务成功之际，我代表党中央、国务院和中央军委，向你们致以热烈的祝贺和诚挚的问候！

建造空间站、建成国家太空实验室，是实现我国载人航天工程"三步走"战略的重要目标，是建设科技强国、航天强国的重要引领性工程。天和核心舱发射成功，标志着我国空间站建造进入全面实施阶段，为后续任务展开奠定了坚实基础。希望你们大力弘扬"两弹一星"精神和载人航天精神，自立自强、创新超越，夺取空间站建造任务全面胜利，为全面建设社会主义现代化国家作出新的更大的贡献！

习近平

2021年4月29日□□

🔍 简析

2021年4月29日，中国空间站天和核心舱发射升空，准确进入预定轨道，任务取得成功。习近平向载人航天工程空间站阶段飞行任务总指挥部并参加天和核心舱发射任务的各参研参试单位和全体同志致以热烈的祝贺和诚挚的问候。贺电的写法与贺信相同。这份贺电开门见山地表示祝贺，第二段阐述天和核心舱发射成功的重要意义，最后提出希望。

🔍 范例

贺　信

中国共产党××大学环境学院委员会：

　　值此中国共产党建党××周年之际，喜逢中国共产党××大学环境学院委员会第×次党员大会胜利召开，谨向贵院表示热烈祝贺。

　　××大学环境学院是环境、能源、市政等方面的人才培养基地和科学研究中心。贵院以"国内一流，世界知名"为建设目标，按照"高起点、新机制、办特色、创一流、持续发展"为建院方针，在人才培养、学科建设、师资建设、科研开发和应用推广等方面协调发展。同时，贵院师生为中国环境保护、能源利用和市政工程领域的发展作出了重要贡献，取得了可喜成绩。

　　多年来，贵我两院在人才培养、学科交叉、科学研究等领域开展了广泛深入的交流合作，建立了深厚的感情，愿今后贵我两院进一步加强交流与合作，优势互补，携手共进，为教育事业的繁荣作出新的贡献。

　　我们相信，此次大会的召开，定能凝心聚力，继往开来，围绕育人中心，进一步推进学院事业的科学发展。衷心祝愿贵院各项事业蒸蒸日上！

　　预祝本次大会圆满成功！

中国共产党××大学××学院委员会□□
×年×月×日

⚙ 简析

　　这种祝贺会议召开的贺信，一般需制作成海报的形式，多用于会场张贴。在拟定标题时，可省略发信方和受信方。贺信的正文一般分为四个部分。首先，在第一段开门见山进行道贺，其中"值此""喜逢""谨""贵院"等词语，用得很恰当、很讲究。其次，对祝贺对象的成绩或成就进行陈述、评价，指出值得祝贺的事情。再次，回顾发信方和受信方的友谊、合作关系等，如果是本单位不同部门之间的祝贺，可以不写此部分。最后，表达祝愿，然后辅以祝贺性的语句结尾。

一、收发信函的礼仪规范

1. 撰写纸质信函的礼仪

我们辑录了一些常用客套用语，有些客套用语主要用于书面信函，使用时需注意场合、环境、对象。对大学生而言，在人际交往中巧用书信，讲究书信礼仪，并不意味着落伍与守旧，而是一种知书达礼的体现。

与他人通信时，发信人应尽可能地使自己的书信做到礼貌、完整、清楚、正确、简洁。礼貌，就是要求发信人在写信时，要像真正面对收信人一样，以必要的礼貌去向对方表达自己的恭敬之意，具体体现在谦词与敬语的使用上。完整，就是在写信时，为了避免传递错误信息，必须使书信的基本内容完整无缺。清楚，就是做到层次分明、条理清晰、有头有尾、表意明确。正确，就是不论称谓、叙事，还是遣词造句，都要做到正确无误，信中不要出现错别字。简洁，就是行文要言简意赅，切勿洋洋洒洒、高谈阔论，浪费收信人的时间。

作为收信方，我们也需要注意一些礼仪。一要守法，任何扣留、私拆、偷阅他人信件的行为都是违法的。二要注意保管，未经发信人许可，不要随便将对方的来信公开或传阅。三要即复，当收到他人来信时，需要答复的，要尽快回复，及时复信不仅仅是对对方的尊重，也是做人做事应当具备的一种美德。

2. 发送电子邮件的礼仪

过去，书信以纸质介质为载体；现今，书信多以电子邮件为通信方式。在学习和工作中，有些人发送邮件，不注意行文格式，不注重通信礼节。例如，有些人发送电子邮件，一无称谓，二无正文，只有附件，这是非常不礼貌的。

（1）邮件主题明确。千万不要忘记填写邮件主题，没有主题的邮件容易让收件人认为是垃圾邮件而被忽略。邮件主题要一目了然，既方便收件人第一时间了解邮件大致内容，也便于收发双方日后搜索此封邮件。

（2）邮件正文完整。第一，开篇写明称呼和问候，以表尊敬。第二，写上简单的引入语。若是初次联系，可以先简单介绍自己。第三，说明发信缘由、目的和具体内容。第四，结尾表达自己的期望。第五，致谢、致敬与祝福。第六，最后署名署时，在电子邮件中可设置自动签名档。

（3）邮件篇幅适宜。电子邮件不宜过长，注意表意清晰、重点突出。行文时，尽量用简短的段落，可逐条陈述内容，可适当空行，以保证收件人阅读起来不会太吃力。如果内容过长或有图片、表格等，建议采用附件形式发送，附件文档的命名要规范。

要特别注意的是，涉密信息不能以电子邮件传递，一旦泄密，可能造成严重的后果，甚至可能违法。

二、书信文书的书写规范

书信的书写格式主要指书信的结构布局和格式规范。任何一封正式的书信（含电子邮件）要想发挥其功能，且做到以礼敬人，就需要在具体的格式上中规中矩。下面介绍比较规范的做法。

（1）首先要使用恰当的称谓语，然后进行问候，这是"人际交往，礼貌当先；与人交谈，称谓当先"的基本要求。过去人们在通信时，通常使用一些谦词和敬语，有很多繁文缛节的讲究，现在虽不必刻意仿古，但基本的称谓语和问候语是不可省去的。

（2）信函正文部分，每段段前要空两格，注意分段，以便层次清晰，使收信人能够一目了然。

（3）结束语、祝颂语不可或缺，这样才能使信函有头有尾，有始有终。在结束语部分，按照书信惯例写上一些祝福的话语，其作用有二：一是用于表示行文结束，二是对收信人表达良好的祝愿。书信的祝颂词，有约定俗成的格式规范，一般需分为两行书写，写在头一行的部分需在段前空两格，写在后一行的内容应顶格书写。例如，头一行"此致"前面空两格，后一行"敬礼"顶格书写。有些祝颂语的前半部分也可直接写在正文最后一句话之后，后半部分转行顶格书写。例如"敬颂"二字写在正文之后，"时祺"二字在下一行顶格书写。

（4）信函须落款。署名署时是信函的重要组成部分，虽然现在多以电子邮件通信，快速、便捷，但为了保持信函的完整性，建议做到落款规范。

（5）合理处理附问语。所谓附问语，指的是发信人附带问候收信人身边的亲友，或者代替自己身边的亲友问候收信人及其身边的亲友。附问语应另起一段，其具体位置可以在结束语之前，也可以在落款之后。

（6）合理添加补述语。补述语，又叫附言，指的是在信函写完后，发信人觉得还有必要进行补充的内容。以前，书写在纸质信笺上的信文，不便重写，常常在原信之后以"又及"或"又启"引出补述语。现在，电子形式的信函，复制、粘贴、插入等较为方便，补述时可不像以前那样写"又及"，但也要注意行文的逻辑关系，不要将其胡乱穿插在信中。

第二节　求职类文书

一、求职类文书的含义和种类

求职类文书是进入职场的"敲门砖"。下面介绍求职类文书的含义和种类。

1．求职类文书的含义

求职类文书是大中专院校毕业生、无业待业人员求职，以及在职人员谋求转换工作时所使用的一类文书。

2．求职类文书的种类

常用的求职文书有五类：推荐信、自荐信、求职信、应聘书和求职简历。

（1）推荐信

推荐信是指用以向用人单位推荐优秀人才或者向自己的熟人和朋友推荐某个人去承担某项工作以便使之采纳的专用书信。对于大学生而言，推荐信一般是由应届毕业生所在学校就业部门统一印制的求职推荐材料，以表格形式居多，毕业生如实填写个人信息、自我鉴定等，然后由就业部门加盖印章。这种推荐信具有推荐和证明身份的双重作用，所以很多用人单位都需要毕业生提供求职推荐信。另外，研究生毕业生的推荐信中往往还有导师的推荐意见。

（2）自荐信

自荐信是推荐自己担任某项工作或从事某种活动，以便对方能接受的一种专用书信。它的基本格式与普通书信相似。值得注意的是，自荐信的内容要真实、具体，篇幅要短小精悍，行文要简洁明确，让对方对你的主要特长有明确的了解，给对方留下诚恳、朴实等印象。

（3）求职信

求职信是求职者根据自身条件和求职意向，向用人单位人事部门或单位领导介绍自己的实际才能，表达自己的求职愿望，请求对方聘请、接受的一种信函。

（4）应聘书

应聘书是相对"招聘"而言的，是指求职者根据用人单位发布的招聘通知、广告和其他有关信息，有目的地表达求职意向的信函。与求职信相比，应聘书更讲究针对性。

（5）求职简历

求职简历，又称个人简历、求职资历等，是求职者将自己与所申请职位紧密相关的个人信息，经过分析整理并清晰简要地表述出来的书面求职资料。求职简历是招聘者在阅读求职者求职申请后对其是否产生兴趣，进而进一步决定是否给予面试机会的极重要的依据性材料。求职者要用真实准确的事实向招聘者展示自己的教育背景、经历经验、知识技能、相关成果等信息。

推荐信、自荐信、求职信、应聘书这四种材料都属于求职类信函，也可将它们归入书信类文书，因其有专门的用途，常常独立为一类。在此主要讲解应届毕业生的求职信和求职简历的写作。

二、求职信的写法

求职信具有介绍性、自述性和请求性的特点，其作用是向用人单位表达求职意愿和展示自己的能力。应聘求职时，一般不单独使用求职信，而是先写一封求职信，然后附上求职简历。

过去，求职者主要以纸质形式将求职信寄送给用人单位，求职信的篇幅一般在一页左右；现在，求职信多以电子邮件形式发送给用人单位，篇幅短小。不管是纸质形式还是电子形式，求职信的写法基本相同。

求职信一般由标题、称谓、正文、祝颂语、落款和附件组成。

1. 标题

有两种写法：一是第一行居中写"求职信"；二是由事由和文种名称构成。如果是以电子邮件形式发送，可在邮件主题中注明"××应聘××岗位的求职信"。

2. 称谓

顶格写明招聘单位的领导或招聘负责人的姓名和称呼，不知姓名时，可直接称呼其职务，如"尊敬的人力资源部部长"。如果招聘简章上写明了联系人，直接发送给指定联系人即可。

3. 正文

正文是求职信的核心，包括开头、主体、结尾三部分，其内容应包括以下要素：个人信息、求职目标、求职原因、自身条件、求职意愿等。若以电子邮件形式发送，篇幅虽短，但要素需俱全。

（1）开头。先向对方阅读自己的求职信表示感谢，然后进行简要的自我介绍，给用人单位一个初步印象。

（2）主体。先说明求职目标（不宜同时应聘多个岗位），然后围绕求职目标陈述应聘原因和自身条件。

（3）结尾。表达希望，希望用人单位能给予面试机会或接纳自己，要把自己希望得到工作的迫切心情以及被录用后的态度和决心表达出来，请用人单位尽快答复你是否给予面试机会，这部分要注意措辞和语气。

4. 祝颂语

祝颂语是书信类文书的一个重要组成部分，需另起一行空两格写上"此致"，转行顶格写上"敬礼"；也可用其他祝颂语来代替，如"祝贵单位事业蒸蒸日上"。

5. 落款

若是书面形式的求职信，署名一定要亲笔签名；若是电子邮件，也应写上姓名和日期。

在落款下面注明自己的通信地址、联系方式，以备用人单位日后联系。如果是电子邮件形式的求职信，若有附件材料，应说明附件中材料的性质及数量，以便对方查收。

6. 附件

附件是证明求职信内容的相关佐证材料，如个人简历、学习成绩单、获奖证书复印件、学历证书复印件、各类技能证书复印件（扫描件）等。如果是纸质材料，则需装订在求职信之后；如是电子形式，个人简历需独立为一个文件，其他附件材料合并成一个文件，并注意文件的命名方式，以便对方下载、查阅。

大学毕业时，毕业生面临求职或升学，在升学方面，有些同学可能会申请某些高校举办的保送研究生夏令营，在夏令营报名时需要提交的材料就包括夏令营申请表和个人陈述。个人陈述的写法类似求职自荐信，只是内容侧重点不同。个人陈述主要包括个人基本情况、已有研究成果、未来的学习和研究计划、个人职业生涯规划等，一般为1000～2000字。

范例

个人陈述（求职信）

尊敬的××大学招生负责老师（尊敬的××人力资源部部长）：

您好！很荣幸您能在百忙之中阅读我的个人陈述（求职信），首先表示感谢！

我是×××，男，××岁，是××大学××学院××专业即将毕业的本科生。贵校是"双一流"建设高校，××学科……我对××方面有着浓厚的兴趣。〔贵公司是国际知名企业，公司的发展……（有针对性地评价）我对贵公司慕名已久，自我从学校就业指导中心网站看到贵单位的招聘启事，便下定求职决心，我渴望能成为贵公司的一员，为贵公司服务。〕

我报考的专业是××。（我应聘的职位是××。）上大学以来，我注重品德修养，严格要求自己，在培养自身专业技能的同时，注重自身综合素质的提升。

在专业学习上，我认真学习专业知识，学习成绩名列专业第×，曾获得××奖学金，同时，对文学、管理等方面也很感兴趣，阅读了大量××方面的书籍……

在实践能力和专业技能方面，我积极参加社会实践活动和学生课外学术科研活动。例如，20××年成功申请了全国大学生创新创业训练项目，项目名称是……从这个项目中，我学到了……参加××社会实践……在专业实习方面，我××（时间）到××公司进行实习……

在校园活动中，我担任××社团的学生干部，组织了……活动。此外，我积极参与课外活动，锻炼了自身的管理、组织和协调能力。

如能被贵校接收为夏令营营员，我将……（如被贵公司录用，我相信，在公司的指导和培养下，我一定会做好工作，与公司一同进步。）

望贵校（贵单位）给予我宝贵的面试机会，谨候回音。

此致

敬礼！

×××

×年×月×日　　

联系地址：××大学××学院××专业×班，邮编：（略）

联系方式：139××××××××，×××@×××.com

附件：1. 夏令营申请表1份（求职简历1份）

　　　2. 获奖证书、英语等级证书、成绩单的扫描件各1份

🔍 简析

这个范例可作为申请保送研究生夏令营的个人陈述，也可用作毕业生的求职信，它们在写法上相似，但侧重点有所不同。全文格式和内容很规范，开头、主体和结尾部分要素齐全，思路清晰，具体、全面地介绍了自己各方面的能力，附件部分标注规范。联系方式和附件等部分也可以放在"此致 敬礼"之前，以署名署时结尾。

（1）此案例若作为申请夏令营的个人陈述，应以学习和科研活动为主，展示自己具有进一步深造的潜力。这种个人陈述具有自荐信的功能。除了个人陈述外，很多夏令营主办方还需要学生提供副教授及以上专家推荐信。

（2）此案例若作为就业的求职信，可重点陈述实习和实践成果，展示自己的综合素质。表达求职原因时，要把求职动机说清楚，应尽可能表现出你对目标岗位的熟悉程度和钟爱程度，表明自己渴望为用人单位效力的意愿和决心。若以电子邮件形式发送求职信，篇幅要短小，可不写自身条件部分，主要用求职简历来体现。

三、求职简历的结构和写法

从呈现形式来看，求职简历主要有表格式简历和线条式简历，不管采用哪种形式，简历中所含内容是相同的。

1．中文简历的内容

简历的构成要素一般包括个人信息、求职意向、教育背景、工作经历、支撑材料和兴趣专长等。

个人信息：包括姓名、性别、出生年月、政治面貌、民族、籍贯、户口所在地、学历、学位、学校、专业、身高、毕业时间、电子信箱、联系电话等。

求职意向：结合自己的爱好和专长等选择求职目标。

教育背景：包括毕业学校、所学专业；业余所学专业及特长；所学主要课程与你所谋求的职位有关的教育科目、专业知识等，不必面面俱到，要突出重点，有针对性，可以提供成绩单；所获奖学金；与求职目标相关的培训及证书等。

工作经历：包括组织和参与的学生社团活动、社会实践、专业实习、科研经历等。

支撑材料：包括获奖情况、外语及计算机水平、普通话水平、办公软件熟练程度、驾照等。

兴趣专长：其他与所应聘职位有关的个人兴趣、爱好及专长。

这些要素的撰写需注意以下几点。

（1）简历内容条理清晰，重点突出，篇幅一般控制在一页A4纸以内。

（2）最大限度地体现针对性，特别是教育背景、实践经历一定要突出与应聘职位的相关性。

（3）获奖情况以奖学金为主，建议将最重要的放在前面，并注明获奖年份。如果获奖较多，也可以按年份来排列。

（4）工作经历是重中之重，包括实习实践和校园活动。实习实践要注明时间、地点、单位、职位和职责；校园活动主要是在校期间担任班团干部、学生社团干部等情况，要写明任职时间、具体职位。工作经历部分需展开分条叙述。

（5）简历中不宜加入过于主观的自我评价，应以事实说话。

（6）排版美观，仔细检查，消除错别字，标点符号使用规范。

2．中文简历的谋篇布局

撰写一份求职简历不是一劳永逸的事情，需要坚持两个原则：一是针对性原则，即针对不同岗位、不同职位设计有针对性的简历，切忌使用"万能简历"；二是适时调整原则，即针对应聘岗位，将重要的、能突出自己的优势和符合职位要求的内容往前排，不重要的内容往后排，甚至将其从简历中删除。

针对不同的求职领域、不同的工作岗位，需要设计不同类型的简历。

（1）简历类型

从内容布局来看，简历可以分为三种类型：时序型简历、功能型简历和混合型简历。

① 时序型简历。指的是从最近的经历开始，逆着时间顺序逐条列举工作实习经历、教育经历等个人信息，也可以顺着时间顺序列举。这种简历清晰、简洁，便于招聘人员阅读。这种类型的简历能够展示出持续和向上的职业成长及发展的全过程。这类简历的适用范围包括：

你申请的职位与你的教育背景和实习实践经历非常契合；

你有在知名公司实习的经历；

你的实习实践经历具有连续性，且能很好地反映出相关技能水平的不断提高。

② 功能型简历。又称为技术性简历，这类简历在一开始就强调技能、资质、能力及成就，但是并不把这些内容与某个特定的雇主联系在一起。这类简历的适用范围包括：

跨专业求职，但本人具有申请职位所需的相关技能和素质；

缺乏在著名公司实习的经历或者缺少各类荣誉、奖励；

应聘对专业技能有特定要求的技术型职位。

③ 混合型简历。混合型简历是时序型和功能型的综合运用。这类简历的优点在于：既按照时间顺序列明自己的实习经历、项目经历等，显得脉络清晰；又把自身所具备的优势、能力和应聘职位的主要需求结合起来，能让招聘人员印象深刻。

（2）简历信息的详略安排

在筛选简历时，不同性质的单位对简历内容的关注点有所不同，在撰写简历时，需做好详略安排，提高简历的针对性。

应聘国企和事业单位时，建议提供较为全面的个人信息，提供加盖教务部门印章的成绩单，突出与申请职位相关度高的实习、实践经历；校园活动是重要支撑，如果担任过学生干部，会更受青睐；获奖情况、各类证书多多益善，这些都能证明你的实力。

应聘私企、外企时，提供简单的个人信息即可；在陈述学习成绩时，建议说明自己的加权成绩、绩点，以及班级或专业排名；建议用详细的文字或数字来表述在实习、实践中取得的具体成绩。对于获奖情况，建议写明获奖的难易程度和获奖比例。

扫码看视频

求职简历的写法

求职简历中的个人信息、教育背景、获奖情况等都属于客观内容，都有固定的模式，比较好写。下面，结合有关案例，主要讲解简历中主观性比较强的部分——工作实习、社团活动和社会实践的写法。

⚙ 案例分析

工作实习经历

×年暑假，在××培训学校担任英语兼职教师；

×年1—2月，为××通信公司做兼职手机促销员；

×年暑假，在××电视台都市频道实习；

×年2—6月，勤工俭学，担任3名高中生的数学家教；

×年6—9月，参与××培训公司培训产品的市场调研。

这是一段比较失败的实习经历描述。该毕业生过去经历中具体的工作内容、扮演的角色及工作业绩不明确，未能体现职位要求的能力和素质。

🔍 范例

工作实习经历

×年×月—×月	上海××公司	市场部	市场推广专员	上海

◇ 公司经营的求职网是中国排行第一的专门面向大学毕业生及在校生的求职招聘网站。

◇ 独立负责网站与目标高校、企业的合作推广计划的实施。

◇ 对全国约400家重点高校就业网进行调研，并负责与200多所目标院校就业部门联系沟通及访谈，完善网站制订的高校合作计划文案。

🔍 简析

第一行写出实习时间、实习单位和实习岗位等信息。如果实习的时间长，就可以把时间写在前面。在这条信息的下面，该同学又从三个方面具体描述实习经历，并体现自己通过实习所获得的能力。那是怎么体现能力的呢？"独立负责、合作推广、约400家、调研、负责、沟通及访谈、完善、文案"，这些词语是关键词，能很好地体现出该同学的实习情况，并通过一些行为动词来体现他的能力。

写作攻略

一、撰写求职简历的准备

有的同学可能会说，我现在还不是毕业生，等到就业时再了解求职简历的相关知识都来得及；可能还有同学说，我相信我自己，求职不成问题。其实，求职不是唯一目的，了解求职简历的相关知识就是一个查找不足、确立奋斗目标的过程，可以督促自己为今后的求职做好全面的准备。也就是说，从大一开始到大学毕业，我们需要思考如何提高自身各方面的能力，让自己的求职简历有内容可写。下面介绍撰写求职简历过程的相关问题。

1. 了解求职的三个重要环节

（1）制作一份高水平的简历

在如今激烈的就业市场中，有些用人单位能够收到成百上千、甚至上万份的求职简历。据相关调查研究，招聘人员对每份简历的阅读时间平均为10～30秒。那么，如何在这么短的时间内让自己的简历吸引招聘人员的眼球，给对方留下深刻的印象，并从众多简历中脱颖而出，就成为所有求职者在制作简历时必须要面对、思考并解决的一个问题。制作出一份高水平的简历，需要学会换位思考，站在招聘人员的角度来思考和看待简历。

（2）将简历有效投递到招聘单位

如果制作简历是一门艺术，那么投递简历就是一门学问。再高水平的简历、再优秀的简历，如果不能有效地呈现在招聘人员面前，那也是徒劳无功的。有些求职者只重视简历制作，却忽视了简历投递过程中应注意的细节问题，从而导致简历不能有效送达招聘单位，或者不能以最佳方式和状态呈现在招聘人员面前，这无形中扼杀了成功求职的机会。

（3）简历投递后实施投递记录管理

在求职过程中，求职者每天可能会向不同的单位投递不同的、有针对性的简历，但是用人单位从接收到简历，到筛选简历，并与通过简历筛选的应聘者取得联系之间有一段时间间隔。如果不对已投递简历进行详细记录，或者对投递记录管理不善，那么招聘人员若干天后突然通知进行电话面试或现场面试，询问一些关于简历上的信息和应聘职位的情况时，我们可能已经想不起来是否向这个单位投递过简历，应聘了哪个职位，甚至投递的是哪一个版本的简历也记不清了。这样的结果可想而知。因此，我们要学会撰写简历，要掌握有效地投递简历的方法，还要学会管理已投递简历的相关记录。

2. 学会换位思考

在整个求职过程中，有很多环节，如自我评估、行业认知、职业生涯规划、笔试、面试等。撰写简历前，应聘者还需要了解招聘人员都是如何看简历的。每个招聘人员对简历都有自己的认识和看法，但是从工作任务来看，招聘人员在对待简历上有一些共同的地方。

（1）招聘人员看重什么

相对于职能部门，招聘人员都是外行，他们会更多地从企业的角度出发，查看应聘者的个人素质是否与企业文化相符。同时，他们还会站在职场发展的角度，查看应聘者的基本能力和发展潜力。这两点也是应聘者要在简历中重点予以体现和证明的。

（2）招聘人员习惯什么

面对大量简历时，如果5秒之内在简历上还找不到与职位相关的信息，招聘人员往往就不会再看下去；如果15秒之内招聘人员还没有看到应聘者能胜任或适合岗位的优势信息，往往也不会再继续看下去，应聘者的简历也就在15秒内被判了"死刑"。从页面布局来说，简历的中上部是重要部位，所以一定要在一页A4纸简历的中上部体现与应聘职位相关，并且能反映个人对于应聘职位的最大优势。如果是电子版简历，重要信息一定要让招聘人员不滚动鼠标滚轮就能看见。

（3）招聘人员要找什么

招聘人员筛选简历时，首先是看应聘者是否具有胜任该职位的能力与素质，知识、证书、技能与能力、经验等都是证明你能胜任这个职位的依据；其次，招聘人员要判断你是否适合他们单位，这就要看你的综合素质，你需用实例、经历来证明你的诚信、认真等品格。

二、撰写求职简历的技巧

社会实习、实践经历是求职简历中很难写的部分，应聘者想要通过实习实践经历展示自己的能力和素质，需要掌握一定的写作技巧。

1. 使用行为动词和行业术语

🔍 **范例**

工作实习经历

××会计师事务所　　　　××管理咨询部 咨询服务助理　　　　上海　　　　×年×月—×月

◇ 制定分析模板，分析53家企业的营运能力、偿债能力、盈利能力和获现能力，并分析32家被评企业的经营状况、行业发展前景、信用状况、供应商和客户群体有关风险。

◇ 独立分析15份财务报告、协助编制两份合并财务报表，并翻译审计报告。

简析

招聘人员看到这样的实习经历描述时，很容易就能看出应聘者过去的实习经历、从事的具体工作、扮演的角色和工作业绩，这样的描述就很有说服力和吸引力。这个案例中包括哪些写作技巧呢？

（1）第一行依次写出实习单位、实习部门、实习岗位、实习地点和实习时间，这几方面内容的顺序是灵活的。如果实习的时间不长而实习单位比较知名，就可以把单位写在前面，时间写在后面。

（2）在实习经历之下，分两段写出自己在实习中所做的主要工作。具体怎么写？请看案例中的"制定、分析、独立分析、协助编制、翻译"等词语，这些词语都是比较专业化的行为动词；还有"营运能力、偿债能力、盈利能力、获现能力、财务报告、财务报表、审计报告"等，这些都是行业领域的专业术语。使用行为动词和专业术语来表述就体现出较高的专业化水平。

（3）案例中还有具体的数据（量化）作为支撑，这能体现出应聘者的工作能力和实实在在的工作业绩。

有些同学可能会说，我没有那么丰富的实习实践经历，只有一些校园活动经历，怎么办？请看以下案例。

案例分析

社团活动和社会实践

×年×月—×年×月　　　　　　　　××大学××学院××专业　　　　　　　文体委员

◇　协助班长协调班委工作，组织了3次班级活动：××春游、杨柳青烧烤、杨柳青年画展。

简析

很多同学在学期间都参加过不少学生社团，组织或参与了各种课外活动，参加过寒暑假社会实践等。这类社团活动和社会实践的描述格式、描述方法、描述原则及重点与工作实习经历的撰写相似。以上案例可改写为：

×年×月—×年×月	××大学××学院××专业	文体委员

◇ 协调班委工作，成功策划、组织3次班级所有同学参与的大型户外活动。

无论是写实习经历，还是写社团活动、社会实践，都应该注重遣词造句，用好关键词、行为动词。

🔍 范例

社团活动和社会实践

×年×月—×年×月	××大学××团校	学生校长

➢ 首创"自主招生制度""导师制""自主选课模式"，并成功运营

➢ 编剧、导演，并组织××大学校史舞台剧，××市2家媒体作了专题报道

➢ 举办职业生涯规划、时事政治、社交礼仪和"名人面对面"讲座共34场

➢ 组织××大学××团校首届辩论赛，并带领优胜队伍参加校级辩论赛，使××团校代表队成为历史上第一支参赛的非学院代表队

➢ 带领××团校获得"××大学先进集体"称号

🔍 简析

这个案例是对校园社团活动经历的描述，使用了"首创、运营、编剧、导演、组织、举办、带领"等行为动词，并且运用数字等量化手段来突出自己的成绩。可见，行为动词的使用很重要，既要灵活使用、避免重复，又要体现专业化、职业化。下面摘录一些常见的行为动词，以供参考。

体现个人成就的：简化、实现、执行、完成、改进、推广

体现领导能力的：指挥、主持、发起、处理、决定、监督

体现沟通能力的：调查、说服、沟通、宣传、访谈、走访

体现技术能力的：维护、测试、诊断、调试、修理、重建

体现指导、教授他人的：建议、指导、辅导、教导、协作、协助

体现行政、管理能力的：引导、制订、分配、建立、支持、安排

体现组织、计划能力的：计划、组织、分配、参加、收集、预算

体现创新、创造能力的：建立、开发、研发、设计、发明、起草

体现研究、逻辑分析能力的：评估、调研、分析、核实、研究、观察

用好相关行业领域的行为动词和专业术语，可将比较通俗的说法专业化。需要说明的是，求职简历所写内容务必实事求是，不能弄虚作假。通过校园活动、社会实践等活动，获得货真价实的社会知识和相关能力才是人生的重要财富。

2．讲究求职简历的形式

简历内容呈现在一页纸上，还涉及页面排版、布局等问题，相关信息应合理布局，以适当的方式来突显重要信息。

（1）控制在一页A4纸范围内，最多不超过两页。

（2）尽量不要使用太多带实线的框格。

（3）尽量不要以学校的标志和名称作为页眉。

（4）各种级别的字体、字号要选择适当。

（5）各部分内容要疏密有致、主次分明。

（6）各种经历最好采用时间逆序撰写。

（7）加粗显示的地方不宜过多，注意页面的美观大方。

（8）使用80g左右的纸张打印，最好不要用彩色打印。

扫码看案例

求职简历模板

三、有效投递简历的规范

当前，大学生经常通过电子邮件来与人沟通，大学生求职很大程度上也要依靠网上投递简历来完成与招聘单位的联系。养成良好的撰写邮件、发送邮件的习惯十分重要。

1．发送邮件中存在的问题

大学毕业生在求职过程中，发送电子邮件时存在一些不规范现象，现将有代表性的问题梳理如下。

（1）邮箱命名不妥，如将自己的邮箱命名为"冰红茶""单身""花花公子""稻草人""风继续吹""东方不败"等昵称。

（2）邮件主题不当，如邮件的主题为"应聘简历""求职简历""应聘""××个人简历""××专业×××"等，甚至主题缺失。

（3）邮件无称谓，或者没有合适的称谓，如有时不知道怎么称呼对方，就只写"您好""尊敬的人力资源部"等。

（4）邮件正文毫无内容，如邮件没有称呼、没有正文、没有落款；即使有内容，也只是随意添加，如"本人简历于附件中，劳烦查收！""请您查收我的简历，祝工作快乐！""简历已附上，请查收"等。

（5）邮件正文不换行、不分段，如所写的邮件正文内容较多，但从头到尾只有一段，没有层次感。

（6）邮件没有祝颂语和落款。

（7）附件文件名命名不妥，如简历的文件名为"个人简历""求职简历""新建Microsoft Word""简历2022""最新版""我的简历"等。

2．有针对性的解决办法

（1）**邮箱命名**。选好邮件服务商，邮箱用户名（ID）和姓名显示要规范，最好让别人一眼就能看出你是谁。建议设置邮箱签名档，包括个人姓名、学校及联系方式。

（2）**邮件主题**。如果招聘单位规定了主题的写法，那就照办，以便对方整理邮件。若无特殊要求，邮件主题至少应包括应聘职位和自己的姓名这两个信息，较好的邮件主题应该是"××大学××专业××应聘××岗位""应聘××岗位（××大学×××）"等。另外，邮件主题的字数是有一定限制的，因此要兼顾字数和内容。

（3）**邮件称谓**。称谓要有所讲究。如果招聘信息中提供了联系人，邮件称谓可写"尊敬的××女士/先生"；如果不知道单位联系人，就写"尊敬的××（人事部门名称）负责人"等。称谓之后要有问候语。

（4）**邮件正文**。简要交代相关信息，要素俱全。邮件的正文就是一封简短的求职信，所以邮件正文内容一定要写，而且要有针对性地写。要告知对方，你是从何渠道获得招聘信息的，你为什么应聘，简要推荐一下自己即可。

（5）**正文段落**。写简短的正文，提倡小段落；如果是长信，最好用附件展示。

（6）**祝颂与落款**。分清行文关系，有礼有节。祝颂语是书信的组成部分，是对对方表示祝愿的礼貌性语言。祝颂语虽然字数不多，却表示一个相对完整的意思。同时也要署名署时，确保邮件结构的完整性。

（7）**附件命名**。利用换位思考来处理附件文件名的命名问题。试想，当别人发一个附件给你，你下载这个附件后，如何保存这个附件，是否需要重命名？招聘单位可能会按照岗位进行分类整理，那么你就命名为"应聘岗位+姓名"格式即可。当然，如果招聘单位明确说明以正文发送简历的话，应聘者照做即可，但这种情况下不宜采用表格式简历，要采用纯文本格式。

第三节　演说类文书

一、演说稿的含义和种类

演说稿，又叫演说词、演讲稿，是演说者事先准备的，在公开场合发表个人的观点、见解和主张的文稿，是演说活动的文字底稿。演说稿有狭义和广义之分。狭义的演说稿一般专指参与各种演讲比赛、竞选展示等活动的讲稿。广义的演说稿范围很广，包括各类致词，如开幕词、闭幕词、欢迎词、欢送词、答谢词、祝酒词、学术报告、大会发言等各类讲话稿。

按不同划分标准，演说稿可分为不同的类别：按内容分，可分为政治思想演说稿、学术报告演说稿、政策法规演说稿、社交礼仪演说稿等；按方式分，可分为辩论式演说稿和独白式演说稿；按功能分，可分为竞选演说稿和就职演说稿等。

二、演说稿的特点

1．针对性

演说要以思想、主张、情感或事例来晓谕听众、打动听众、感染听众，这就要求演说内容具有针对性。首先，要懂得听众有不同的对象和不同的层次，了解受众是提高针对性的前提；其次，根据不同的场合和不同的目的，设计有针对性的演说内容。不考虑听众的好恶和接受能力，不考虑演说的目的，再好的演说也很难受欢迎。

2．鼓动性

演说要使听众信服，就需要综合运用各种技巧来激发听众的情绪，使听众热情高涨，被演说者所打动。这就要求演说具有鼓动性，反映在演说稿中，就是在内容上要思想深刻、内容丰富、见解独到，在语言表达上要态度鲜明、生动形象、富有感染力。

3．口语化

演说包含"演"和"说"两个层面，以"说"为主，以"演"为辅，演说是依靠有声的口头表达和无声的体态语来传递信息的语言交流活动。虽然有非语言的体态语来辅助传情达意，但演说者主要通过"说"来向听众传递演说的内容，因此，撰写演说稿时，需要以上口入耳为基本要求。

三、演说稿的写法

演说稿的结构可分为称呼、问候语、开场白、主体、结尾等部分。

1．称呼和问候语

明确听众的人员构成情况，有针对性地运用合理的称呼，涵盖演说现场的所有人，然后加上一句问候语。例如，在学校里发表演说时，可写"尊敬的各位老师、亲爱的同学们：大家好！"在比较正式的工作场合，可写"女士们、先生们、朋友们：大家上午好！"如果演说活动邀请了一两位德高望重的人士，可以专门提及，如"尊敬的×××先生，各位来宾、各位同仁：大家好！"等。

2．开场白

演说稿的开场白，相当于一般文章的开头部分，它在整个演说中具有重要的作用。开场白有两项功能：一是建立说者与听者的同感；二是打开场面，引入正题。好的演说稿，一开头就应该用最简洁的语言、最短的时间吸引听众的注意力，刺激观众的兴奋点。开场白的方式多样，常用的有以下几种。

（1）开门见山，直陈主题。这种开场，就是一开讲就直奔主题。

（2）设置悬念，激发兴趣。提出问题，引导听众积极思考，激起听众的好奇心。设计问题时，需要从听众角度来考虑，以听众感兴趣的问题来引起关注。

（3）介绍情况，说明缘由。这种开头可以快速拉近与听众的距离，让听众明白演说的意图，以引起听众的重视，获得听众的配合。

（4）引入故事，创设情境。在时间稍长的演说中，可以先讲个故事，将听众带入你要演说的特定情境中，设身处地思考一些问题，从而引出主体内容。

此外，还有名言警句式开场、幽默风趣式开场、一语双关式开场等，演说稿的开场方式，应因人、因事、因地而异，演说者应结合演说内容和自己的演说风格，选择适合自己的开场方式。

3．主体

演说稿主体部分没有固定的写作模式，要坚持内容决定形式的原则安排主体结构。写作和演说时，应尽量做好以下几方面。

（1）层次清晰。演说者的思路清晰，听众才能获得层次感。层次是演说稿思想内容的表现次序，先讲什么后讲什么，它体现着演说者思路展开的步骤，也反映着演说者对事物的认识过程。因为演说诉诸口耳，要让听众听出层次，就需要在文字表达上揭示层次性，可以用表示层次的词语来引出讲话内容，例如："下面我谈三点想法：一是……二是……三是……"或"首先……其次……最后……"等，也就是使用一些序次语来帮助区分层次。

（2）承接自然。在起承转合的环节使用过渡句，让整个演说环环相扣，层层深入，浑然一体。具体可选用反复设问、承接词语、分述总括语句等语言手段来实现行文的自然承接，如"刚才讲了……接下来……""明白了……之后，我们再来……""从另一方面来说"等过渡句或过渡段。

（3）张弛有度。张弛度的具体体现就是演说的节奏感。节奏是演说内容在结构安排上表现出的张弛起伏。既要让听众集中注意力，又不能让听众始终处于高度集中的状态，否则听众会很累。平铺直叙的讲述会使听众昏昏欲睡，处处激情高昂会使听众高度紧张。在演说稿的安排上，注意内容的转换要适度，句式的使用要多样，内容详略得当，节奏轻重缓急有度。

（4）重点突出。没有突出的主题或思想，就很难给听众留下深刻的印象。突出演说中心思想的方式有很多，如反复强调、逻辑推理、重申观点、卒章显志等。要想得到听众的认可，引起听众的共鸣，还需重视材料的运用，精选真实典型、生动形象的材料，材料和观点要高度一致。

4．结尾

演说的结尾要干净利落，还要达到预期的效果，比如令人回味无穷、获得启发、陷入深思、有所行动等。常见的演说稿结尾方式有以下几种。

（1）总结式。总结陈述自己的观点、见解和主张等，强化中心内容，使听众再次加深印象。

（2）启发式。抛出与演说有关的其他未言及的问题，启发听众，给听众留下思考的余地。

（3）号召式。在具体说理、叙事后，提出希望，发出号召，促使听众有所行动。

追梦人

各位老师、各位同学：

大家晚上好！我是×××，来自××学院20××级工程科学实验班。下面我将以"追梦人"为主题，向大家介绍我们班的班风建设情况。

一、望前程似锦，青年正远行

为了梦想，为了前程，我们不忘初心，只争朝夕。初入大学，生活学习环境骤然一变，全英文授课、大量的作业更是让人猝不及防。然而同伴们互帮互助，成立学习小组，一起整理学习资料，让这段过渡期变得不那么艰难。两年来，工程科学实验班同学交出了一份份优秀的成绩单，先后有×人获得国家奖学金，×人获得国家励学金，×人获得校级奖学金。这一切，都离不开注重基础、严谨治学的班级氛围。

工程科学实验班的兄弟姐妹是一起备考的战友，还是一起运动的伙伴。篮球赛场上，在一浪接一浪的助威声中，在挥汗如雨、不遗余力的拼搏下，我们捧起了新生杯；学院运动会的入场式上，华美与刚健并存，经过数十遍精心排练造就的集体武术拳惊艳全场；在篮球队、足球队、乒乓球队中，我们是毋庸置疑的中流砥柱。流汗、冲刺、鼓励、欢呼，因为有人同行，所以追梦的路永远不孤单。

二、愿穷理振工，青年当有为

还记得新校区的一座桥（三问桥），名字的由来是张含英校长的三问："懂么？会么？敢么？"这，与其说是张含英校长写给自己的，不如说是××大学师生一直都必须回答的问题。长达一年的工程科学导论课程，为每五名学生配备一名阅历丰富的导师；开设一系列特色人文通识课程，培养视界开阔的未来科学家。创建工程科学实验班，本身就是学院的一次全新尝试。那么，我们也必将以自身行动，回应学院的期待。

"无科技，不精仪"是我们引以为豪的口头禅。从注重动手能力的综合作业，到数模、LabVIEW等科技类社团，我们将每一个实践机会紧紧握于手心，一步一步找到自己在科技活动中的定位。美国数学建模比赛、全国虚拟仪器大赛、物联网创新创业大赛，学院的辉煌，由我们亲手书写；学校的荣誉，我们责无旁贷。

三、梦科技强国，青年怀大志

青年人是时代的舵手，个人的梦想与国家的梦想，自当一并追逐。虽肩膀稚嫩，愿为社会奉献一己之力。从大一开始，便与新落成的××小学建立志愿基地，多次为孩子们带来欢笑。多名同学成为学院青年志愿者协会骨干，参加暑期支教、达沃斯论坛志愿者活动等，即便是星星之火，也期望能温暖世界的一角。

建班两年多，我们为推进党建团建做了大量的工作。到目前为止，我班共有正式党员2名，预备党员1名，发展对象、积极分子、入党申请人若干。推陈出新，探索班级工作新思路。例如，每位积极分子或发展对象带一名团员的"1+1"工程，以及将党建发展与科技活动相结合的座谈会。

"穷学理，振科工；重实验，薄雕虫"，作为高年级的工科生，校歌的旋律深入内心；作为新时代的青年人，"人才强国，科技强国"的号角反复在耳边奏响。不记得有多少个夜晚，成为实验楼最后离开的学生；数不清有多少回，为大创项目奋战到天明。毕竟，与梦想的光芒相比，熬红了双眼又算得了什么呢？

望前程似锦，愿穷理振工，梦科技强国。追梦、追梦，我们一直在路上！

我的展示到此结束，谢谢诸位的倾听！

🔍 简析

> 这篇演说稿以"追梦人"为主线，从"望前程似锦""愿穷理振工""梦科技强国"三个方面展示班级班风建设情况，让听众感受到他们班级强大的凝聚力和战斗力。
>
> （1）从结构来看，这篇演说稿的结构完整，称呼、问候语、开场白、主体、结尾等写得很好。主体分为三个部分，各部分篇幅均衡，事例丰富，选材得当，很有说服力。结尾重申主题，简洁有力。
>
> （2）从内容来看，思想积极向上，班级团结奋进，学习、体育、科技、社会实践等硕果累累。
>
> （3）从语言表达来看，句式灵活多样，长短句相间，层次清晰，节奏感很强，在遣词造句上选用了一些短句、排比句，富有感染力，很有利于现场演说。

✍ 写作攻略

一、演说类文书的写作技巧

演说稿是演说者事先准备的，用来在大会上或其他公共场合发表个人的观点、见解或主张的文稿。下面简要介绍演说稿的构思和写作技巧。

1. 知己知彼，提高针对性

撰写演说稿之前，演说者首先要了解自己，在自己水平、能力范围内进行选题，积累写作素材，做到心中有数；其次要充分把握听众的情况，准确定位演说者的身份与听众的关系；根据听众的年龄、性别、身份、文化程度、职业等背景，选择适合听众接受的演说内容和演说方式，不能曲高和寡、我行我素。不同的身份、关系和场合，演说稿的措词、语气和风格是不同的。

2. 审题并确立主题

在演说活动中，有活动的主题，也有演说内容自身的主题，比如主题演讲比赛、各类先进评选展示，要求演说者按照规定的主题或评选内容进行演说。审题是为了把握活动主题本身，也是为了选择恰当的角度和确立合适的主题。一个思想平庸、缺乏主见的人，不可能有出色的演说，而只有那些思想精辟、见解独到的演说者，才能对听众产生巨大的影响力、说服力和感召力。因此，确立主题要在结合自身实际的前提下，既突显自身优势，又契合听众需要，追求角度新颖，提高演讲的针对性。

3. 构思并选材

主题确立后，就要对演说稿进行构思。构思就是对演说稿整体的框架进行构思，分别设计好开场白、主体和结尾等部分，每一部分都有不同的写法。

开场白有开门见山、设置悬念、介绍情况、创设情境等表现方式。开门见山、直陈主题，比较适合工作布置会、工作例会等；设置悬念、激发兴趣，多用于专题讲座；介绍情况、说明缘由，常用于各类会议主持的开场；创设情境、引入故事在经验交流会、演讲比赛等场合用得较多。

主体部分是演说的核心内容，结构布局有以下几种方式：按时间发展为序，按叙事情节为序，按因果关系为序，按观点和材料的逻辑关系为序（可分为并列式、总分式、综合式）等。

结尾部分可根据开场方式采用对应的结尾方法，也可不必首尾呼应，而采用人生哲理启发、鼓舞激励、展望未来等写法，可以给听众留下思索的空间。

事实胜于雄辩，材料是观点最有力的支撑，因此选材尤为重要。一般根据能否恰当地表现主题，能否满足听众的预期，是否真实、典型，是否具体、新颖等方面来对材料进行筛选和组合。

4. 撰写演说稿

撰写演说稿要处理好内容的层次、节奏和衔接等问题。层次感体现在内容的环环相扣上，每一部分内容相对独立，要让听众听出层次感来。在节奏安排方面，要注意整个演讲过程的跌宕起伏、张弛有度。一般来说，每一部分体现一个小的主题思想，每一部分作为一个节奏单位。例如，一场10分钟的演说，开场白可用时1分钟左右，主体部分可设置三四个层次，每个层次两三分钟，最后辅以半分钟以内的结束语。在语言表达方面，撰写演说稿要注意语言的口语化，做到上口入耳。写演说稿时，句子应以短句为主，不宜太长，句子的修饰成分不宜过多；用词要避免因发音相同或相近而产生歧义。

5. 修改演说稿

写好演说稿初稿后，要反复修改。修改演说稿最直接、最方便的方法就是朗读，边朗读边修改。朗读时，容易发现条理不清晰、不通顺或拗口的地方，这些地方就是需要认真修改的地方。修改时，还需结合演说时间要求对演说稿的字数进行控制。字数控制以演说语速为准。一般来说，每分钟说250字左右的语速，有利于演说者进行表达，也有利于听众理解。语速控制要顾及听众的感受：说得太快，听众跟不上演说者的思路；说得太慢，听众会觉得无聊乏味。如果是学术演说，还可适当放慢语速，给听众留出思考、理解的时间。

演说稿的修改不同于书面语较强的公文，具体修改方法可参见本书第六章的写作攻略。

二、把握演说稿的语言特点

演说是演说者与听众面对面的语言交际活动，演说稿的特点主要体现在语言方面。演说语言是指演说者面对听众进行说理、宣传、号召、鼓动时所使用的语言。演说稿是用来"说"的，而不是用来"看"的，所以它要以口头语言为基础，可适当融入文言词句和书面语言。

1．上口入耳，通俗易懂

书面表达和口语表达的不同之处在于，前者诉之视觉，可以仔细察看、辨认、思索；后者诉之听觉，只能在听清、听懂之后再理解。通俗易懂是演说语言的一个特点，这就要求用听众熟悉、能马上理解的语言，把要讲述的内容用浅显易懂的词句表达出来，避免采用生涩、艰深的词语，避免引用不好理解的古文和诗词，避免使用过多的专业术语和学术名词。总之，演说语言要明朗化、浅易化、大众化。

2．语言朴实，句式灵活

语言朴实、句式灵活是对演说稿在遣词造句方面提出的要求。演说主要依靠口语进行表达，语言应该力求自然、朴实、通俗。演说稿的句式也应灵活多样。总体来看，演说稿的句式是短句多，句型多样且富于变化。例如，著名电影艺术家、喜剧大师查理·卓别林在《为自由而战斗》的演说词中，有这样一段话。

哈娜，你听见我在说什么吗？不管你在哪里，你抬起头来看哪！抬起头来看哪，哈娜，乌云正在消散，阳光照射进来！我们正在离开黑暗，进入光明！我们正在进入一个新的世界——一个可爱的世界。那里的人将克服他们的贪婪、他们的仇恨、他们的残忍。抬起头来看哪，哈娜，人的灵魂已长了翅膀，他们终于要振翅飞翔了。他们飞到了霓虹里——飞到了希望的光影里。抬起头来看呀，哈娜！抬起头来看呀！

这段演说词以短句为主，长短句交错；以陈述句为主，疑问句、感叹句和祈使句俱全；句型也多种多样，有主谓句、非主谓句。主谓句中，有一般主谓句，有带宾主谓句，有省略句；非主谓句中，有无主句，有独词句等。这种变化多样的语言表达，把演说者寻觅和平与自由的意志和愿望倾诉出来，而且倾诉得那么动人，那么有魅力。

3．多用短句，简短有力

就文体来说，演说稿属于论说文体，虽然也讲事实，也有描述、抒情，但那些只是辅助手段，议论才是主要表达方式。演说稿的总体要求是阐明自己的主张、见解与态度，或者申诉，或者解说，或者动员，或者鼓励，或者阐释，总之，都是在说理。

演说是用口语面对面的说理，不能像书面语那样写几万字乃至几十万字；也不能像书面语那样采用论证严密、附加成分较多的长单句或分句多的长复句。因为如果句子太长，虽然严密，但是听众的听力跟不上，不容易快速理解，不易把握句子的整个意思。因此，演说稿的另一个特点就是简短有力。请看郭沫若《科学的春天》中的两段话。

我祝愿中年一代的科学工作者奋发图强，革命加拼命，勇攀世界科学高峰。你们是赶超世界先进水平的中坚，任重而道远。古人尚能"头悬梁，锥刺股"，孜孜不倦地学习，你们为了共产主义的伟大理想，一定会更加专心致志，废寝忘食，刻苦攻关。赶超，关键是时间。时间就是生命，时间就是速度，时间就是力量。趁你们年富力强的时候，为人民做出更多的贡献吧！……

春分刚刚过去，清明即将到来。"日出江花红胜火，春来江水绿如蓝。"这是革命的春天，这是人民的春天，这是科学的春天！让我们张开双臂，热烈地拥抱这个春天吧！

简短有力的特点，不仅是指语句简短有力，有时也指篇幅简短有力。著名的演说稿有恩格斯的《在燕妮·马克思墓前的讲话》，林肯的《我们在此立下誓言》（《葛底斯堡的演说》），尼克松的《人类历史上最珍贵的一刻》等，这些著名演说稿的语句都是简短有力的典范。

扫码看案例

奖学金评选演说稿

思考与练习题

一、知识点巩固

扫码做练习，巩固本章知识点。

二、写作训练题

1. 假如你是学校学生会的一名学生干部，听闻某兄弟院校的学生会近期将召开换届大会，请代表本校学生会向该兄弟院校的学生会撰写一封贺信。

2. 请根据下列招聘信息，撰写求职信和求职简历。

扫码做练习

第三章客观题

×××科技教育有限公司人力资源专员的招聘信息

岗位职责：

（1）负责根据公司的发展战略，在部门及公司领导的带领下，制订公司人员需求规划、招聘方案、培训方案等；

（2）负责招聘渠道的挖掘、招聘工作的组织实施和反馈；

（3）负责人才搜寻、信息存储，建立员工信息资源库和人才储备库；

（4）负责培训体系、员工发展体系的建立，编写培训方案、报告等资料；

（5）负责培训工作的组织实施、效果监控、反馈调整，建立培训资源库、员工培训档案；

（6）对人力资源市场进行监控、调查，为公司人力资源发展战略提供数据支撑；

（7）协助完善、优化公司薪酬和绩效管理体系，负责相关工作的落地实施和反馈调整；

（8）开展员工入职、离职、转正、晋升、社保缴纳、员工关系维护等工作。

任职要求：

（1）本科及以上学历，专业不限，有相关工作经验者优先；

（2）熟练使用办公软件；

（3）有良好的语言表达、团队合作、协调沟通能力；

（4）有良好的职场意识和能力，工作积极主动、认真负责，善于观察、勤于思考；

（5）热爱人力资源专业和教育行业，乐于助人成长，有志于在相关领域长期发展。

3. 如果你有意申请某大学举办的保研夏令营，请撰写一篇个人陈述作为申请材料。

4. 在大学生风采展示活动中，请以"我的大学生活"为题，撰写一篇演说稿。

5. 申请某项奖学金时，需要向评委进行评选展示，请结合自身实际，撰写一篇参评奖学金的演说稿。

第四章
党政机关公文

　　公文是公务文书的简称，有广义和狭义之分。本章介绍狭义的公文，即党政机关公文。公文写作的要求很多，常被形容为"带着镣铐跳舞"，需要遵循公文特定的格式和章法，不可任性而为。本章选讲几种常用公文的写法，并介绍一些写作规范。

扫码看任务

第四章
写作任务

第一节　党政机关公文概述

一、党政机关公文的含义

现行公文与2012年以前的公文有所不同。2012年4月16日，中共中央办公厅和国务院办公厅联合印发了《党政机关公文处理工作条例》，此条例自2012年7月1日起施行。《党政机关公文处理工作条例》中指出："党政机关公文是党政机关实施领导、履行职能、处理公务的具有特定效力和规范体式的文书，是传达贯彻党和国家的方针政策，公布法规和规章，指导、布置和商洽工作，请示和答复问题，报告、通报和交流情况等的重要工具。"党政机关公文一般简称公文。

二、公文的特点

1．鲜明的政治性

公文要传达、贯彻党和国家的路线、方针、政策、法规与规章，实施领导和管理，体现和反映党和国家机关的政治意向、指挥意志、行动意图，维护党和政府的权威及其所代表的人民群众的根本利益，因而具有鲜明的政治性。

2．公文的法定性

公文的法定性包含三层含义。①作者的法定性。公文的作者是发文的机关单位、合法组织及其负责人，公文必须以这些组织或其合法代表人的名义制发。②权威和效力的法定性。公文一经正式发布，就具有一定的控制性和约束力，有关单位和个人必须遵守或执行。③行文程序的法定性。公文的形成和发布必须符合法定的职权范围和规定程序。

3．格式的规范性

公文必须按照党和国家领导机关批准并发布的公文规范制发，使用有明确规定的文种，遵循规定的格式和行文程序，不得擅改。格式的规范性要求，参见附录中的《党政机关公文格式》。

4．作用的时效性

公文是在现实工作中形成和使用的，它的作用有时间上的限制，即具有时效性。就每份具体的公文而言，它的时效长短有别，有的长达几十年，如法律性公文、长远规划、结论性决议；有的时效则很短，如某项具体工作的通知，在该项工作完成之后就失效。

三、公文的作用

1．领导指导和宣传教育的作用

领导、指导是指上级机关制定及发布的各项方针政策、指示、决定等，给下级机关和广大群众指明方向，阐明措施和做法。同时，公文还有阐明政治主张，说服教育群众，让群众了解领导意图等作用。

2．规范行为和贯彻执行的作用

公文的许多文种，不同程度地规定了有关机关、团体和单位的办事准则和行为规范。规范行为是指各级领导机关以及各级权力机关发布的命令、决定、通知等，在所要求的范围内，相关人员必须贯彻执行，不得违反，否则将会受到纪律的制裁。

3. 处理公务和记载凭证的作用

各个机关、组织之间，需要互通信息和情报，需要协调、处理许多事务，这些都要靠公文来完成。公文是公务活动的真实记录和单位工作的历史见证，因此，公文档案就成了制订新的政策措施和核对事实的重要查考资料和凭证。

四、公文的种类

1. 按适用范围分

按适用范围来分，公文主要有以下15种。

（1）决议。适用于会议讨论通过的重大决策事项。

（2）决定。适用于对重要事项作出决策和部署、奖惩有关单位和人员、变更或者撤销下级机关不适当的决定事项。

（3）命令（令）。适用于公布行政法规和规章、宣布施行重大强制性措施、批准授予和晋升衔级、嘉奖有关单位和人员。

（4）公报。适用于公布重要决定或者重大事项。

（5）公告。适用于向国内外宣布重要事项或者法定事项。

（6）通告。适用于在一定范围内公布应当遵守或者周知的事项。

（7）意见。适用于对重要问题提出见解和处理办法。

（8）通知。适用于发布、传达要求下级机关执行和有关单位周知或者执行的事项，批转、转发公文。

（9）通报。适用于表彰先进、批评错误、传达重要精神和告知重要情况。

（10）报告。适用于向上级机关汇报工作、反映情况，回复上级机关的询问。

（11）请示。适用于向上级机关请求指示、批准。

（12）批复。适用于答复下级机关请示事项。

（13）议案。适用于各级人民政府按照法律程序向同级人民代表大会或者人民代表大会常务委员会提请审议事项。

（14）函。适用于不相隶属机关之间商洽工作、询问和答复问题、请求批准和答复审批事项。

（15）纪要。适用于记载会议主要情况和议定事项。

2. 按行文关系分

按照公文在各级机关之间的运行方向，公文可分为上行文、平行文和下行文。

（1）上行文，即下级机关向上级机关呈递的公文，一般可分为逐级行文、多级行文和越级行文三种。上行文有报告、请示和议案三种，有时"意见"也可作为上行文。

（2）平行文，即互相没有隶属关系和业务指导关系，同级或不属于同一系统的机关部门之间的行文。平行文多采用"函"。

（3）下行文，即上级机关对下级机关制发的文件，一般可分为逐级行文、多级行文、直到基层行文三种。下行文的文种较多，有决议、决定、命令（令）、公报、公告、通告、意见、通知、通报、批复、纪要等11种公文。

3．按保密要求分

涉密公文应当根据涉密程度分别标注"绝密""机密""秘密"和保密期限。按照公文的保密级别划分，公文可分为绝密件、机密件、秘密件和普通件。

绝密件，是指涉及国家最高核心机密的文件；机密件，是指涉及国家重要机密的文件；秘密件，是指涉及国家一般秘密的文件。秘密件、机密件、绝密件的保密期限要根据国家保密局发布的《国家秘密保密期限的规定》来确定。秘密件的保密期限一般不超过10年，机密件的一般不超过20年，绝密件的一般不超过30年，特殊情况为"长期"。

4．按办理时限分

按照公文送达和办理的时限要求划分，根据紧急程度，紧急公文可分为特急和加急；电报可分为特提、特急、加急、平急和一般文件。特提件在发出前要通知对方注意接收，接到文件后要打破常规速度办理；特急件一般要求一天内办结；加急件一般要求两三天内办结；平急件的时限稍缓。

五、公文的行文关系

公文的行文关系是根据隶属关系和职权范围确定的，是根据组织系统、公文法定作者的职权范围与行文单位间的隶属关系确立的发文单位与收文单位之间的关系。公文行文关系是行文规则的基础。根据单位各自的隶属关系和职权范围来看，机关部门之间的关系主要有五种。

1．直接隶属关系

直接隶属关系是指上一级机关与直接的下一级机关之间的领导与被领导的关系。

2．间接关系

间接关系是指处于同一垂直系统的，但又不是上下直接相邻的领导与被领导的单位之间的关系。

3．业务指导关系

业务指导关系是指各业务系统内上级业务主管部门和下级业务主管部门之间的关系。

4．平行关系

平行关系是指处于同一系统内的同级机关、单位之间的关系。

5．不相隶属关系

非同一系统的机关之间的关系，统称为不相隶属关系。

公文行文时要基于行文关系，遵循行文规则行文，具体行文规则按照《党政机关公文处理工作条例》执行。

扫码看视频

公文的特点和行文关系

六、公文的书面格式

国家质量监督检验检疫总局、国家标准化管理委员会根据中共中央办公厅和国务院办公厅印发的《党政机关公文处理工作条例》的有关规定，对GB/T 9704—1999《国家行政机关公文格式》进行了修订，发布了党政机关公文格式新标准，更名为《党政机关公文格式》（GB/T 9704—2012）。

新标准的具体格式要求参见本书附录部分。

党政机关公文共15种，本书将介绍其中常用的几种。

第二节　通知

一、通知的含义

《党政机关公文处理工作条例》规定，通知适用于发布、传达要求下级机关执行和有关单位周知或者执行的事项，批转、转发公文。

通知主要用于发布规章、传达要求下级机关执行以及需要有关单位周知或者共同执行的事项；批转下级机关的公文、转发上级机关和不相隶属机关的公文；还可用于任免和聘用干部。从严格意义上说，党政机关制发的带有版头的正式通知属于法定公文，其他日常工作通知、企业和社会团体的部分通知则属于事务文书，可参照党政机关公文的通知来制发。

通知一般用作下行文，但平行机关之间、不相隶属的机关之间，也可使用通知知照有关事项，这时不使用下行文的版头，多采用信函格式。

二、通知的特点

1．广泛性

通知的广泛性体现在两个方面：一是使用通知的机关单位广泛，不受发文机关级别高低的限制；二是通知的内容很广泛，无论是上级机关的重要决策，还是日常工作都可以使用通知进行部署、传达或告知。

2．常用性

由于通知的内容十分广泛，使用单位不受级别高低的限制，且行文方便，写法灵活多样，因此通知是各级党政机关、企事业单位、社会团体使用频率最高的一种文种。

3．时效性

通知对时效性具有明确的要求，它所传达的事项，往往要求受文者及时知晓或迅速办理，不容拖延。有些通知只在指定的一段时间内有效，如会议通知，会议一开，通知就失效。

三、通知的种类

从内容和性质上看，通知可分为发布性通知，批转、转发性通知，指示性通知，告知性通知，会议性通知，任免或聘用性通知。

四、通知的写法

通知由标题、主送机关、正文、落款等部分组成。

通知的写法最灵活，涉及内容广泛，不同类型的通知具有不同的写法，各类通知的主送机关和落款部分没有太大区别，下面对不同类型通知的标题和正文的写法进行介绍。

1．发布性通知

这类通知主要用于发布规章制度和其他重要文件。

（1）标题。一般使用完全式标题，由"发文机关名称+关于发布（颁布、印发）+被发布的文件名称+通知"构成。如果被发布的是法规性文件，应加书名号，把发布的法规性文件作为附件处理。在发布对象中，凡属法规性文件，标题与行文一般用"颁布""颁发"或"发布"，其他文件则用"印发"，如《国务院关于印发〈国务院工作规则〉的通知》。

扫码看视频

附件处理规范

（2）正文。依次写清被发布的规章名称、发布的目的、执行的要求和实施的日期即可，篇幅简短。有的通知还需要简要说明被发布规章的适用范围和执行过程中的有关事宜。

2．批转、转发性通知

这类通知用于批转下级机关的公文，转发上级机关、平级机关和不相隶属机关的公文。被批转、转发的公文作为通知的附件。

（1）标题。批转、转发性通知的标题比较特殊，通常由转发机关名称加上"批转"或"转发"，然后加上被转发文件全称，再加上"通知"组成，如《市住建委关于转发〈天津市人民政府关于印发天津市加强质量认证体系建设促进全面质量管理实施方案的通知〉的通知》。

扫码看视频

批转转发性通知

这类标题会涉及两个或两个以上的文种，拟定标题时应注意以下问题。

除发布或转发行政法规、规章性公文加书名号外，标题中一般不加其他标点符号，如《国务院办公厅关于转发教育部等部门教育部直属师范大学师范生公费教育实施办法的通知》。转发其他机关的公文时，文件名称可加书名号，《天津市财政局关于转发〈财政部关于2018年度部门决算工作的通知〉的通知》。

层层转发的通知，标题可能会形成如下形式：《××市人民政府办公室转发××省人民政府转发省××厅关于××的通知的通知的通知》，为避免重复，可采取省略中转层次，直接取原文件标题的方法，即《××市人民政府办公室转发省××厅关于××的通知的通知》。

（2）正文。简要写明批转（转发）的文件名称、目的和要求，这类通知称为照批照转式通知。有些批转、转发性通知除写清楚上述内容之外，还扼要阐述被批转或转发公文的重要性、必要性以及执行过程中的具体要求，或补充完善有关内容，这类通知称为按语式通知。

3．指示性通知

这类通知用于上级机关向下级机关传达领导或职能部门的指示、意见，阐述政策措施，部署工作，阐明工作的指导原则，要求下级机关办理或共同执行等。

（1）标题。一般使用完全式标题，如遇特殊情况，还可在"通知"前加"联合""紧急""补充"等字样，如《××关于进一步加强中小学（幼儿园）安全工作的紧急通知》。

（2）正文。由发文缘由、具体事项和结尾构成。

① 发文缘由主要阐述行文的依据、目的和意义，其目的是提高受文机关对通知事项的必要性和重要性的认识，提高执行的自觉性和积极性。

② 具体事项是指示性通知的主体部分，应写明指示的具体内容，并阐述执行的具体方法。具体事项多采用条款方式，应注意条与条、项与项之间的逻辑关系。

③ 结尾部分一般是提出希望或要求。

4．告知性通知

这类通知是将新近决定的有关事项告知受文单位时使用的通知，用于传达需要有关单位周知的事项。这类通知的内容非常广泛，如人事调整、机构的设立和撤销、迁移办公地址等。

（1）标题。一般由"发文机关名称+事由+通知"构成。

（2）正文。这类通知的正文无固定的写法，写清告知事项的依据、目的和具体告知内容即可。

5．会议性通知

这类通知专门用于通知召开会议的有关事项。

（1）标题。一般由"发文机关名称+关于召开××会议+通知"构成，如《国家安全监管总局关于召开全国安全生产工作会议的通知》。

（2）正文。会议性通知在写作上具有要素化的特点，需写明会议名称、发文目的、中心议题、开会时间、开会地点、参加人员、会前准备及其他事项等。

6．任免或聘用性通知

这是党政机关任免、聘用干部时使用的通知，也包括设立和撤销机构的通知。这类通知与告知性通知区别不大，因其用途特殊，一般独立为一类。

（1）标题。一般为《××关于××等任免职的通知》。

（2）正文。写明任免事项或设立和撤销的事项即可，有的也会交代任免依据、工作程序等。在行文时，需遵循先任后免或先设后撤的原则。

🔍 **范例** ①

教育部关于印发《高等学校碳中和科技创新行动计划》的通知

教科信函〔2021〕30号

各省、自治区、直辖市教育厅（教委），新疆生产建设兵团教育局，有关部门（单位）教育司

---

① 编写说明：在党政机关公文部分所举的范例和案例，均不包括公文版头中发文机关标志、密级、紧急程度和版记中的抄送机关、印发机关、印发日期等公文格式要素。另外，落款部分在本书中均按不加盖印章格式排版。

（局），部属各高等学校、部省合建各高等学校：

为深入贯彻党中央、国务院关于碳达峰碳中和的重大战略部署，发挥高校基础研究主力军和重大科技创新策源地作用，为实现碳达峰碳中和目标提供科技支撑和人才保障，我部制定了《高等学校碳中和科技创新行动计划》。现印发给你们，请结合实际认真贯彻执行。

教育部

2021年7月12日□□

高等学校碳中和科技创新行动计划

我国力争2030年前实现碳达峰、2060年前实现碳中和，是党中央经过深思熟虑作出的重大战略决策，事关中华民族永续发展和构建人类命运共同体。为贯彻党中央、国务院重大战略部署，引导高校把发展科技第一生产力、培养人才第一资源、增强创新第一动力更好地结合起来，为做好碳达峰、碳中和工作提供科技支撑和人才保障，制定本行动计划。

（以下内容略）

🔍 简析

> 这是一份发布性通知。标题中被印发的文件加了书名号，正文部分只用了一段话来说明制定《高等学校碳中和科技创新行动计划》的目的，交代发布缘由，十分简练。印发的文件以附件的形式下发，附件也是公文的重要组成部分。在简短的正文中已说明附件名称，可以不单独写"附件说明"。

👁 范例

教育部办公厅转发《山东省教育厅关于
建立健全普通中小学规范办学工作
制度的通知》的通知

教基厅函〔2021〕29号

各省、自治区、直辖市教育厅（教委），新疆生产建设兵团教育局：

近期，山东省教育厅印发了《山东省教育厅关于建立健全普通中小学规范办学工作制度的通知》（鲁教基函〔2021〕28号），对学校规范办学行为、明确属地责任、完善制度措施等作了具体规定，并将手机、睡眠、读物、作业、体质"五项管理"有机融入中小学办学基本规范，内容全面、程序规范、责任明确，具有较强的针对性和操作性。现转发给你们，请各地结合实际学习借鉴。

请各地将有关工作情况及时报教育部（基础教育司）。

联系人：×××，电话：010-********。

附件：《山东省教育厅关于建立健全普通中小学规范办学工作制度的通知》

教育部办公厅

2021年7月6日□□

（附件略）

🔍 简析

　　这是一份转发性通知。发文字号中有"函"字，这是以信函格式制发的通知（信函格式中发文字号的要求，详见本章"写作攻略"）。被转发的文件是山东省教育厅制发的通知，这份转发性通知的标题中出现了两个"通知"。通知的正文部分用一段话说明转发目的和转发文件的名称，要求受文机关结合实际学习借鉴，并将有关工作情况及时报教育部。文中有"附件说明"，转发的文件以附件的形式呈现。"附件说明"部分不应使用书名号。

🔍 范例

关于进一步规范出版物文字使用的通知

新出政发〔2010〕11号

各省、自治区、直辖市新闻出版局，

新疆生产建设兵团新闻出版局，

解放军总政治部宣传部新闻出版局：

　　报刊、图书、音像制品和电子书、互联网等各类出版物作为大众性的重要传播媒介，是语言文字规范化的实践者和宣传者，多年来，在规范使用语言文字，宣传促进语言文字规范化方面作出了重要贡献，为正确使用语言文字起到了积极示范作用。但是，随着经济社会的发展，在报纸、期刊、图书、音像制品和电子书、互联网等各类出版物中，外国语言文字使用量剧增，出现了在汉语言中随意夹杂英语等外来语、直接使用英文单词或字母缩写、生造一些非中非外、含义不清的词语等滥用语言文字的问题，严重损害了汉语言文字的规范性和纯洁性，破坏了和谐健康的语言文化环境，造成了不良的社会影响。

　　今年10月31日是《中华人民共和国国家通用语言文字法》发布10周年纪念日，出版媒体和出版单位要以此为契机，大力宣传《国家通用语言文字法》，并在出版工作中认真贯彻执行有关法律规定。为进一步促进语言文字的规范化、标准化，认真贯彻中央关于规范出版语言文字使用的要求，依据《中华人民共和国国家通用语言文字法》《出版物汉字使用管理规定》及新闻出版有关法律、法规、规章，现就进一步加强规范出版文字使用的有关问题通知如下。

一、充分认识规范使用汉语言文字的重要意义。各类出版媒体和出版单位要高度重视出版物文字规范化工作，严格执行规范汉语言文字这一基本的语言文字政策，把宣传和规范使用汉语言文字作为传承中华文明、促进社会主义精神文明建设的一件重要职责，在出版活动中切实贯彻落实有关规范汉语言文字的法律法规。

二、严格执行规范使用汉语言文字有关规定。出版媒体和出版单位要采取有效措施，严格执行《出版物汉字使用管理规定》第五条"报纸、期刊、图书、音像制品等出版物的报头（名）、刊名、封皮（包括封面、封底、书脊等）、包装装饰物、广告宣传品等用字，必须使用规范汉字，禁止使用不规范汉字。出版物的内文（包括正文、内容提要、目录以及版权记录项目等辅文），必须使用规范汉字，禁止使用不规范汉字。"等有关条款，坚决抵制不良文化倾向，正确使用汉语言文字，为促进汉语言文字的规范化和健康发展发挥示范带头作用。

三、高度重视规范使用外国语言文字。出版媒体和出版单位要进一步加强外国语言文字的使用规范化，尊重并遵循汉语言及所使用的外国语言文字的结构规律和词汇、语法规则。在汉语出版物中，禁止出现随意夹带使用英文单词或字母缩写等外国语言文字；禁止生造非中非外、含义不清的词语；禁止任意增减外文字母、颠倒词序等违反语言规范现象。汉语文出版物中需要使用外国语言文字的，应当用国家通用语言文字做必要的注释。外国语言文字的翻译应当符合翻译的基本原则和惯例。外国人名、地名等专有名词和科学技术术语要按有关规定翻译成国家通用语言文字。

四、各级新闻出版行政部门要进一步加强对出版物语言文字使用及质量的管理和检查。将出版物使用语言文字情况，尤其是使用外语规范情况作为出版物质量检查和年度核验的重要内容，并将其纳入日常审读范围。对违反使用语言文字规范的，要责令改正，依法予以行政处罚。

五、出版媒体、出版单位及各级新闻出版行政部门要加强对规范使用汉语言文字的宣传教育。要引导社会大众自觉弘扬民族文化，使语言文字符合规范要求，适合国情，方便群众。

六、本通知要传达到所有出版媒体和出版单位，要求认真贯彻落实。

新闻出版总署

二〇一〇年十一月二十三日□□

🔍 简析

这是一份指示性通知。

（1）公文的主送机关过长导致转行时，可以在逗号后转行，回行时仍需顶格书写，在最后一个主送机关后加冒号；不超过一行的可以不转行。

（2）正文第一段阐述了发文缘由，针对语言文字规范化方面存在的问题和危害进行说明；第二段明确交代了行文的政策依据和法规依据；第三段及以后部分采用条款形式写明通知的具体内容和相关要求，最后三点是对相关部门提出了执行要求，如"对违反使用语言文字规范的，要责令改正，依法予以行政处罚"和"本通知要传达到所有出版媒体和出版单位，要求认真贯彻落实"等。

（3）此通知是2012年以前的文件，所以成文日期使用的是汉字形式。另外，按照《党政机关公文格式》的要求，公文成文日期中的数字用阿拉伯数字将年、月、日标全，年份应标全称，月、日不编虚位（即1不编为01）。从2012年7月1日起，公文的成文日期不再使用以前的汉字数字标注方式，本书在选取案例时，对2012年7月1日之前的公文成文日期不作修改。

扫码看视频

公文落款和用印规范

范例

××大学关于公布20××级学生获准转专业名单的通知

各学院及各有关单位：

根据《××大学关于做好20××级本科生转专业工作的通知》的要求，经学生本人申请，学生所在学院同意，教务处组织安排了转专业考核。按照考核分数择优录取的原则，依据学生志愿，经学校招生工作领导小组研究批准，有×名学生获得转专业资格，可以转入相关专业学习，现予以公布。

获得转专业资格的学生，应严格按转专业通知要求按时到转入学院办理相关手续，并随原专业参加本学期的期末考试，未参加原专业期末考试（含缓考）或期末考试出现成绩不及格者将按通知要求取消其转专业资格。

下学期开学后，接收学院应按转入专业教学计划的要求并结合学生已修课程，做好转专业学生选课的指导工作，明确转专业学生需补修的相关课程，以便学生按教学计划的要求选课。

附件：1. ××大学20××级获准转专业资格学生名单

2. ××大学20××级学生转其他专业考试成绩

3. ××大学20××级学生转××学院考试成绩

4. ××大学20××级学生转××学院考试成绩

××大学

×年×月×日□□

简析

这是一份告知性和指示性相结合的通知，用于公布20××级学生获准转专业名单，起到一个告知的作用。通知中还对"获得转专业资格的学生"和"接收学院"提出相关要求，具有指示性。另外，这份通知含有4个附件，"附件说明"的书写格式规范。

范例

关于×××等同志任免职的通知

主送机关（名称）：

根据工作需要，依据《×××细则》的有关规定，经有关工作程序，并经×××研究决定，

任：×××同志为××书记（试用期一年）；

×××同志为××主任（试用期一年）。

免：×××同志××书记；

×××同志××主任。

中共××××委员会□□

×年×月×日

简析

这是一份某党委的任免职通知。这类通知首先交代了任免依据、工作程序等，然后写明任免事项，遵循了先任后免的原则。根据《党政领导干部任职试用期暂行规定》，新提拔领导干部任职的试用期为一年，需在任职名称后加注"（试用期一年）"或"（试用）"字样。

第三节　请示

一、请示的含义

请示是适用于向上级机关请求指示、批准的公文。

请示属于上行文，在向上级机关行文时，应当严格遵循上行文的规则，《党政机关公文处理工作条例》"第四章 行文规则"中有明确规定。另外，为了提高工作效率，上级机关收到请示后，应当及时予以批复。

二、请示的适用范围

工作中，下级机关不能任何事情都向上级机关请示，请示的适用范围大致可归纳为以下五个方面。

（1）下级机关遇到新情况、新问题，因无章可循而没有对策或没有把握，需要上级机关给予指示时，要用请示。

（2）下级机关在处理较为重要的事件和问题时，因涉及有关方针政策必须慎重对待，需要报请上级机关批准时，要用请示。

（3）下级机关在工作中遇到问题，虽有解决办法，但由于职权、条件的限制，没有权力或没有能力实施这些办法，需要上级机关帮助解决时，要用请示。

（4）下级机关对有关方针、政策和上级机关发布的规定、指示有疑问，需要向上级机关给予解答时，要用请示。

（5）下级机关之间在较重要的问题上出现意见分歧，需要上级机关裁决时，要用请示。

三、请示的特点

1．呈批性

请示属于双向对应文种之一，与它相对应的文种是批复。下级机关有一份请示呈报上去，上级机关对呈报的请示事项，无论同意与否，都应该回文。

2．针对性

只有本机关单位职权范围内无法决定的重大事项，如机构设置、人事安排、重要决定、重大决策、项目安排等事项，以及本机关单位没有对策、没有把握或没有能力解决的重要事件和问题，才可以用"请示"行文。不得动辄就向上级请示，那样看起来像是尊重上级，实际却是把矛盾交给上级而自己逃避责任的表现。

3．单一性

与报告和议案这两种上行文相比，请示更强调遵循"一文一事"的原则。在一份请示中，只能就一项工作、一种情况或一个问题作出请示。如果确有若干事项都需要同时向同一上级机关请示，可以同时呈报若干份请示，它们各自都是一份独立的文件，使用不同的标题和发文字号。上级机关也需分别对不同的请示作出相应的批复。请示的单一性还体现在主送机关的数量上，请示只写一个主送机关，即使是受双重领导的下级机关，也只能主送其一，必要时抄送另一上级机关。

4．时效性

请示是针对本单位当前工作中所涉及的新情况和新问题，求得上级机关指示或批准的公文，请示事项都有一定的迫切性，应当及时制发，如有延迟，就有可能延误解决问题的时机。上级机关在处理下级机关的请示时，也应注意时效性，及时作出批复。

四、请示的种类

根据行文的目的、性质和内容的不同，请示可分为以下三种。

1．请求指示的请示

下级机关遇到在职权范围内过去没遇到过的新情况、新问题，在有关的方针、政策、规章以及上级的指示中，都找不到相应的处理依据，无章可循，因而没有对策，需要上级机关给予指示。对有关方针、政策和上级机关发布的规定、指示有疑问，不能擅自决定，需要上级机关给予解释和说明。与同级机关或协作单位在较重要的问题上出现分歧，需要请求上级机关裁决。

2．请求批准的请示

下级机关在工作中有些新做法、新方案、新项目等，需要上级机关批准后方可执行的一般需要请求上级批准。依据有关规章和管理权限，下级机关制定的某些规定、规划等，需要经过上级机关的批准才能发布实施。请求审批某些项目、指标，如在工作中遇到人、财、物方面的困难，自己无法解决，可提出解决的方案请上级机关审核批准，在人、财、物方面给予相应的调配。

3．请求批转的请示

请求上级机关认可本机关所提出的意见、建议、办法、措施等，并请上级机关批转至有关部门执行。本机关在自己的职权范围内制定了相关的办法和措施，却不能直接要求平级机关和不相隶属机关照办，需用请示的方式请求上级机关批转给有关部门共同执行。

五、请示的写法

请示由标题、主送机关、正文和落款四部分组成。

1．标题

一般需采用完全式标题，由发文机关名称、事由和文种构成，如《××学院关于增加20××年人员编制的请示》《××关于成立××协会的请示》。

请示这一文种的标题不能仅写"请示"二字，也不能将"请示"写成"报告"或"请示报告"。"报告"是另一文种，"请示报告"则是一种错误的命名。另外，请示含有请求、申请的意思，所以请示的标题中不宜再出现"请求"或"申请"等字样。

2．主送机关

请示的主送机关是指负责受理和答复请示的机关。请示只写一个主送机关，如需同时报送其他上级机关，应采用抄送的方式；受双重或多重领导的机关向上级机关行文，应当写明主送机关和抄送机关，由主送机关负责答复其请示事项。

《党政机关公文处理工作条例》规定："除上级机关负责人直接交办事项外，不得以本机关名义向上级机关负责人报送公文，不得以本机关负责人名义向上级机关报送公文。"

3．正文

请示的正文包括开头、主体和结束语三部分。

（1）开头，主要交代请示的缘由。它是请示事项能否被批准的关键，关系到事项是否成立，是否可行，关系到上级机关审批请示的态度，也是上级机关批复的根据，所以原因要客观、具体，理由要合理、充分，这样上级机关才好及时决断，予以有针对性的批复。因此，缘由常常十分完备，依据、情况、意义、作用等都要写上，有时还需要说明背景。如果背景材料较多，可以作为附件来处理。

（2）主体，主要说明请求的具体事项。这部分内容要单一，坚持一文一事的原则。请求事项要符合法规、符合实际，具有可行性和可操作性。事项要写得具体、明确、条项清楚。如果请示的事项比较复杂，要分清主次，逐条写出，条理要清晰，重点要突出，用语要平实、恳切。如果主体部分的一些内容需用图表来呈现，建议使用附件形式。

（3）结束语，应另起一段，使用请示的习惯用语，如以"当否，请批示""妥否，请批复""以上请示如无不妥，请批复""以上请示如无不妥，请批转各部门研究执行"等语句作结。结束语是请示必不可少的一项内容，不能遗漏。

4．落款

请示的落款包括署名和成文时间。

📠 **案例分析**

关于申请青少年活动场所建设资金的请示[①]

共青团中央、财政部：

近年来，××各级共青团组织深入贯彻落实中共中央办公厅、国务院办公厅下发的《关于加强青少年学生活动场所建设和管理工作的通知》意见和全国青少年活动阵地建设工作会议精神，进一步加大全省青少年活动场所建设和管理工作力度，积极争取各级党委、政府和有关部门的政策支持，确定了一批新建和改扩建重点项目。

目前，我省已发展团属青少年活动场所22处。但是，与广东、浙江、江苏等全国先进省相比还存在很大差距，也与××作为经济大省、人口大省的地位不相称。尤其是我省的××、××、××、××、××等5个地级市，尽管这5个市青少年人数占全省青少年人数的18%，但是由于经济欠发达，至今还没有一处专门的青少年活

标题："申请"与"请示"表意重复。

主送机关：这是一份联合行文的"请示"，联合行文是可以的，但不能"多头行文"，请示的主送机关只能是一个。多个单位联合请示的情况下，按照多部门联合行文的规定，应当根据请示事项与业务主管部门的关联紧密程度，确定一个主送机关。

① 此案例引自杨直. 共青团常用公文写作技巧[M]. 北京：北京理工大学出版社，2009：87.

动场所，这影响了青少年教育事业的进一步发展。为更好地发挥共青团培养教育广大青少年的作用，进一步推动青少年事业的发展，××等五市团组织经多方努力、积极争取，已经在当地立项建设适应青少年事业发展的青少年活动场所。目前，五市团组织已经着手筹集工程建设资金，并已通过政府划拨、团委自筹等方式筹集到大部分资金，但建设资金缺口仍然很大。另外，××市××同志纪念馆于1995年建馆，由于当时建馆比较仓促，现有的基础设施及规模已不能满足当前形势的需要。为充分发挥纪念馆教育青少年的作用，该馆拟在原来基础上适当进行扩建。虽然该馆已自筹大部分资金，但是缺口仍然很大。为确保各工程顺利进行，特申请划拨青少年活动阵地建设专项经费1215万元，以此来积极争取政府和社会各界更多的关心和支持，配套相应比例的建设资金，推动青少年活动阵地建设的深入发展。

当否，请批示。

附：1. 部分新（扩）建青少年活动场所建设情况一览表
　　2. 各市关于申请青少年活动场所建设资金的报告
　　3. 各市关于建设青少年活动场所的批复

共青团××省委□□
××省财政厅
×年×月×日

侧栏批注：

请求事项：文中涉及两部分资金：一是青少年活动场所建设资金，二是纪念馆扩建资金。将两部分资金合并为"青少年活动阵地建设专项经费"，这不利于上级机关批复。因此，建议将两部分资金分开申请，可写成两份请示。

请示缘由："由于当时建馆比较仓促"不能成为扩建的理由，还需再说明其他缘由。

附件说明：格式有误。该文的"附"不妥，具体修改内容参见简析。另外，应左空二字。

落款：联合行文时，主办机关排在前面。加盖印章时，需左右排列。

简析

这是一份联合行文的请示，上面分析了案例中的不妥之处，下面再讲讲相关规范。

（1）附件说明的规范。公文如有附件，在正文下空一行左空二字编排"附件"二字，后标全角冒号和附件名称。如有多个附件，使用阿拉伯数字标注附件顺序号（如"附件：1.××××"）；附件名称后不加标点符号。附件名称较长需回行时，回行后的首字应当与上一行附件名称的首字对齐。

（2）联合行文的落款和用印规范。若是需加盖印章的联合行文，一般将各发文机关署名按照发文机关顺序整齐排列在相应位置，并将印章一一对应、端正、居中下压发文机关署名，最后一个印章端正、居中下压发文机关署名和成文日期，印章之间排列整齐、互不相交或相

应用文写作技能与规范（慕课版）

切，每排印章两端不得超出版心，首排印章顶端应当上距正文（或附件说明）一行之内。若是不加盖印章的联合公文，应当先编排主办机关署名，其余发文机关署名依次向下编排。

第四节　报告

一、报告的含义

报告是适用于向上级机关汇报工作、反映情况，回复上级机关的询问的公文。报告属于上行文。

报告的适用范围很广，可用于定期或不定期地向上级机关汇报工作，反映实际工作中遇到的问题，反映本单位贯彻执行各项方针、政策、批示的情况，为上级机关制定方针、政策或作决策、发指示提供依据；也可用于向上级机关陈述意见，提出建议；还可用于回复上级机关的询问，使上级机关在全面掌握情况的基础上，准确、有效地指导工作。

二、报告的特点

1. 陈述性

下级机关遵照上级机关指示，做了什么工作、怎样做的、取得了哪些成绩、还存在哪些不足，都要一一向上级机关陈述。反映情况时，要把时间、地点、人物、事件、原因、结果叙述清楚，向上级机关提供准确的现实性信息。因此，报告大多采用叙述、说明的表达方式，具有明显的陈述性。

2. 汇报性

报告用于下级机关向上级机关或业务主管部门汇报工作，一般是将做过的事情报告给上级机关，让上级机关掌握基本情况，以利于上级机关对工作进行指导。所以，汇报性是报告的一大特点，这是报告与请示的根本区别。

3. 单向性

报告是下级机关向上级机关汇报工作、反映情况时使用的单方向上行文，不需要上级机关予以批复。请示具有双向性的特点，有批复与之相对应，报告则是单向性行文。

三、报告的种类

按内容范围分，报告可分为综合报告和专题报告。按内容的性质来分，报告可分为以下四种。

1. 工作报告

工作报告主要用于汇报工作，向上级机关汇报某一阶段工作的进展、成绩、经验、存在的问题及下一步打算，汇报上级机关交办事项的执行情况等。

2．情况报告

情况报告主要用于向上级机关汇报工作中发生或发现的某些情况或问题，特别是反映工作中的重大情况、特殊情况和新情况。

3．建议报告

建议报告是下级机关就工作中的重大问题和事项，专门向上级机关提出相关建议的报告。

4．答复报告

答复报告是下级机关答复上级机关的询问或汇报上级机关所交办事项办理结果的报告。

作为党政机关公文的报告，和一些专业部门从事业务工作时所使用的标题中也带有"报告"二字的行业文书，如"审计报告""评估报告""立案报告""调查报告""鉴定报告"等，概念并不相同，这些文书不属于党政机关公文的范畴。

四、报告的写法

报告由标题、主送机关、正文、落款四部分组成。

1．标题

一般采用完全式标题，由发文机关、事由和文种构成，如《天津大学关于20××年天津市人民政府奖学金评审情况的报告》《××市人民政府关于我市遭受严重干旱的紧急报告》。

2．主送机关

主送机关应为负责受理报告的上级机关，一般为发文机关的直接上级机关。

3．正文

报告正文的结构一般由开头、主体和结束语等部分构成。

（1）开头，主要交代发文的缘由，概括说明报告的目的、意义或根据，然后用"现将有关情况报告如下"一语转入下文。

（2）主体，报告的主体是报告的核心部分，用来说明报告的具体事项。在不同类型的报告中，主体部分报告事项的侧重点有所不同。

① 工作报告的主体部分。工作报告要写明工作进度、工作成绩、经验教训、存在的问题以及下一步工作安排，主要采用记叙方式撰写，按时间顺序、工作发展过程或事理逻辑关系分设若干部分，有层次地概括叙述。应避免把工作报告写成面面俱到的流水账，需要点面结合，重点突出。要实事求是地汇报工作，报告中所列成绩或问题必须属实，不夸大、不缩小，并能从中揭示出一定的规律性认识。在报告中可以写设想、提建议，但不可夹带请示事项。

② 情况报告的主体部分。情况报告要将工作中的重大情况、特殊情况和新动态等及时向上级机关报告，便于上级机关根据下级机关的情况，及时采取措施，指导工作。作为下级机关，有责任做到下情上传，保证上级机关耳聪目明，对下级机关的情况了如指掌。下级机关如果隐情不报，则是一种失职行为。写作中要将突发情况或某事项的原委、经过、结果、性

扫码看案例

报告的案例
分析

质与建议表述清楚，有助于推进当前工作的开展。

③ 建议报告的主体部分。建议报告与一般工作报告不同，它不侧重于汇报工作情况，而是侧重于对普遍存在的问题提出意见或建议。因此，建议报告的主体部分要在概括叙述事实的基础上，加强分析和说理，在表述上多用分条列项式写法。报告所提出的意见或建议，要具有科学性和可行性。

④ 答复报告的主体部分。答复报告要针对上级的询问，实事求是地、有针对性地回答上级机关的询问和要求。要写清问题，表明态度，不可含糊其词。

（3）结束语。报告的结束语要另起一段，根据报告种类的不同，使用不同的习惯用语。工作报告和情况报告的结束语常用"特此报告"；建议报告则用"请审阅""请收阅"等；答复报告多用"专此报告"。报告的结束语不是必需的要素。

4. 落款

在正文后右下方写明发文机关名称和成文日期。

范例

关于20××年度工作总结的报告（节选）

20××年是"四新清溪"建设的推进之年。我镇在区委、区政府的正确领导下，团结带领全镇人民抢抓机遇，加压奋进，圆满完成了各项目标任务，全年GDP实现8.5亿元，同比增长17%；固定资产投入3.5亿元，增长19.7%；农民人均纯收入9500元，增长18.1%；乡镇企业总产值45.57亿元，增长5.5%；地方财政收入1564万元。现将一年来的工作总结如下。

一、加强党的建设，转变干部作风

把握全局，夯实基层党建基础。一是加强班子建设，提高执政能力。……二是强化干部队伍建设，切实转变干部作风。……三是狠抓基层组织建设，夯实基层党建基础。（略）

严查重处，狠抓党风廉政建设。……今年共接受群众来信来访27件/次，办理回复15件，自办案件12件，追回集体资金30多万元，办结违纪党员6人/次，信访办结率为100%，信访回复率为100%。（略）

强化宣传，展示清溪新形象。一是开展信息员培训200余人/次。二是强化政治理论学习，全年组织镇村干部学习60余次、大型宣讲活动3次。三是组织主题宣传活动，塑造清溪形象，全镇一年报送信息280余次，在各类媒体用稿达220余条。（略）

二、坚持统筹城乡，加快新农村建设

农村经济平稳发展。20××年全镇粮食产量达到14591吨，完成农业总产值32182.2万元，实现农民人均纯收入9500元。全年种植榨菜24000亩[①]，产量63500吨；蔬菜种植19200亩，产量达26500

---

① 编著注：1亩≈0.0667公顷。

吨，水果产量2987吨。（略）

农村基础设施建设步伐加快。（略）

林业工作积极推进。（略）

农村土地流转规范有序。（略）

劳务工作扎实有效。（略）

土地资源管理措施完善。（略）

农村信息化体系不断健全。（略）

三、加强城镇管理，提升城市品质

城镇建设功能完善。（略）

综合整治提升品质。（略）

环境保护措施有效。（略）

四、协调社会事业，促进社会和谐

民生救助促进社会和谐。（略）

移民工作实现安稳致富。（略）

社会保障能力不断增强。（略）

商贸流通业后劲十足。（略）

三类经济健康发展。（略）

五、强化安全监管，确保社会稳定

落实安全责任，强化日常监管。（略）

创新社会管理，确保社会稳定。（略）

六、存在的困难和问题

一是农业农村基础薄弱，经济增长方式粗放，农业科技含量不高，特色产业不突出。

二是小城市建设相对园区发展较为滞后。

三是工业经济缺乏支柱产业，财政增收难度大，后劲不足。

四是一批涉及园区征地拆迁、高速公路和铁路建设、村社财务等引起的遗留问题较为突出，牵扯精力过大。

20××年是"四新清溪"的攻坚之年，今年镇党委政府将锁定确定的工作主线、工作目标、工作举措不动摇，抓住园区建设、"双五"小城市建设、清溪库岸工程建设、东城小区开发等机遇，全力攻坚，加快"四新清溪"建设，为实现全镇经济社会又好又快发展，为新清溪崛起而努力奋斗，为"三区一城、幸福涪陵"作出贡献！

中共××市××镇委员会　　××市××镇人民政府□□

20××年12月31日

🔍 简析

这是一篇工作报告，全文采用总分式结构，结构合理，条理清晰，重点突出。

（1）第一段简要陈述了该镇20××年的工作业绩，并用"现将一年来的工作总结如下"自然过渡到主体部分。

（2）主体部分按照逻辑顺序，分层次撰写。每一段的第一句都是中心句，总领全段内容。每段中再分小点，逐一展开，将工作中的主要做法、工作经验总结得很有条理，并且使用大量数据来加以支撑，说服力强。

（3）最后用一个部分撰写"存在的困难和问题"，值得肯定，但是没有针对困难和问题提出相应措施。

（4）这是一篇在网上发布的报告，未注明主送机关。不加盖印章时，落款处应当先编排主办机关署名，其余发文机关署名依次向下编排，而不是左右编排。

撰写工作报告与撰写工作总结有很多相似之处，结合以上案例，下面谈谈撰写这类综合性工作报告需要处理好的三个关系。

（1）**处理好点与面的关系**。要兼顾全面，突出重点，就需要处理好点面结合。有面无点，给人的感觉是浮于表面，抓不住重点，写得不具体，缺乏说服力。而有点无面，又不能给人总体印象，难以形成综合性报告。因此，综合性报告需要在顾及广度的同时，突出深度，也就是要抓住重"点"。所谓重点，就是影响全局的主要工作（中心工作）、工作中的显著成绩、有普遍意义的经验做法、工作中的严重困难和突出问题等。

（2）**处理好详与略的关系**。撰写综合报告，在做好点面结合的同时，还要在有限的篇幅内做到详略得当。如何处理详略关系呢？我们需要根据报告的不同类型和不同作用来处理详略。如果是侧重总结成绩的报告，就详写经验做法、成绩效果；如果是侧重反映问题的报告，就详写存在的问题及原因。

（3）**处理好事与理的关系**。撰写工作报告离不开具体的事例，但又不能只罗列事例。只罗列事实、数据，会见事不见理，显得肤浅；只进行说理，不介绍具体情况，报告就会显得空洞无物。必须要把各种情况、成绩、问题归纳起来，对其进行深入的综合分析，使之系统化、理论化，从中总结出带有规律性的经验、教训，用以指导今后的工作。处理好事与理的关系，就要在写作时运用好虚实结合法。

📋 案例分析

关于拟建科学馆的请示报告[1]

县政府：

我校是××镇的中心小学。学校建筑面积1.2万平方米，在校学生、教职工800多名。多年来学校防火设施比较简陋，除简易防火工具外，仅有消防栓一处，且因年久失修，达不到喷射要求，一旦发生事故，后果不堪设想。市消防部门多次检查、提出建议，但因缺少资金一直没有按重点防火单位标准建设。为确保安全，做到常备无患，急需修建地下消防栓4处（三栋教学楼各一处，实验室一处），需拨款5万元（计划附后）。此外，为加强学生动手能力的培养，拟建一座科学馆，急需资金50万元（计划附后）。

特此报告，请批准。

××县××镇××小学□□

×年×月×日

标题：文种错误，应用"请示"。"请示报告"不是文种。

主送机关：属越级行文，主送机关应为××镇人民政府。

请求事项：该文请求了两项拨款，不符合"一文一事"的原则。

结束语：不规范，正确写法应该是"妥否，请批示"或"以上请示如无不妥，请批准"等。

🔍 简析

报告和请示都是上行文，实际工作中，这两种文种易被混为一谈，因此，我们需要了解它们在适用范围和行文要求方面的差异。该文除存在上述格式方面的问题外，在内容上存在以下问题：标题中的事由为"拟建科学馆"，但文中的事由为"修建地下消防栓"和"拟建科学馆"；申请修建地下消防栓的理由较为充分，但拟建科学馆的理由很不充分。这两项事项性质不同，应写两份请示。

> 扫码看视频
>
> 报告的案例分析

第五节　通报

一、通报的含义

通报是用于表彰先进、批评错误、传达重要精神和告知重要情况的公文，属于下行文。通报具有知晓性和指导性的特点。

---

[1] 此案例引自耿云巧，马俊霞. 现代应用文写作[M]. 北京：清华大学出版社，2007：60-61. 略有改动。

二、通报的种类

根据含义的不同，通报可分为表彰性通报、批评性通报和情况性通报三种类型。

1．表彰性通报

表彰性通报主要用于表彰先进人物、先进集体，介绍先进经验，其主要作用是表彰先进、树立榜样，以达到激励先进、弘扬正气、推广经验、指导工作的目的。

2．批评性通报

批评性通报主要用于对工作中出现的影响较大的错误事件、错误做法进行通报批评，以此告诫和教育人们吸取教训，引以为戒。

3．情况性通报

情况性通报主要用于向干部群众传达重要精神和告知重要情况，使广大干部群众及时了解工作中存在的普遍性问题或出现的新情况和新问题，以便统一认识，统一行动，推动工作的顺利进行。

三、通报的写法

通报一般由标题、主送机关、正文、落款四部分组成。

1．标题

（1）由发文机关名称、事由和文种构成，如《国务院办公厅关于对国务院第五次大督查发现的典型经验做法给予表扬的通报》《国务院办公厅关于西安地铁"问题电缆"事件调查处理情况及其教训的通报》。

（2）由事由和文种构成，如《关于表彰×××等同志的通报》。

（3）少数通报的标题是在文种前冠以机关名称，如《中共××市纪律检查委员会通报》；也有的通报标题只有文种名称，一般只见于张贴式通报。

2．主送机关

除普发性通报外，其他通报均需标明主送机关。

3．正文

通报的正文由开头、主体和结尾构成。开头部分说明通报缘由；主体部分作出通报决定，结尾部分提出希望和要求。不同类型的通报，其正文的写法不尽相同。

（1）表彰性通报

根据通报的内容和对象，表彰性通报可分为表彰先进人物或先进集体和介绍先进经验两大类。

① 表彰先进人物或先进集体的通报正文大体可分为四个部分。

一是概括介绍先进人物或先进集体的事迹，说明通报缘由。由于事迹是作出通报表扬的依据，因此要求把表扬对象的先进事迹交代清楚，时间、地点、人物、事件、结果等要素需调查清楚，且要注意详略得当、重点突出，这部分是通报的主要内容，应写得详细些。

二是分析、评论先进事迹的典型意义，并对此作出肯定、合理的评价，阐明所述事迹的性质和意义。评价时要实事求是，不能任意夸大、渲染。

三是依据相关规定作出表彰决定，如通报表扬、授予荣誉称号或给予一定的物质奖励等。

四是发出希望和号召，既要包括对表彰对象的勉励和期望，又要包括对广大群众的希望和号召，以体现发文意图。

② 介绍先进经验的通报正文一般可分为三个部分。

一是简要介绍取得经验和成绩的相关事迹，并依据有关规定作出表彰决定。

二是具体介绍取得经验和成绩的单位或个人的典型做法及其成功经验。这部分是全文的核心，为了更好地宣传、推广先进经验，可采取分条列项式写法，将其先进经验总结出来，以供人们效法、借鉴。在详略处理上，应重点介绍其先进做法，取得的成绩和成效则适当略写。

扫码看案例

表彰性通报

三是指出存在的不足，有则写，没有则不必强求。

（2）批评性通报

批评性通报的发文目的在于要求相关单位和个人从被通报的事件中吸取教训，以反面事例对群众进行教育，防止类似事件再次发生。其正文大致包括四个方面。

① 错误事实。首先概括陈述错误事实发生的时间、地点、简单经过，以及造成的经济损失和不良社会影响等。

② 分析原因。客观分析错误事实产生的原因，并指出错误的性质、危害，以及违反了哪些政策或规定。

③ 处理决定。首先要提供处理的有关依据，然后提出对主要责任者的处理决定和工作上的改进措施。

④ 提出要求并发出警戒。主要是要求被通报的有关单位或人员从此类错误中吸取教训，同时向有关方面发出不要再犯类似错误的警戒。

（3）情况性通报

情况性通报主要用于传达重要精神和告知重要情况，其正文主要包括三个方面。

扫码看视频

情况通报的
写法

① 叙述情况。这一部分所占篇幅相对大一些，但在写作时要注意表述准确，语言精练。

② 分析情况。针对通报的相关情况，作出恰如其分的分析，并表明态度。

③ 提出要求。根据通报的情况，提出今后工作的具体意见和要求。

在具体写法上，有的是先摆事实，然后进行分析，得出结论；有的是先通过简要分析得出结论，再列举情况来说明结论的正确性和针对性。总之，情况通报的写法多样，如何表述可视具体情况而定。

4. 落款

在正文后右下方写明发文机关名称和成文日期。

教育部办公厅关于教育信息化试点单位工作进展情况的通报

各省、自治区、直辖市教育厅（教委），新疆生产建设兵团教育局：

我部于2012年11月发布了《教育部关于公布第一批教育信息化试点单位名单的通知》（教技函〔2012〕70号），共批复682个教育信息化试点单位。为及时掌握教育信息化试点工作进展，2013年底，我部组织各地报送了试点工作阶段进展情况。现将全国教育信息化试点工作进展情况通报如下。

一、全国试点整体工作进展情况

除个别省份外，多数省级教育行政部门对教育信息化试点工作较为重视，有组织、有指导、有推动，落实了工作方案、保障措施等，保证了试点工作顺利开展。

北京、天津、河北、山西、辽宁、黑龙江、江苏、浙江、安徽、福建、江西、河南、湖北、湖南、广东、广西、重庆、四川、西藏、陕西、甘肃、宁夏等22省（区、市）有专门的工作安排，其中北京、安徽、湖北、湖南制定了省级试点工作方案，北京、江苏、福建、湖南、广西、宁夏落实了试点工作保障措施，湖南、广西、宁夏、福建、北京分别安排试点工作专项经费3000万元、1300万元、641万元、500万元和200万元。（略）

二、涌现出一批先进典型

根据各省级教育行政部门报告，已涌现出一批教育信息化先进典型。

在优质数字教育资源共建共享方面，安徽省芜湖市教育局探索"在线课堂"模式，县、镇学校帮助教学点开齐、开足国家规定的课程；四川省成都七中育才学校创办网校，为边远地区、民族地区近2万名学生提供"同步课堂"服务，使远端学校学生成绩显著提高。（略）

在利用信息技术促进教育教学模式创新方面，黑龙江省哈尔滨市香滨小学积极探索信息化教育教学模式在所有学科课堂教学中的常态化应用，取得有益成果，激发了学生的学习热情与兴趣，促进了学生综合素质、能力的提高。（略）

在网络教研方面，山东省寿光市教育局通过建设网络教研系统，改革教师培养模式，在教师网络教研方面取得阶段性进展，促进了教师能力的提升。（略）

在信息化基础环境建设与机制创新方面，河南省焦作市积极探索"企业投资建设，学校购买服务"的网络接入模式，在教育城域网建设中，通过引入竞争机制，极大地节约了资金投入，并确保了教育城域网的可持续发展。（略）

三、个别试点单位工作进展差距较大

根据各地报告情况，现仍有一些试点单位对试点工作要求、意义认识模糊，工作进展缓慢甚至尚未开展。

×××、×××等6个试点单位试点工作进展缓慢，现责令整改。请以上单位于2014年3月14日前提出整改方案，经省级教育行政部门审核后报我部（科技司）备案，并于9月14日前经由省级教

育行政部门向我部（科技司）报告试点工作进展，届时仍无明显进展者不再列入全国教育信息化试点单位名单。

部分试点单位至今尚未开展试点工作，现决定对这些试点单位进行调整，不再列入试点单位名单（详见附件）。

四、下一步工作要求

各地及试点单位必须准确理解和把握试点工作的重要意义，把试点工作作为现阶段推进教育信息化的重要工作方式之一，予以高度重视。（略）

2014年，我部将会同各地教育行政部门，进一步加强对试点工作的调研与指导，并视各地试点工作进展情况对试点单位进行动态调整。

联系人：×××

联系方式：（略）

地址：（略）

附件：不再列入全国教育信息化试点单位清单

教育部办公厅

2014年2月24日□□

🔍 **简析**

这是一篇情况通报，发文的目的在于通报教育信息化试点工作的进展情况，对试点工作做得好的省、自治区、直辖市和单位表示肯定，对进展缓慢的单位责令整改，并提出了下一步的工作要求。

（1）标题和主送机关的写法规范。

（2）第一段是前言部分，用来说明发布这个通报的意义和目的，并用一个过渡句转入下文。

（3）主体部分采用了四个小标题，将通报内容分为四个部分，有逻辑、有层次地通报相关情况。在写法上，先从整体上通报试点工作开展得好的省、自治区、直辖市和单位，再对一些省、自治区、直辖市的做法和经验进行概括说明。然后把"涌现出一批先进典型"作为独立的一部分来写，这体现了教育部的通报态度。这样写，使整篇通报做到了点面结合。

（4）写完先进典型，再写存在的问题和不足，指出"个别试点单位工作进展差距较大"，并点名通报，责令整改。

（5）最后，为统一认识、统一行动，为引起各省、自治区、直辖市和试点单位的重视，提出了下一步的工作要求。

关于××火灾事故的通报批评

各部门及王××：

20××年×月×日×时×分许，××（地点或楼宇）发生火灾，房间过火，烧毁个人财产×万元左右。火灾发生时，王××主动报警并顺利疏散……扑灭了火焰（过程描述），消防队到场时已无明火。

经查，××（地点或楼宇）发生火灾的原因是……据王××交代的情况和专业人员的现场勘察，初步判断为……导致火灾发生。此次火灾虽然没有造成人员伤亡和公共财产损失，却给单位造成了极为不良的社会影响。

根据相关法律法规和《××消防安全管理办法》的相关规定，经××研究决定，对此起火灾事故处理如下。

一、对于行为人王××的行为和××的失责行为，责令××（王××所在部门）予以处罚。

二、由于×××（某部门）监督不力，失察漏管，给予通报批评。

三、责成×××（某部门）对冒险奋力救火的员工给予表彰和奖励。

四、责成×××（某部门）进一步研究清除消防管理死角的措施。

鉴于此次火灾事故的教训，提出以下整改措施。

一、各部门……进行摸底排查，明确安保主责单位，杜绝私自占用、违规使用、无人管理的现象。

二、×月×日前将检查结果和……按照……要求，报……

三、加大对……进行消防安全教育的力度，保证每个人接受消防安全教育，熟悉掌握灭火、逃生技能。

四、各部门组织深入学习《消防法》和……进一步落实各级消防安全管理职责和岗位责任制。

××××（盖章）□□

×年×月×日

标题：文种错误，应去掉"批评"二字。

主送机关：错误。批评性通报一般是在一定范围内对相关单位或个人进行批评处理，但受文对象不应是当事单位或当事人，而是通报的适用范围，可以写该单位的所有部门。

错误事实和原因分析：对错误事件的叙述，条理清晰，格式规范；对原因的分析做到客观。

处理决定：依据相关法律法规作出处理决定，处理意见以分条列项式书写，有理有据。

提出要求并发出警戒：批评性通报的目的在于通过批评错误、分析引发错误的原因，总结出教训，并由此提出相应要求，以此警示相关部门及有关人员。这份通报还以分条列项式提出了一系列的整改措施，起到了通报的教育作用。

> 　　这是一份批评性通报。我们口头上说对某人某事进行通报批评，但在行文时，文种只能用"通报"。
>
> 　　批评性通报要有理有据，把握好度，否则难以达到发文目的，可能还适得其反。下面就撰写通报应注意的问题进行简要说明。
>
> 　　（1）**通报的内容必须真实。**通报的事实和文中使用的材料，都必须真实无误。行文前必须做好调查研究，对有关情况要认真核对，客观、准确地分析和评论。
>
> 　　（2）**通报的决定要恰如其分。**无论哪一种通报，都要做到态度鲜明，分析中肯，评价实事求是，结论公正准确，用语把握分寸，否则通报不但缺乏说服力，而且还可能产生副作用。
>
> 　　（3）**通报的语言要庄重简洁。**批评性通报要特别注意用语分寸，要力求文实相符，不讲空话、套话，不讲过头的话。

第六节　意见

一、意见的含义

意见是对重要问题提出见解和处理办法的党政机关公文。

意见的行文方向多样，既可以作为下行文，表明主张，作出计划，阐明工作原则、方法和要求；又可以作为上行文，提出工作见解、建议和参考意见；还可以作为平行文，就某一专门工作向平行的或者不相隶属的有关方面作出评估、鉴定和咨询。总的来说，意见以下行为常。

二、意见的特点

1．指导性

下行的意见既可以对工作提出要求，作出指导，又可以对工作提出建议。意见虽然在文种的字面含义上没有指示、批复那样具有明显的指导色彩，似乎只是对某方面工作提出一些意见供参考，实际上它也是指导性很强的文种。

2．针对性

意见有着较强的针对性。它总是根据现实的需要，针对某一重要的问题提出见解或处理意见，这些意见对于解决当前存在的问题都起着积极的作用。

3．原则性

下行的意见通常不是具体的工作安排，而是从宏观上提出见解和意见，要求受文单位结合具体情况，参照文件中提出的要求来办理。下级机关在落实意见精神时，比起执行指示有更强的灵活性。

三、意见的种类

根据性质和用途的不同，意见可分为以下四类。

1．指导性意见

这是上级机关对有关问题或有关工作提出政策性、倾向性观点的下行文。这种意见对下级机关有一定的约束力，但下级机关在落实时，也具有变通性。有些工作部署不宜以决定、命令、通知等文种行文时，便多以指导性意见行文。

2．实施性意见

这是对某一时期某方面工作提出目标和任务提出规定，并提出措施、方法、步骤和实施要求的下行文。这种意见用于指导下级机关工作，与实施计划的效用相似，因此又称"计划性意见"。

3．建议性意见

这是下级机关向上级机关提出工作建议、设想的上行文，它分为呈报类建议意见和呈转类建议意见。呈报类意见用于向上级机关提出某方面工作的建议、意见，向上级机关献计献策，以供上级机关决策时参考。呈转类意见用于职能部门就开展和推动某方面工作提出初步设想和打算，呈送上级机关审定后，由上级机关批转有关方面去执行。有时，建议性意见也可用建议性报告来行文。

4．评估性意见

这是业务职能部门或专业机构就某项专门工作、业务工作在经过调查研究或鉴定评议后得出的，送交有关方面的鉴定性、结论性意见。它有时候作上行文，有时候作下行文，但主要还是作不相隶属机关之间的平行文。

四、意见的写法

意见一般由标题、主送机关、正文、落款四部分组成。

1．标题

一般使用完全式标题，由发文机关名称、事由和文种构成，如《中共中央　国务院关于进一步加强和改进大学生思想政治教育的意见》《国务院办公厅关于推动公立医院高质量发展的意见》。

2．主送机关

上行意见和平行意见均有主送机关，评估性意见和下行意见有时可省略主送机关。

3．正文

不同性质的意见，其正文有不同的写法。

（1）指导性意见和实施性意见

这两类意见是下行意见，其正文一般先交代当前某项工作的背景和存在的问题，在目的句"为了……现提出如下意见"之后，转入事项部分，表述上级机关对某项工作的政策性、倾向性意见，或者对完成某项工作提出措施、方法和步骤一类的实施要求，通常用"以上意见，请结合实际情况贯彻执行"这类语句作结。

如果意见的内容较多，可列出小标题作为各大层次的标题，小标题之下再分条撰写。有些意见需要对贯彻执行的方式提出一些要求，可以分条列出，也可单独在正文最后写一段简练的文字予以说明。

（2）建议性意见

这类意见是上行意见，其正文开头写明提出意见的依据、背景和目的，事项部分是下级机关对有关问题或某项工作提出的见解、建议或解决办法。事项部分要符合政策法规，有理有据，具有合理性或可操作性。

呈报类建议意见一般用"以上意见供领导决策参考""以上意见供参考"等语句作结。呈转类建议意见则通常用"以上意见如无不妥，请批转……执行"之类的语句作结。

（3）评估性意见

评估性意见的正文一般开门见山，以"现对……提出如下鉴定意见"引出具有针对性、科学性的具体结论。这类意见作出的评价、鉴定一定要科学、公正，用事实和数据说明情况，提出的结论要实事求是，恰如其分，尤其是批评性意见一定要有理有据，不但要指出错误和不足之处，也要尽可能提出改进意见。

4. 落款

在正文后右下方写明发文机关名称和成文日期。

扫码看案例

意见的案例
分析

🔍 **范例**

教育部等六部门关于推进教育新型基础设施建设
构建高质量教育支撑体系的指导意见

教科信〔2021〕2号

各省、自治区、直辖市教育厅（教委）、网信办、发展改革委、工业和信息化主管部门、通信管理局、财政厅（局）、中国人民银行分行，新疆生产建设兵团教育局、网信办、发展改革委、工业和信息化主管部门、财政局、中国人民银行分行，部属各高等学校、部省合建各高等学校：

教育新型基础设施是以新发展理念为引领，以信息化为主导，面向教育高质量发展需要，聚焦信息网络、平台体系、数字资源、智慧校园、创新应用、可信安全等方面的新型基础设施体系。教育新型基础设施建设（以下简称教育新基建）是国家新基建的重要组成部分，是信息化时代教育变革的牵引力量，是加快推进教育现代化、建设教育强国的战略举措。为深入贯彻党的十九届五中全会精神，加快推进教育新基建，构建高质量教育支撑体系，现提出以下意见。

一、总体要求

（一）指导思想（略）

（二）基本原则（略）

坚持需求导向。（略）

坚持创新引领。（略）

坚持协同推进。（略）

坚持统筹兼顾。（略）

（三）建设目标

到2025年，基本形成结构优化、集约高效、安全可靠的教育新型基础设施体系，并通过迭代升级、更新完善和持续建设，实现长期、全面的发展。建设教育专网和"互联网+教育"大平台，为教育高质量发展提供数字底座。汇聚生成优质资源，推动供给侧结构性改革。建设物理空间和网络空间相融合的新校园，拓展教育新空间。开发教育创新应用，支撑教育流程再造、模式重构。提升全方位、全天候的安全防护能力，保障广大师生切身利益。

二、重点方向

（一）信息网络新型基础设施

充分利用国家公共通信资源，畅通连接全国各级各类学校和教育机构间的教育网络。提升学校网络质量，提供高速、便捷、绿色、安全的网络服务。

1. 建设教育专网。充分依托国家电子政务外网和互联网已有建设基础，根据分级负责的原则，加强国家主干网、省市教育网和学校校园网的衔接，实现网络地址、域名和用户的统一管理。按需扩大学校出口带宽，实现中小学固定宽带网络万兆到县、千兆到校、百兆到班，以及部省数据中心、高校超算中心等设施的高速互联。深入推进IPv6等新一代网络技术的规模部署和应用。

2. 升级校园网络。（略）

（二）平台体系新型基础设施

推动各级各类教育平台融合发展，构建互联互通、应用齐备、协同服务的"互联网+教育"大平台。

3. 构建新型数据中心。（略）

4. 促进教育数据应用。（略）

5. 推动平台开放协同。（略）

6. 升级网络学习空间。（略）

（三）数字资源新型基础设施

依托国家数字教育资源公共服务体系，推动数字资源的供给侧结构性改革，创新供给模式，提高供给质量。

7. 开发新型资源和工具。（略）

8. 优化资源供给服务。（略）

9. 提高资源监管效率。（略）

（四）智慧校园新型基础设施

支持有条件的学校利用信息技术升级教学设施、科研设施和公共设施，促进学校物理空间与网络空间一体化建设。

10. 完善智慧教学设施。（略）

11. 建设智慧科研设施。（略）

12. 部署智慧公共设施。（略）

（五）创新应用新型基础设施

依托"互联网+教育"大平台，创新教学、评价、研训和管理等应用，促进信息技术与教育教学深度融合。

13. 普及教学应用。（略）

14. 创新评价应用。（略）

15. 拓展研训应用。（略）

16. 深化管理应用。（略）

（六）可信安全新型基础设施

有效感知网络安全威胁，过滤网络不良信息，提升信息化供应链水平，强化在线教育监管，保障广大师生的切身利益。

17. 增强感知能力。（略）

18. 保障绿色上网。（略）

19. 推动可信应用。（略）

20. 健全应用监管。（略）

三、保障措施

（一）加强统筹协调（略）

（二）健全标准规范（略）

（三）提升支撑能力（略）

（四）完善经费保障（略）

（五）强化监督评价（略）

教育部 中央网信办 国家发展改革委

工业和信息化部 财政部 中国人民银行□□

2021年7月1日

🔍 简析

这是一份多部门联合行文的指导性意见。

标题部分采用的是完全式标题。多部门联合行文时，如果将发文机关名称都写入标题，公文标题就太长了。标题中"教育部等六部门"的写法就可以避免标题过长。

开头部分首先简要阐述教育新型基础设施建设的重要性，然后陈述发文目的，用"现提出以下意见"转入主体部分。

主体部分分别对总体要求、重点方向、保障措施进行说明。其中"重点方向"的内容较多，分为6大方面、20个小点对重点建设领域进行分条列项式说明。

值得一提的是，指导性意见和实施性意见因机关级别的不同而有不同的要求。不同级别的领导机关使用指导性意见和实施性意见时，内容的侧重点一般不同。领导机关的级别越高，其发布的意见原则性就越强；领导机关的级别越低，其发布的意见就越具体，操作性就越强。该意见的"保障措施"部分，要求各级教育行政部门牵头，省级教育行政部门要加强组织统筹，制定本地区教育新基建的实施方案。省级教育行政部门就要制订具体实施方案，以"实施性意见"的形式来写明落实过程中的措施、办法、步骤等。

第七节　纪要

一、纪要的含义

"会议纪要"原作为内部文件使用，1987年以后，才作为行政机关正式公文，2012年起，改称"纪要"，用于记载会议主要情况和议定事项。它的主要作用是沟通情况、交流经验、统一认识、指导工作。

纪要是根据会议记录、会议文件或者其他有关材料加工、整理而成的，它是记载会议主要情况和议定事项，并要求有关单位执行的一种纪实性公文。纪要，既可上呈，又可下达，还可以被批转或者被转发给有关单位遵照执行，使用比较广泛。纪要一般不单独作为文件下发，需要下发执行的纪要，可以用"通知"来转发，纪要则作为通知的附件。

二、纪要的种类

纪要可以分为两类：办公会议纪要和专题会议纪要。

1．办公会议纪要

办公会议纪要是记述党政机关、企事业单位在日常办公会议上对重要的、综合性的工作进行研究、讨论、议决等事项的纪要，用以传达由机关、单位召开的办公会议所研究的工作、议定的事项和布置的任务，并要求与会单位和有关方面、有关人员共同遵守、执行。

2．专题会议纪要

专题会议纪要是专门记述专题工作会议、专题讨论会、座谈会、学术研究会等会议形成的纪要。这类纪要，有的起通报会议情况的作用，使有关人员知晓会议的基本情况和重要精神；有的具有指导作用，它所传达的会议精神，可对有关方面的工作予以指导。写作时，应注意将会议主题的集中性与观点意见的纷呈性相结合。

三、纪要的特点

纪要对上级机关起着汇报情况的作用，对下级机关和所属部门起着指导工作的作用。为了体现民主集中制的原则，各级机关、人民团体、企事业单位的公务活动经常采用会议形式，这就使得纪要具有较高的使用频率和较广的适用范围。

从写作方法和作用来看，纪要主要有以下三个特点。

1. 内容的纪实性

纪要是会议的产物，撰写纪要应如实反映会议的主要内容和议定事项，不能离开会议实际搞再创作，不能人为拔高、深化和填平补齐。纪实性是纪要的基本特点，也是撰写纪要的基本原则。

2. 表述的提要性

纪要是在对与会人员的发言、会议的各种材料以及会议简报等进行综合分析的基础上提炼而成的，不同于会议记录，不能有闻必录、平铺直叙，因此它具有提要性。撰写纪要应围绕会议主旨和主要成果，对会议繁杂的情况和内容进行综合、提炼和概括性的整理，重点应放在介绍会议成果、概括主要精神、归纳主要事项、体现中心思想上，使人一目了然，易于把握精髓。

3. 作用的指导性

纪要是根据会议议定内容形成的，集中反映了会议的主要精神和决定事项。因此，纪要一经下发，便对有关单位和人员产生约束力，要求有关单位和人员遵守、执行，有类似决定或决议的作用。

四、纪要的写法

纪要由标题、成文日期和正文组成。在结构格式上与其他文种不同的是，纪要不用写明主送机关和落款，成文时间多写在标题下方，且不加盖印章。

1. 标题

纪要的标题有单标题和双标题两种形式。

（1）单标题

由"会议名称+文种"构成，如《××大学学位评定委员会第×次会议纪要》。

由"事由+文种"构成，如《关于城市园林绿化建设管理现场办公会纪要》。

由"发文机关+事由+文种"构成，如《××大学20××年收费工作会议纪要》。

需要注意的是，文种的名称是"纪要"，标题中如含"会议"二字，应属于会议名称，而非文种的一部分。

扫码看视频

纪要的写法

（2）双标题

由正标题和副标题构成，正标题揭示会议主旨，反映会议的主要精神和内容，副标题标示会议名称和文种，如《探讨新时期文学的发展——中国当代文学研究会第二次学术讨论会纪要》。

2．成文日期

纪要的成文日期不同于其他党政机关公文，有的是纪要形成的时间，有的是会议结束的时间。成文日期标注的位置有两种：一种是置于标题下；另一种是置于正文右下方。成文日期以置于标题正下方为常，一般需加圆括号。

3．正文

纪要的正文一般由导言、主体和结尾三部分构成。

（1）导言。导言一般用于概括会议的基本情况，交代会议的名称、目的、议程、时间、地点、规模、与会人员、主要议题和会议成果等。导言不能写得过长，要简明扼要，让读者对会议有总体的了解。

（2）主体。主体是纪要的核心部分。它根据会议的中心议题，按主次、有重点地写出会议的情况和成果，包括对工作的评价、对问题的分析、会议议定的事项、提出的要求等。主体部分一般有以下三种写法。

一是分项式写法，就是把主体内容包括讨论的问题和议定的事项，按主次分条列项地写出来，使其条理化，一目了然。在语言表达上，一般使用"会议审议并通过""会议认为""会议强调""会议指出""会议要求"等来引出议定事项。办公会议和工作会议讨论的事项一般比较多且较为具体，因此多采用这种写法。

二是综述式写法，就是把会议的内容或议定事项，进行综合概括，按照逻辑关系将内容分成若干部分，每个部分写一个方面的内容。这是一种比较常用的写法，它有利于突出主要内容，分清主次。一般把主要的、重要的内容写在前面，而且要尽量写得详细、具体一些；次要的和一般性的内容写在后面，可简略一些。议题比较复杂、涉及面较广的工作会议或经验交流会纪要多用这种写法。

扫码看案例

纪要的案例分析

三是发言式写法，就是把与会者的具有典型性、代表性的发言要点摘录出来，按发言顺序或按内容性质先后写出。为了便于把握发言内容，有时根据会议议题，在小标题下写发言人的名字。这种写法的好处是，可尽量保留发言人讲话的风格，避免千篇一律，保持客观、具体的特色。一些重要的座谈会纪要常用这种写法。

（3）结尾。一般写对与会者的希望和要求，也有的纪要不写专门的结尾用语。用于指导下一步工作的纪要，还可在结尾部分对相关单位或有关人员提出要求，而不仅仅限于与会人员。

应用文写作技能与规范（慕课版）

142

编写产品说明书会议纪要

为了充分展示我公司产品优势，向顾客提供满意的产品和服务，20××年×月×日，董事长召集有关部门人员召开会议，就编写我公司"产品使用指南"一事进行了研究讨论，现将会议内容纪要如下。

一、由销售处产品技术服务员××负责编写"产品使用指南"（要求按不同产品、产品单页编制）。其内容编写既要扬长避短，充分展示我公司产品优势，又要有针对性地满足不同层次用户的需求。

二、各产品生产部门要积极配合、大力协助，使"产品使用指南"编写任务能够尽早完成。要求指定专人（技术人员）参与，认真负责、有的放矢地提供有关技术参数或质量指标。部门领导要严格把关，凡涉及我公司内部技术保密事项的有关内容不得入编。

三、企管处负责"产品使用指南"的备案工作。本着"追求卓越、用户至上"的原则，主动与销售处沟通，及时了解、掌握国内外市场动态，并根据用户需求不断修订和完善企业产品标准。为"产品使用指南"的编写提供相关资料，使其能够从另一个侧面展示我公司独具特色的风采。

四、"产品使用指南"编制完成后，销售处须妥善保管，有针对性地发放给公司有关用户。不得随意滥发，以免给公司造成不必要的损失。

××公司□□

标题：文中没有明确的"会议名称"，只有会议主题，即编写"产品使用指南"。全文多处写的都是"使用指南"，标题中却使用了"说明书"，前后不一致。

成文日期：标题下面和落款处没有"成文日期"，缺少了这一个要素。

前言部分：提到"有关部门人员"，太笼统。

主体部分：采用了分条列项式的写法，值得肯定。根据会议议定的工作分工进行分项撰写，主次得当，任务明确，有利于各个部门分工协作。

落款：纪要的落款不是必需的要素。既然写了单位名称，那可把成文日期写在署名之下。

简析

这是某公司的一份办公会议纪要，目的是记录和传达会议议定的事项，以便工作的推动落实。

范例

教育部直属十三所工科院校协作会20××年研讨会纪要（节选）

（20××年×月×日）

20××年×月×—×日，教育部直属十三所工科院校协作会20××年研讨会在天津大学隆重召开。天津市教委德育处处长×××，天津大学党委副书记×××出席会议并致辞。来自清华大学、上海交通大学、同济大学、华东理工大学、大连理工大学、浙江大学、华中科技大学、西安交通大学、四川大学、重庆大学、华南理工大学、东南大学、天津大学的教育部直属十三所工科院校协作会成员单位就业工作部门负责人以及部分老同志参加会议，共同探讨就业工作。本次研讨会还特邀南开大学、天津工业大学、天津科技大学就业中心主任参加。会议由天津大学学工部副部长、就业指导中心主任×××主持。

会上，党委副书记×××首先代表学校向兄弟院校领导和专家的到来表示热烈欢迎，他首先介绍了天津大学的历史沿革、人才培养、校区建设等方面的情况，并对学校就业工作的组织领导、工作举措和工作成效等方面的情况进行了说明。他指出……（略）

教育部直属十三所工科院校协作会协作组第一任秘书长×××回顾了协作会的成立过程。×××简要讲述了我国大学生就业制度从计划分配到双向选择的发展历程。（略）

×××还对就业工作和协作组的工作谈了自己的意见。（略）

天津市教委德育处处长×××向与会高校介绍了天津市高校毕业生就业工作，并对与会代表到天津研讨高校就业工作表示热烈欢迎。他首先对天津市的就业形势和就业市场进行了分析，并就天津市高校现状、滨海新区发展等情况进行了说明。

研讨会上，与会代表分别介绍了各自学校在就业工作方面的经验和做法，并就"在国务院三定方案和应对国际金融危机条件下如何做好高校毕业生就业工作""对于教育部《关于评选全国普通高校毕业生就业工作先进集体和先进个人的通知》的建议与意见""对教育部新版协议书的建议与意见"三方面内容进行了交流研讨。上海交通大学就业指导中心主任×××、重庆大学就业指导中心主任×××、同济大学就业指导中心主任×××等代表分别就协作会历史、就业政策、就业工作与人才培养等方面进行了交流。

上海交通大学就业指导中心主任×××主要从四个方面介绍了上海交通大学在就业工作方面的先进经验。

第一，衡量就业质量。（略）

第二，调整就业结构。（略）

第三，提升就业工作地位。（略）

第四，人才培养的市场定位。（略）

同济大学就业指导中心主任×××主要从两个方面介绍了同济大学就业工作方面的经验和做法。

第一，加强与学校主管领导的沟通交流。（略）

第二，工作要有超前意识。（略）

同济大学就业指导中心主任×××对评选先进提出了建议。（略）

重庆大学就业指导中心主任×××介绍了重庆大学就业工作方面的经验和做法。（略）

重庆大学就业指导中心主任×××对评选先进也提出了意见。（略）

🔍 简析

这是一篇专题研讨会的纪要。下面逐一分析各部分内容。

（1）该纪要的"标题"和"成文日期"的写法符合规范。

（2）第一段为导言部分，对研讨会的名称、时间、地点、与会人员、主题等基本情况进行了说明。需要注意的是，在写参会人员时，要把握好排列顺序。先写受邀出席研讨会的领导，然后列出十三所工科院校协作会成员单位的名称。各个名称的顺序是有一定讲究的，有些是约定俗成的，有些是按某种顺序来排序的（如音序），按照惯例来写即可。天津大学作为这次研讨会的主办方，可以写在最后一个，以表示对来宾的尊敬。写完参会单位的名称以后，再写特邀单位，最后说明会议由谁主持。

（3）主体部分又可以分为以下三个层次。

第一个层次，先写相关领导的致辞。写这部分的内容需要具备较高的概括能力。相关领导的讲话，少则三五分钟，多则十来分钟；讲话的内容一千多字，在写进"纪要"时，一般用一二百字来概括即可。

第二个层次，总体概括这次研讨会的讨论情况。先总体说明与会代表就哪些方面进行了交流研讨。

第三个层次，是从具体方面写一些典型发言的情况。这部分的第一段是一个过渡段，用来说明哪些高校的代表在会上作了典型发言，然后依次写典型发言的情况。这部分内容采用了发言式写法，把发言者讲话中具有典型性、代表性的发言要点摘录出来，按照发言顺序或按内容性质依次写出来。

（4）发言式的写法能够保留发言者的语言风格，原汁原味。发言式的写法便于把握发言内容，但是如何选择具有典型性的发言要点是撰写纪要的关键。发言式写法的难点在于"择要"，就是如何把握要点。当发言人较多，观点或所谈内容比较分散时，就不好甄别发言的典型性和代表性。上文只选取了三个典型发言进行纪要，这样容易遗漏其他与会人员的发言。因此，可以采用概述式的写法，也可以采用概述式和发言式相结合的写法。发言式的写法概括性不强，容易写成会议记录。

第八节　函

一、函的含义

《党政机关公文处理工作条例》规定："函，适用于不相隶属机关之间商洽工作、询问和答复问题、请求批准和答复审批事项。"

作为公文中唯一的一种平行文种，函的适用范围相当广泛。在行文方向上，函主要用作平行或不相隶属的单位相互之间的往来行文；具有隶属关系的单位之间和没有隶属关系的单位之间也可使用函来相互行文；函还可用于机关、单位与个人的公务联系。

在适用的内容方面，函除了主要用于不相隶属机关相互商洽工作、询问和答复问题外，也可用于向有关主管部门请求批准事项，向上级机关询问具体事项，还可用于上级机关答复下级机关的询问或请求批准事项，以及上级机关向下级机关催办有关事宜，比如要求下级机关函报报表、材料、统计数据等。由于函主要用于与业务主管部门而不是与有隶属关系的上级机关发生联系，所以它有别于"请示"。一般说来，向有直接隶属关系的上级机关请求指示或批准用"请示"，向无隶属关系的业务主管部门请求批准用"函"。

二、函的特点

1．使用广泛

函是平行公文，其使用不受级别高低、单位大小的限制，它除了平行行文外，还可以向上行文或向下行文，没有其他文种的严格的特殊行文关系的限制，上至国务院，下至基层组织、企事业单位、社会团体，都在广泛使用函。

2．格式灵活

除了国家高级机关的重要函必须按照公文的格式、行文要求行文外，其他的一般函，格式比较灵活，可以按照公文的格式及行文要求撰写；可以有版头（一般用小版头），也可以没有版头；可以不编发文字号，甚至可以不拟标题。

3．写法灵活

函的写法根据内容而定，如代行请示的函，可按请示的写法来写；代行批复的函，可参照批复的写法来写。函的习惯用语也比较灵活，但用语需谦恭有礼，多使用敬谦词语，力求得到对方更多的理解和支持。

4．沟通性强

对于不相隶属机关之间相互商洽工作、询问和答复问题，函起着沟通作用，充分体现了平行文种的功能，这是其他文种所不具备的特点。

三、函的种类

1．按内容和用途分

按内容和用途分，函大致可分为商洽函、问答函、批请函、告知函、邀请函、转办函、催办函、报送材料函等。下面简单介绍常用的四种类型。

（1）商洽函。这是不相隶属机关之间商洽工作、联系有关事宜时使用的一种函。这种函多用于平行机关之间或其他无隶属关系的机关之间洽谈业务、商调人员、联系参观学习、请求支援帮助等。

（2）问答函。问答函可分为询问函和答复函，适用于无隶属关系的机关之间或平行机关之间就某些问题进行询问或解答。上下级机关之间问答某个具体问题，联系、告知或处理某项具体工作，而又不宜采用请示、批复、报告等文种时，则可使用函。

（3）批请函。批请函可分为请批函和批答函：请批函主要用于无隶属关系的机关向业务主管部门请求批准有关事项；批答函是有关主管部门答复请批事项的函。在实际工作中，请批函和批答函常常被有意无意地误用成请示、批复。

（4）告知函。告知函主要用于告知不相隶属机关有关事项。告知不相隶属机关有关事项一般不用通知，如果使用"通知"，则需要使用信函格式。

2．按性质分

按性质分，函可分为公函和便函两类。公函用于机关单位正式的公务活动往来，便函则用于日常事务性工作的处理。公函的格式较为正规，一般需按照公文格式制发，由标题、主送机关、正文、落款等部分组成，还需编上发文字号。便函常不被列入正式公文，没有公文格式要求，甚至可以不拟标题，不编发文字号，只需要在尾部署名署时，并加盖印章。

3．按行文方向分

按行文方向，函可以分为去函和复函两种。去函是主动提出公务事项所发出的函。复函则是针对来函所提出的问题或事项答复对方所发出的函。

四、函的写法

函的种类很多，结构格式和写作方法具有灵活性，这里主要介绍规范性公函的结构、内容和写法。信函格式为特定格式，《党政机关公文格式》对信函格式的各个要素进行了详细的说明，具体参见本书附录。

公函一般由标题、发文字号、主送机关、正文、落款五部分组成。

1．标题

（1）由发文机关名称、事由和文种构成，如《××市教委关于做好20××年××市职工教育培训统计工作的函》《国务院办公厅关于同意调整外语中文译写规范部际联席会议制度的函》等。

（2）由事由和文种构成，如《关于推荐科技培训师资的函》。

若是去函，标题中的文种为"函"；若是复函，则可在标题中写"复函"。

2．发文字号

函的发文字号与其他党政机关公文的发文字号相似，只需要在机关、单位代字后加上"函"字，如"津人社局函〔2021〕28号"表示天津市人力资源和社会保障局2021年第28号

扫码看视频

函的写法

函件。公函的发文字号不是居中编排，而是顶格居版心右边缘编排在第一条红色双线之下。

3．主送机关

主送机关即受理函件的机关，应顶格写明全称，其后用冒号。

4．正文

函的正文一般由开头、主体、结尾和结束语构成。

（1）开头。开头主要说明发函的缘由，交代发函的原因、目的、依据等内容。如果是去函，需说明去函的原因；如果是复函，则需说明答复的是对方的哪一个函件。

去函的开头，或说明根据上级的有关指示精神，或简要阐述本地区、本部门的实际需要、疑惑或困难，然后用"现将有关问题说明如下"或"现将有关事项函告如下"等过渡语转入下文。

复函的开头，一般先要引用对方来函的标题、发文字号，有的复函还会简述来函的主题。例如，"你局《关于明确临时工和合同工能否执罚问题的请示》（××字〔20××〕×号）收悉。现函复如下。"对方以"请示"行文，回复时不用"批复"而用"函"，可能是因为答复一方不是请示一方的直接上级机关。

（2）主体。主体是函的核心部分，主要说明致函事项或表达意见。简明扼要地写清需要商洽、询问、联系、请求、告知或答复的事项，这部分内容根据实际情况可多可少。

去函主体部分应采用叙述和说明的写作方法，直陈其事，交代清楚即可。无论是商洽工作、询问和答复问题，还是向业务主管部门请求批准事项等，都要用简洁得体的语言把需要告诉对方的问题、意见叙述清楚，如事项复杂，可分条列项来写。

如果是复函，还要注意答复事项的针对性和明确性。如不能满足对方要求，应加以解释，不同意是什么原因，或应该怎么办，不应该怎么办，或对询问的问题作出说明等。

（3）结尾。在结尾部分向对方提出希望或请求，或希望对方给予支持和帮助，或希望对方给予合作，或请求对方提供情况，或请求对方予以批准等，这些主要是去函的结尾写法。

（4）结束语。在结尾下面另起一行写结束语。不同种类的函，结束语有别。如果发函只是告知对方事项而不需对方回复，则用"特此函告""特此函达"等作结；如需要对方复函的，则用"请予函复""盼复"等作结。商洽函的结束语常为"恳请协助""不知贵方意见如何，请函告""望大力协助，盼复"等具有商量口吻的语句。请批函的结束语常为"请审核批准""请予审批""望准予为荷"等。答复函、批答函的结束语常为"此复""专此函告""特此复函"等。

🔍 范例

××大学关于协助震灾地区文物部门进行调查和测绘记录工作的函

国家文物局重点科研基地管理办公室：

5.12汶川大地震给四川人民带来了沉重的灾难，同时也对当地的文物建筑产生了极大破坏。据统计，已知受损的文物建筑40余处，如都江堰的二王庙……均具有极高的文化价值和艺术价值。灾区拯救生命的工作仍在进行，文物建筑的保护和记录也亟待展开。作为国家文物局下属的"文物建筑测绘研究基地"，我校愿组织专业人员近期赴灾区协助当地文物部门进行调查、测绘记录工作，请国家文物局予以批准和支持。

　　特此致函。

××大学

2008年5月22日□□

🔍 简析

　　这是一篇请批函。本书虽将其作为范例，但也有一两处不规范。

　　（1）文种选用。该函中有请求批准的内容，为什么不用"请示"呢？因为"国家文物局重点科研基地管理办公室"与这个大学的"文物建筑测绘研究基地"之间是业务指导关系，不是直接的上下级隶属关系，所以在请求批准和支持的时候，用"函"而不用"请示"。

　　（2）正文部分，首先介绍了致函原因，表达希望协助开展工作的意愿，语气平和有礼。结束语部分使用的是"特此致函"，未表达请批的意思，建议将上文的"请国家文物局予以批准和支持"写在"特此致函"之后。

　　（3）另外，文中提及"5.12"，其写法不规范。以月、日为标志的事件，直接使用阿拉伯数字来表示时，月和日之间要使用间隔号来隔开，不使用下脚点，如"3·15"消费者权益日。因此，"5.12"的规范写法是"5·12"。

🔍 范例

天津市人民政府办公厅

津政办函〔2018〕11号

天津市人民政府办公厅关于同意
建立天津市市场监管工作联席会议制度的函

市市场监管委：

　　《天津市市场和质量监督管理委员会关于建立天津市市场监管工作联席会议制度的请示》（津

市场监管研〔2018〕1号）收悉。经市人民政府同意，现函复如下：

市人民政府同意建立由市市场监管委牵头的天津市市场监管工作联席会议制度。联席会议不刻制印章，不正式行文，请按照市人民政府有关文件精神认真组织开展工作。

附件：天津市市场监管工作联席会议制度

天津市人民政府办公厅□□

2018年2月14日

附件（略）

🔍 简析

这是一篇代行批复的函。虽然文中引用对方的来文为"请示"，但没有用"批复"进行回文，属于批答函，这是因为此函由"天津市人民政府办公厅"制发，天津市人民政府办公厅与天津市市场监管委不是直接隶属关系，不宜使用"批复"。批答的事项是经市人民政府同意，由市人民政府办公厅函复。

（1）开头部分，引述来文标题及发文字号，并说明经办情况。

（2）主体部分，写明同意事项及相关要求。

（3）结尾部分，此函没有专门的结尾和结束语部分。作为代行批复的批答函，可以不写"特此函复"之类的结束语。

"函"的写法灵活多样，但鉴于发函方和受函方的不相隶属关系，在用语上多有讲究。首先，要注意行文简洁明确，语言朴素自然，把握分寸。无论是平行机关还是不相隶属机关之间的行文，都要注意语气平和有礼，不要以势压人或强人所难，也不必逢迎恭维、曲意客套。其次，函也有时效性的问题，特别是复函更应该迅速、及时，要像对待其他公文一样，及时处理函件，以保证公务活动的正常进行。

☟ 写作攻略

一、撰写党政机关公文前的准备

党政机关公文的写作准备主要包括以下四个方面。

1. 具备良好的基本素质

首先，具备较高的政治理论修养。公文写作的理论性、政策性很强，离不开党和国家相关政策的指导。因此，公文的写作人员必须具备较高的思想政治素质和政治觉悟，不断提高自身的理论水平、思想水平和政策领悟水平。

其次，注重学习和积累，具备多种学科的知识。写作人员应在工作实践中熟悉相关业务知识，还要学习相关学科的知识，如语法学、逻辑学、修辞学、哲学、领导科学、决策科学、文学、法学等领域的知识。

最后，写作人员还需具备较强的书面表达能力。要想提高写作能力，要多写多练，掌握公文写作的范式和规律，有意识地在写作过程中反复推敲、反复修改，多征求各方意见，以确保内容充实、观点正确、表述得当。

2. 掌握政策，领会领导意图

认真、全面、深刻地理解上级政策的精神实质；将政策的一般指导原则和具体实际结合起来思考，使上级的政策、指示具体化；善于区别政策精神和具体条文规定，政策精神不可违背，但具体条文不必拘泥，应从本地区、本部门的实际出发，做到因地制宜、与时俱进。

在写作前，主动听取领导的意见，领会领导的意图，与领导共同分析情况、确立主旨、精选材料、确定范围、布局谋篇。在写作中，既不能唯上是从，也不能擅作主张，以个人想法代替领导意图。

3. 充分了解实际情况

写作之前，广泛调研，掌握全局情况，树立大局观念，比如充分了解全国、全系统的基本情况，努力体现时代性。认真掌握本地区、本部门的情况，注意本单位不同时期文件的继承性、创新性和延续性。比如，通过查阅历史文献，并从现实的角度出发，把握事物的发展变化规律；加强对主观条件和客观条件的分析和研判，对正反两方面的情况进行比较分析，正确把握主流和主要趋势。可以说，公文写作不单是文字问题，更重要的是对事物的看法，对客观规律的认识以及对改变现状的建议和对策。

4. 写作前要精心构思

要写好公文，需要做好充分的准备，完成好公文写作的构思，做到对整篇公文胸有成竹。具体怎么构思，建议从以下三个"问题"入手。

首先，搞清楚"为什么写"，即确立主旨。写一篇公文，首先要明确这篇公文要达到什么目的。向上行文是要表达本机关的请求，还是要汇报工作？向下行文是要求下级机关采取行动、执行工作要求，还是要告知其相关事项？向其他单位平行行文，是要向对方通报相关情况，还是要请求对方提供帮助、支持、合作等？明确写作目的，确定公文所要表明的主要观点和主张。

其次，准备"写什么"的材料。公文写作不是文学创作，离不开材料的收集。材料是指相关的文件、法规、讲话、资料等。应用文写作，特别是党政机关公文的写作，需要全面收集、大量占有各类材料。为了得到准确的材料，还需要深入工作一线，实事求是地进行调查研究，广泛听取各方意见。公文的选材，贵在充分和真实，要切合公文的主旨，注重材料的代表性和典型性、特殊性和普遍性的统一，以便能够深刻揭示事物的本质，增强材料的说服力。

最后，确定"怎样写"。有了主旨和材料，就可以谋篇布局了。小型文章，可以提笔就写；大型材料，建议先列好提纲再动笔。列提纲需要反复思考、再三斟酌，就像盖房子要先有施工图纸，作战要先有作战计划一样。列提纲时，可以先列一级提纲，再列二级提纲，最好把二级提纲之下需要写几层意思也列出来。在列提纲的过程中，你会发现哪些事情没有想清楚，还缺哪些材料，从而进行补充。需要注意的是，起草较为重要的公文时，提纲列出来后应及时找领导沟通汇报。根据领导的意见进一步对提纲进行调整和修改，能够在一定程度上避免初稿写出来后不被通过或需要再进行颠覆性修改的情况。

二、不同文种的区别及写作要求

党政机关公文的文种较多，很多文种易被混用。下面讲解一些文种之间的区别，并说明相关文种的写作要求。

1．撰写请示应注意的问题

（1）一文一事。一份请示只能请求一个事项，这是《党政机关公文处理工作条例》所规定的。如果一文多事，可能导致受文机关无法批复。

（2）单头请示。请示应主送直接上级机关，对于其他确需了解请示事项的领导机关，可采取抄送形式，不得多头请示。如是受双重领导的机关，也应根据请示内容和承办责任，选择一个主送机关，由主送机关负责答复请示事项，对另一领导机关采取抄送形式。

（3）不越级请示。请示一般不得越级上报，因特殊情况或紧急事项必须越级请示时，需同时抄送被越过的直接上级机关。另外，除领导直接交办的事项外，请示不得直接报送领导个人。

（4）不滥用请示。凡在自己职权范围内经过努力能够处理和解决的问题和困难，都应尽力自行解决，不能动辄请示。

（5）不抄送下级。请示是上行文，行文时不得同时抄送下级机关，以免造成工作程序混乱，更不能要求下级机关执行未经上级机关批准的事项。

（6）不独断专行。请示的事项若涉及其他机关时，主办机关应当主动与有关部门协商并取得一致意见，必要时还需与其他部门联合行文，以便统一认识、统一行动。如与有关部门意见不一致，应在请示中如实反映，并抄送有关部门。

2．掌握报告与请示的区别

报告和请示都是上行文，在实际工作中，容易将二者混用，因此，需要了解它们在适用范围和行文要求等方面的差异。

（1）行文时间不同。报告在事前、事中、事后皆可行文，请示需事前行文。

（2）行文的目的、作用不同。报告旨在向上级机关汇报工作、反映情

扫码看视频

报告与请示的区别

况、提出建议、答复上级询问，不需上级答复，重在呈报，报告中不得夹带请示事项。请示旨在请求上级批准、指示、支持和帮助，需上级批复，重在呈请。

（3）主送机关数量可以不同。报告有时可写多个主送机关，如遇紧急情况需要同时上报多个领导机关。请示只写一个主送机关，即使是受双重或多重领导的下级机关，也只能写一个主送机关，根据需要，其他上级机关可作为抄送机关。

（4）行文内容和侧重点不同。报告的内容广泛，容量可大可小，侧重于概括陈述情况，总结经验教训，形式多样，表述灵活，体现报告性。请示内容单一，篇幅短小，要求一文一事，侧重于讲明原因，陈述理由，表述事项，体现请求性。

（5）结束语不同。报告的结束语一般写"专此报告""特此报告""以上报告，请审阅"等，有时还可省略结束语。请示的结束语不可省略，一定要写"以上请示，请批复"之类的习惯用语。

（6）受文机关处理方式不同。报告多数是阅件，除需批转的建议报告外，受文机关对其余各类报告不必回文。请示属办件，受文机关必须予以批复。

3．了解通报与决定的区别

根据《党政机关公文处理工作条例》，通报适用于表彰先进、批评错误、传达重要精神和告知重要情况；决定适用于对重要事项作出决策和部署、奖惩有关单位和人员、变更或者撤销下级机关不适当的决定事项。

从功用来看，通报和决定都可以用于表彰和批评有关单位或人员，均属下行文。那它们有何区别？在撰写表彰性通报时，需要将被表彰的人或事的相关信息陈述清楚，这是予以表彰的缘由。把被表彰的人或事交代清楚，才有利于号召其他人见贤思齐，才能达到发文的目的。而在撰写表彰类决定时，主要体现管理部门的意志，重在表彰，对相关事迹的描述较少。因此，要详细叙述被表彰对象的事迹时，建议用通报；如果仅仅是为了表彰，不必交代详细情况时，可用决定。批评性通报和惩戒类决定，与此相似。总体来看，通报的内容一般写得很详细；决定的正文内容相对较为简略，作为附件的表彰名单所占篇幅可能较大。

从实际运用来看，批评多用通报，表彰多用决定。通报一般发挥教育的作用，发文目的是希望下级机关和有关人员吸取经验教训；而决定主要起确定的作用，目的是依据职权进行表彰，并且是比较重要的表彰。

4．把握纪要的性质及写作要求

要写好纪要，需要明确纪要的性质和写作要求。

（1）纪要与相关文种的区别

纪要与决议有类似之处，它们都是以反映会议精神和议定结果为主的公文，但它们有本质的区别。纪要是在会议记录、领导讲话等材料的基础上概括提炼出来的内容要点，写好后只需分管领导审阅同意，即可正式发文。决议必须经过一定的会议审议表决程序，在获得法定的票数后才能生效并正式发文。

纪要与会议记录既有密切的联系，又有本质的区别。会议记录是对会议过程的如实记录，纪要则是在会议记录的基础上提炼会议要点而成的。二者的主要区别体现在两方面：第一，性质不同。会议记录是讨论发言的实录，属于事务文书；纪要只记要点，属于党政机关公文。第二，功能不同。会议记录一般不公开，无须传达或传阅，只作资料存档，有些会议记录还需做好保密工作。纪要通常要在一定范围内传达或传阅，要求贯彻执行，一般使用"通知"进行转发。纪要报送上级机关时，会议主办单位需另拟一份呈送报告，将"纪要"作为报告的附件上报。

纪要与会议简报也有很大区别。会议简报属于事务文书，一般不具有约束力。纪要属于党政机关公文，当它作为指示性文件发布时，具有一定的权威性和约束力。一个大型会议可以编发多篇会议简报，但是一个会议只能形成一篇纪要。

（2）撰写纪要的基本要求

第一，掌握会议的全部情况。写纪要首先要弄清楚会议的目的、任务和内容，掌握会议的所有文件材料，参与会议的全过程，并认真做好记录，特别要注意阅读会议的主体文件、领导的发言，把握会议的主要精神。

第二，真实、准确地概括会议内容。纪要既要忠于会议的实际内容，又要做好归纳整理，不能随主观意图增减或更改会议内容，必须做到真实、准确地概括会议内容。

第三，抓住要点，突出会议主题。纪要虽然是会议情况和结果的反映，但不能像会议记录那样以时间为序，有言必录，面面俱到，而应该围绕会议主题，抓住要点，突出重点，把会议的主要情况或会议精神简明扼要地反映出来，把会议议定的事项一一叙述清楚。

5．了解函与其他文种的区别

函的功能多样，写法灵活。在实际工作中，存在该用函却采用其他文种的不规范现象，下面介绍函与其他文种的区别，以便正确选用文种。

（1）函与通知的区别

函的种类中有一种是告知函，极易与通知混用。函是平行文，通知一般用作下行文。函可用于平行或不相隶属的机关之间相互商洽业务或询问与答复问题，因而它的性质是商洽平行式的公文，无论收发函件的单位大小、社会地位高低，双方均以平等身份进行联系，这类函件一般不具有领导性和指导性。通知的目的主要在于传达告知，此外还具有上级对下级的指导作用，具有约束力和法律效力。

（2）函与请示的区别

在公文写作实务中，平行机关之间或不相隶属机关之间申请批准事项时，错用"请示"的现象时有发生。请批函与请示虽然都具有请求的功能，但它们也有明显的区别。从行文方向来看，函是平行文，请示是上行文；从行文关系来看，函的发文单位与受文单位是平行或不相隶属的关系，而请示的受文单位与发文单位之间是领导与被领导的关系。

（3）函与批复的区别

函是用来相互商洽工作、询问和答复问题，向有关业务主管部门请求批准的，同时业务主管部门使用函进行回文；批复是专门用来答复请示事项的。函和批复的行文主体是不同的：函的行文主体一般是平级或不相隶属关系的机关，有业务指导关系的机关之间请求和答复相关事项，一般采用函；批复的主体是隶属关系中的上级机关，批复属于下行文。批复限于具有隶属关系的上级机关对下级机关行文，批准还是不批准，态度十分鲜明，往往带有指导性。

（4）函与使用信函格式的其他文种

公函的发文字号里一般需要在机关、单位代字中加上"函"字，但其他文种的发文字号中也可添加"函"字。发文字号中出现"函"字，不等于这篇公文的文种是"函"，也不等于是"平行文"。例如，《教育部办公厅关于开展第二批国家级一流本科课程认定工作的通知》的发文字号是"教高厅函〔2021〕13号"，这篇公文的文种属于"通知"。再如，《天津市人民政府关于同意局部修改蓟州区土地利用总体规划的批复》的发文字号是"津政函〔2019〕89号"，蓟州区人民政府向天津市人民政府上报的是"请示"，天津市人民政府采用"批复"进行回文，文种属于"批复"。值得注意的是，发文字号中如使用"函"字，公文需要使用"信函格式"行文。"通知"一般用作下行文，当制发平行"通知"时，就可使用信函格式和带"函"字的发文字号。

三、通知和意见开头的几种模式

不少公文的开头部分都有较为固定的写作模式。下面我们对通知和意见开头的写法进行总结，其他文种开头部分的写法，读者可以尝试自己总结。

1. 指示性通知开头部分的写法

指示性通知的开头部分主要用于交代发文缘由，阐述行文的依据、目的或意义，常见写法有9种：（1）目的+过渡句；（2）现状+目的+过渡句；（3）现状+不足+目的+过渡句；（4）名词解释+现状+不足+目的+过渡句；（5）依据+目的+过渡句（目的+依据+过渡句）；（6）依据+现状+目的+过渡句；（7）定性+依据+目的+过渡句；（8）定性+目的+过渡句；（9）重要性+目的+过渡句。下面举例说明。

模式（1）：目的+过渡句

例如，《国务院办公厅关于压缩不动产登记办理时间的通知》（国办发〔2019〕8号）的开头部分如下：

为深化"放管服"改革，深入推进审批服务便民化，不断增强企业和群众改革获得感，经国务院同意，现就压缩不动产登记办理时间有关事项通知如下：

模式（5）：依据+目的+过渡句（目的+依据+过渡句）

例如，《教育部办公厅关于举办第三届中华经典诵写讲大赛的通知》（教语用厅函〔2021〕2号）的开头部分如下：

为贯彻落实中共中央办公厅、国务院办公厅《关于实施中华优秀传统文化传承发展工程的意见》，落实全国语言文字会议精神，全面深入实施中华经典诵读工程，依据《教育部评审评比评估和竞赛清单》，教育部、国家语委决定举办第三届中华经典诵写讲大赛。现将有关事项通知如下。

模式（9）：重要性+目的+过渡句

例如，《国务院关于深化"证照分离"改革进一步激发市场主体发展活力的通知》（国发〔2021〕7号）的开头部分如下：

开展"证照分离"改革，是落实党中央、国务院重大决策部署，深化"放管服"改革、优化营商环境的重要举措，对于正确处理政府和市场关系、加快完善社会主义市场经济体制具有重大意义。为深化"证照分离"改革，进一步激发市场主体发展活力，国务院决定在全国范围内推行"证照分离"改革全覆盖，并在自由贸易试验区加大改革试点力度。现就有关事项通知如下：

2. 指导性意见开头部分的写法

指导性意见、实施性意见的开头部分主要用于交代发文缘由，一般先交代当前某项工作的背景和存在的问题，然后使用目的句"为了……现提出如下意见"转入主体部分。指导性和实施性意见前言部分常见的写法有以下7种：（1）目的+过渡句；（2）重要性+目的+过渡句；（3）重要性+目的+依据+过渡句；（4）重要性+现状+过渡句；（5）重要性+不足+目的+过渡句；（6）现状+不足+目的+过渡句；（7）重要性+现状+不足+目的+过渡句。下面举例说明。

模式（1）：目的+过渡句

例如，2021年5月中共中央办公厅印发的《关于向重点乡村持续选派驻村第一书记和工作队的意见》，其开头部分如下：

为深入贯彻落实党中央有关决策部署，总结运用打赢脱贫攻坚战选派驻村第一书记和工作队的重要经验，在全面建设社会主义现代化国家新征程中全面推进乡村振兴，巩固拓展脱贫攻坚成果，把乡村振兴作为培养锻炼干部的广阔舞台，现就向重点乡村持续选派驻村第一书记和工作队提出如下意见。

模式（2）：重要性+目的+过渡句

例如，2021年4月中共中央办公厅、国务院办公厅印发的《关于加强社会主义法治文化建设的意见》，其开头部分如下：

社会主义法治文化是中国特色社会主义文化的重要组成部分，是社会主义法治国家建设的重要支撑。为加强社会主义法治文化建设，现提出如下意见。

模式（7）：重要性+现状+不足+目的+过渡句

例如，《教育部 国家发展改革委 财政部关于深入推进义务教育薄弱环节改善与能力提升工作的意见》（教财〔2021〕3号）的开头部分如下：

义务教育是关系每个家庭的最大公共产品，是政府的基本职责，聚焦义务教育薄弱环节促进教育公平刻不容缓。近年来，教育部、国家发展改革委、财政部启动实施了全面改善贫困地区义务教育薄弱学校基本办学条件、义务教育薄弱环节改善与能力提升等重大项目，有力促进了义务教育学校办学条件整体改善和办学质量持续提升。但义务教育发展不平衡不充分的矛盾依然存在，教育资源均等化的步伐还有待加快。为进一步巩固提升义务教育学校办学水平，经国务院同意，现就深入推进义务教育薄弱环节改善与能力提升工作提出如下意见。

3．公文开头部分的两个问题

（1）简称标注规范问题

在公文写作中，我们常常会遇到一些字数较多的名称，如果不使用简称，可能会导致行文繁复。公文的标题不使用临时性简称，一般在开头部分首次提到较长名称时，使用括注的形式注明临时性简称。

例如，《国务院办公厅关于开展全国政策性粮食库存数量和质量大清查的通知》（国办发〔2018〕61号）的开头部分写道：

国务院决定开展全国政策性粮食库存数量和质量大清查（以下简称大清查）。

又如，《国务院办公厅关于成立京津冀及周边地区大气污染防治领导小组的通知》（国办发〔2018〕54号）的开头部分写道：

经党中央、国务院同意，将京津冀及周边地区大气污染防治协作小组调整为京津冀及周边地区大气污染防治领导小组（以下简称领导小组）。

以上两例中的"大清查""领导小组"都是临时性简称，需要注意的是，简称形式"大清查""领导小组"不使用引号。

再如，《教育部办公厅关于开展第二批国家级一流本科课程认定工作的通知》（教高厅函〔2021〕13号）的开头部分写道：

根据《教育部关于一流本科课程建设的实施意见》（教高〔2019〕8号，以下简称《实施意见》）

这里的"实施意见"也是临时性简称，"实施意见"不使用引号，但要使用书名号，表示对这份公文标题的简称。

（2）标点符号使用问题

上文介绍了通知和意见开头部分的常见写作模式。开头部分一般包括不同层次的内容，这些内容之间需要合理使用标点符号来体现其中的逻辑关系。

开头部分的常见写作模式中，不同层次的内容之间建议使用不同的标点符号。名词解释一般独立成句，其后使用句号。表达重要性的内容独立成句，末尾使用句号。定性句一般独立成句，末尾使用句号。现状句和目的句之间使用句号。表达不足的句子和目的句之间使用句号。表达依据的句子和目的句之间不使用句号。表达依据的句子和现状句之间一般不使用句号。目的句和过渡句之间可以不用句号。表达现状的句子和不足句之间可以不用句号。

开头部分的段末标点符号一般有两种情况：一是使用句号，二是使用冒号。从上文案例中可以看出，这两种情况都有用例，但我们认为公文开头部分的段末标点符号以使用句号为宜。若用冒号，这个冒号的提示范围就一直管辖到文末，因此，我们应避免冒号涵盖范围过宽的情况。

四、掌握好公文写作的表达方式

什么是表达方式？表达方式是作者将要表达的内容用书面形式表达出来时所使用的方法和手段，也是辨别文章体裁的重要标志。表达方式包括叙述、说明、议论、描写和抒情等。公文写作的表达方式主要使用叙述、说明、议论。

1．叙述

在应用文写作中，除了计划性、法规性、指令性文种一般不采用叙述的写法以外，其他文种，如通知、通报、请示、报告、总结、纪要等，都必须以叙述为基础。公文写作的叙述是为了说明事实、情况、问题等，要求简明朴实，不需要具体形象的叙事、描写、抒情，平铺直叙即可。

2．说明

公文中的说明，主要是抓住本质对事件或事理进行概括性的介绍和解说，不必综合运用多种说明方法，这跟一般的说明文不同。根据公文写作表意明确的要求，说明文字一定要浅显易懂，无歧义，比如制度、条例、规定、办法、章程等文书的表达方式主要采用说明方式。在各类文书中交代基本情况、基本信息时，也主要采用说明的方式。

3．议论

公文中的议论，重在分析情况、讲明道理、阐述观点，不必用过多的材料作为论据来对某一观点进行专门的论证。这与高中时写的议论文有所不同。议论不是贯穿全文的主要表达方式，而是与叙述和说明结合使用；一般不单独进行相关问题的论证，而是在陈述事实之后，进行总结评论。除了建议报告、调查报告一类的文书以外，一般不要求进行全方面、多层次、多角度的完整性论证。即使是总结、述职报告这类总结性的文书，也应该采用夹叙夹议的表达方式。

五、搞清楚公文写作的用语要求

在应用文写作中，公文具有规范的体式。《党政机关公文格式》对不同文种的格式有明确的规定。公文的格式一般包括公文的结构、样式和各种标志，这是公文在形式上的鲜明体现。因此，党政机关公文的规范体式，有别于应用文的其他文种，更有别于一般的文学作品。公文的规范体式有利于工作处理的规范化、制度化和科学化，有利于提高工作效率、更好地发挥公文的法定效用。在语言表达规范上，公文要做到准确、严谨和简洁。在行文中，还包括一些习惯用语的使用规范。

1．用语要求

（1）准确性。准确性是公文写作最基本的要求。公文的写作不像文学创作那样可以"虚构"，公文写作有其独特的准确性要求，主要体现在两个方面：一是材料使用要准确。公文的遣词造句需要清楚、准确地把发文意图表达出来，所用材料必须符合公务活动和现实生活的实际，不可虚构和编造。二是表达要准确。公文语言要恰如其分地表达思想内容，正确记载和传递信息，应该做到概念明确，判断推理正确，符合语法规范，避免产生歧义，不可随意使用带有感情色彩的词语，应措辞得当，避免褒贬失当。

（2）严谨性。严谨性主要指公文中的叙述和说理要严密周全，交代清楚，合乎逻辑，前后不能自相矛盾。公文的书面性质很强，在表述严谨的同时，还要注意用词用语的书面性、庄重性，以体现公文的严肃性和权威性。因此，公文中应避免使用方言和口语化很强的词，不可随意使用缩略词、字母词语、生僻词、网络新词新语等。当然，不是完全不能使用，而是不能随意使用，要讲究规范。

（3）简洁性。公文语言应简洁朴实，平实易懂，简明扼要，切忌堆砌华丽辞藻和滥用修辞格。在段落层次上要结构清晰，句式简洁，篇章严谨。尽量使用短句，除说理、论证以外，尽量少使用关系比较复杂的复句。

2．习惯用语

规范性的公文习惯用语，可以反映公文的行文关系和工作程序。在使用习惯用语时，应根据文种表达的需要，酌情选取。我们将公文中的一些习惯用语归纳如下，以供参考。

（1）开头用语

时间类：兹、兹（有）、兹（派）、兹（因）、兹（将）等。

依据类：根据、据查、据反映、按照、遵照、依照等。

原因类：由于、因、鉴于等。

目的类：为、为了等。

范围类：关于、对于等。

（2）称谓用语

第一人称：本、我，如本校、本部门、我院、我局等。

第二人称：你、贵，如你处、贵公司、贵校等。

第三人称：该，如该单位、该同志、该生等。

（3）引述用语

引述用语有"接、前接、近接、收悉、敬悉、惊悉、阅悉"等，主要用于引述来文。

（4）经办用语

经办用语有"经、业经、均经、兹经、并经、未经、业于"等，用来说明工作处理的过程，表明处理时间及前后经过。

（5）期请用语

期请用语有"希、请、望、拟请、务请、遵照执行、参照执行"等。"希、请、望"等上下级可通用；"遵照执行"等用于下行文的文尾。

（6）询问用语

询问用语有"当否、妥否、是否妥当、是否可行、请批复、请批准、请回复、请指示"等，常用作请示、报告、函等文种的结束语。请示写这种用语，是要求上级机关给予"批复"，而报告写这种用语，只是为了表示尊敬、客气。

扫码看视频

公文的用语要求

（7）敬谦用语

敬谦用语有"谨、谨电、谨启、谨复、承蒙、谨代表、谨祝、敬盼、恳请"等，以示恭敬，属于谦辞，这类用语在"函"中经常使用。

（8）时间用语

除了开头用语"兹"以外，行文中的时间用语还有"今、顷、届时、按时、当即、即刻"等。

（9）表态用语

表态用语有"同意、不同意、照办、可行、不可、准予、批准"等，一般为下行文用语。

（10）承启用语

承启用语有"为此、对此、鉴此、据此、综上所述"等，往往用在开头的总叙之后以连接下文的分叙，起承前启后的作用；也可用于结尾部分，对上文进行总述。

（11）结尾用语

除了上述询问用语外，结尾用语还有"特此报告、现予公布、为要、为盼、为荷"等。"特此报告"用于上行文；"现予公布"用于下行文。"为要"有加强期望语气的作用，"为盼"带有盼望的意味，"为荷"带有感谢的意味，它们一般用于平行文。"为盼""为荷"表示客气，"为要"则不表客气。

六、正确把握应用文的行文风格

1．行文风格概谈

不同的人写出的文章，会因为其个性、气质、经历背景、知识结构、思想认识的不同而展现出不同的风貌，从而使自己的文章整体展现出异于他人的个性特点，这就是行文风格。这一般是就文学创作而言的，那应用文有没有行文风格问题呢？当然有。

我们平时看到一些应用文，会感觉有点别扭，因为这些文章既不像文学作品，又不像应用文。这可能就是行文风格出了问题，导致读起来没有应用文的味道。诗歌有诗歌的味道，散文有散文的味道，那应用文也应该有应用文的味道。

对于应用文来说，特别是公务文书，因为作者的身份不同于文学创作者的身份，自然就会形成应用文独特的风格。应用文中的公文，是在公务活动中形成并使用的文书。公文的作者与一般文章、文学作品的作者不同，不是公文的撰稿人，而是公文制发全过程的机关、组织或者个人，这个"个人"，是法定作者中的个人，是指国家机关、合法组织的负责人。公文是用来体现党政机关、组织或团体的集体意志的，并且这些单位只能在自己的职权范围内制定和处理公文。

公文的作者与一般文章的作者有所不同，公文的读者也与一般文章的读者不相同，因此，二者在传递信息、表达意图、沟通情况等方面，所用的语言表达方式也有所不同，这就形成了不同的行文风格。

2. 应用文写作的行文风格问题

我们从广义公文的角度来谈谈应用文写作中的行文风格问题。在公文写作实务中，有些写作材料存在一些共性问题，这些问题多多少少与行文风格不太匹配，比如人称代词的使用问题、句子的句型和句类问题、助词的使用问题等。

（1）人称代词的使用问题

有些学生、在职人员在写总结类材料时，对"我"和"我们"的使用频率非常高，显得啰里啰唆。在总结中，应该写"什么工作做得怎么样"，而不是主要写"我怎么样"。请看以下分析。

先看一个学生写的学习总结，其中有这么一段话：

这一年，在学习上我没有输给我自己。我再也不是那个倒数第一。要是为我今年的学习情况打个分，我会给自己90分，因为我相信，我明年的状态将会更好，我将不断地超越自己。

在这一小段话中，"我"字出现了8次，"自己"出现了3次，频率太高，可适当删掉几个。在总结类材料和计划类材料中，"我"字的使用频率是极低的，要尽量少使用"我"和"我们"等。不使用"我"，那句子该如何表达呢？改变句子的主语即可，把"我"或"我们"换成具体事物、具体工作、具体能力来充当主语。

《2021年国务院政府工作报告》在总结"十三五"时期发展成就时，这样写道：

过去五年，我国经济社会发展取得新的历史性成就。经济运行总体平稳，经济结构持续优化，国内生产总值从不到70万亿元增加到超过100万亿元。创新型国家建设成果丰硕，在载人航天、探月工程、深海工程、超级计算、量子信息等领域取得一批重大科技成果。……区域重大战略扎实推进。污染防治力度加大，资源能源利用效率显著提升，生态环境明显改善。金融风险处置取得重要阶段性成果。全面深化改革取得重大突破，供给侧结构性改革持续推进，"放管服"改革不断深入，营商环境持续改善。对外开放持续扩大，共建"一带一路"成果丰硕……

在对工作成效、成绩进行总结时，一般采用主谓结构的句子来表达，并采用不同的主语来表达"什么怎么样"（如例子中下划线部分）。因此，撰写应用文时，可选取适当的主语，避免高频率地使用"我"字。

（2）句子的句型和句类问题

在应用文写作中，我们还要注意句型和句类的使用。一般来说，应用文写作使用复句少，单句多，长句少，短句多。

什么是句型？这涉及现代汉语的一些语法知识。句型就是句子的结构类型，汉语的句子类型一般分为主谓句、非主谓句等。主谓句是由主语和谓语两个部分构成的单句，非主谓句是分不出主语和谓语的单句。在总结类材料和计划类材料中，主谓句和非主谓句在使用上差异明显。

本书第二章讲述了计划类文书和总结类文书遣词造句的写作技巧。计划类文书多使用动宾结构来表述"做什么，目的是什么"，大多使用无主句来表达，如"深入推进重点领域改革，更大激发市场主体活力""全面实施乡村振兴战略，促进农业稳定发展和农民增收"等；而总结类文书，在总结工作成绩时，多使用主谓结构来表述"什么怎么样，成效如何"，在总结工作措施的时候，多使用动宾结构。

《2019年国务院政府工作报告》在对2018年工作进行回顾时，各个部分的中心句如下：

一年来……主要做了以下工作。

一是创新和完善宏观调控，经济保持平稳运行。（略）

二是扎实打好三大攻坚战，重点任务取得积极进展。（略）

三是深化供给侧结构性改革，实体经济活力不断释放。（略）

四是深入实施创新驱动发展战略，创新能力和效率进一步提升。（略）

五是加大改革开放力度，发展动力继续增强。（略）

六是统筹城乡区域发展，良性互动格局加快形成。（略）

七是坚持在发展中保障和改善民生，改革发展成果更多更公平惠及人民群众。（略）

八是推进法治政府建设和治理创新，保持社会和谐稳定。（略）

政府工作报告从8个方面进行总结回顾，每段话的中心句的前半部分是动宾结构，用来总结工作举措；后半部分是主谓结构，用来总结工作成效。从句子结构上进行对比，我们就知道不同短语结构可用来表达不同的内容，具有不同的功能。

对于学生而言，写学习计划时，可以写"努力提高写作水平"。写学习总结时，如果从学习效果角度来写，就可写"写作水平明显提高"；如需同时总结举措和效果，就可写"勤学苦练，写作水平日益提高"。

再来看句类。每个句子都有语气和语调。不同的句子可以根据不同语气分为陈述句、疑问句、祈使句和感叹句四种类型。例如，报告、总结等文种一般多使用陈述句，但有些人在报告、总结中会使用祈使句和疑问句，行文风格就存在问题。公文中使用"要"字，可表达很强的祈使语气，但在报告、总结中，有的人习惯用"要"字作为一个句子的开头，大量使用"要怎样"的句子，像是在跟上级机关下命令，很不妥当。

（3）助词"了"的使用问题

报告、总结之类的汇报材料，是对过去某个时间阶段或某个方面的工作进行总结，都是已经完成的事情，所以有的人在写作时经常用"了"字来表示动作完成。

例如，有个学生的总结是这样写的：

刚入大学，我参加了科技制作活动，培养了创造力与分析解决问题的能力。后来，我参加了"精仪杯"科技竞赛。

这两句话中，用了2个"我"，3个"了"，有一种记流水账的感觉。怎么修改呢？可改为：

刚入大学，积极参加科技制作活动，创造力与分析解决问题的能力得到一定程度的提升。参加"精仪杯"科技竞赛，创新意识不断增强。

这样一改，没有用一个"了"，也没有用"我"，因为个人总结的潜在主语就是"我"。再看第二个例子：

到了大三的时候，我加入了"第五象限"社团并第一次接触了VR，在经过了深入了解和学习后，我对于科技的发展有了新的认识，眼界再一次开阔了很多。

在这一个长句中，助词"了"出现6次，语言很不精练。可修改为：

大三，加入"第五象限"社团并第一次学习VR。经过了解和学习，对科技发展的认识逐步加深，学术视野不断开阔。

这样一改，就可避免高频使用"了"。可以说，"了"在报告、总结等汇报性材料的使用频率不高，为避免啰唆，建议少用"了"，这样语言更精练。

再如，一个新入职员工在岗前培训总结中写道：

为期一周的岗前培训圆满结束。通过此次培训，我进一步丰富了理论知识，开拓了思维视野，增强了适应能力，加深了对当前天津经济社会形势的了解，增强了尽快适应岗位需要的责任感和紧迫感。

不到100字的一段话，连续使用了5个"了"，原因就在于使用了"我"作主语。如果更换主语，就可避免使用太多的"了"。

七、认识应用文写作的文风问题

有人认为文风是文章的风格，也有人认为文风是使用语言的作风。其实，文风的内涵很丰富，多指文章的总倾向、总趋势，是某一时代的文章风貌的总体表现。现阶段，应用文写作要积极倡导转作风、改文风。

有不少人认为应用文写作中类似"八股文"的风气盛行，存在形式主义问题，反映在应用文特别是党政机关公文中，就是文风问题，主要体现为内容的空洞无物、陈词滥调、老生常谈，语言表达的僵化、套路化等。具体来说，有以下两方面的表现。

第一，在内容方面，存在以文件落实文件的现象，未结合本地区、本单位、本部门的实际工作来撰写公文。文山会海现象严重，出台了很多文件，但并未解决太多实质性问题。

第二，在形式方面，语言表达僵化、套路化。在格式上，《党政机关公文格式》有明确要求，这是公文的外在标志，需遵照执行，其他性质的公务文书，可参照执行。一般被人诟病的是语言表达上的模式化、程式化，形式上像八股文，比如一些定型化的官话、套话、空话。甚至有人认为讲究标题的对称、对偶，在遣词造句中凑四字短语、六字短语，研究行文套路等，会导致语言表达上的千篇一律。于是，有人主张公文写作需要一种生动、清新的风气，倡导质朴简短、鲜明生动的文风。

在计划类文书和总结类文书的写作攻略中，我们曾经讲过计划、总结在语言表达上的写作技巧，如动宾结构、主谓结构、状中结构的使用等。例如，从汉语语法来看，用动宾结构表达"工作措施"是最合适的。什么样的内容使用哪种类型的短语来表达，是有密切关系的，正是这种关系，让我们发现应用文写作是有章可循的，而按这个"章"去撰写应用文，就成了"套路"文吗？不能一概而论。善于使用一定的表达模式去表达真实的内容，言之有物，是可以的。这样，一方面可以准确地表情达意，另一方面也可以把内容以恰当的语言形式呈现出来。内容和形式，二者是可以兼顾的，不可偏废，不能因为在写作上出现"模式化""程式化"，就一概反对、一律排斥。应用文有应用文的特点和写作规律，这是不能否认的。

学习并总结应用文的写作技巧和语言特点，并在写作中去使用、去实践，是提高应用文写作水平的途径之一，不能将写作技巧上的表达模式一律看作是文风问题，不要对改进文风有误解。被人批评的公式化不是写作技巧，而是"常说的老话多，正确的废话多，漂亮的空话多，严谨的套话多，违心的假话多"。

八、公文中的数字用法及其规范

《党政机关公文格式》规定，数字用法要遵循相关国家标准，即《出版物上数字用法》。国家标准《出版物上数字用法》（GB/T 15835—2011）规定了出版物上汉字数字和阿拉伯数字的用法。下面主要列举数字形式和格式选用的一些规范。

1．选用阿拉伯数字

（1）用于计量的数字。在使用数字进行计量的场合，为达到醒目、易于辨识的效果，应采用阿拉伯数字。当数值伴随有计量单位时，如长度、容积、面积、体积、质量、温度、经纬度、音量、频率等，特别是当计量单位以字母表达时，应采用阿拉伯数字。

（2）用于编号的数字。在使用数字进行编号的场合，为达到醒目、易于辨识的效果，应采用阿拉伯数字。

（3）已定型的含阿拉伯数字的词语。现代社会生活中出现的事物、现象、事件，其名称的书写形式中包含阿拉伯数字，已经广泛使用且稳定下来的，应采用阿拉伯数字，如MP3播放器、G8峰会等。

2．选用汉字数字

（1）非公历纪年。干支纪年、农历月日、历史朝代纪年及其他传统上采用汉字形式的非公历纪年等，应采用汉字数字。

（2）概数。数字连用表示的概数、含"几"的概数，应采用汉字数字。

（3）已定型的含汉字数字的词语。汉语中长期使用已经稳定下来的包含汉字数字形式的词语，应采用汉字数字，如星期五、"一二·九"运动等。

3．选用阿拉伯数字与汉字数字均可

（1）如果表达计量或编号所需要用到的数字个数不多，选择汉字数字还是阿拉伯数字在书写的简洁性和辨识的清晰性两方面没有明显差异时，两种形式均可使用，如17号楼（十七号楼）、3倍（三倍）、第5个工作日（第五个工作日）等。

（2）如果要突出简洁醒目的表达效果，应使用阿拉伯数字；如果要突出庄重典雅的表达

效果，应使用汉字数字。

（3）在同一场合出现的数字，应遵循"同类别同形式"原则来选择数字的书写形式。如果两数字的表达功能类别相同（比如都是表达年月日时间的数字），或者两数字在上下文中所处的层级相同（比如文章目录中同级标题的编号），应选用相同的形式。反之，如果两数字的表达功能不同，或所处层级不同，可以选用不同的形式。

4．数值范围

在表示数值的范围时，可采用浪纹式连接号"～"或一字线连接号"—"。前后两个数值的附加符号或计量单位相同时，在不造成歧义的情况下，前一个数值的附加符号或计量单位可省略。如果省略数值的附加符号或计量单位会造成歧义，则不应省略，如13万元～17万元（不写为13～17万元）。

5．汉字数字的使用规范

（1）概数。两个数字连用表示概数时，两数之间不用顿号"、"隔开。

（2）年份。年份简写后的数字可以理解为概数时，一般不简写。

（3）含有月日的专名。含有月日的专名采用汉字数字表示时，如果涉及一月、十一月、十二月，应用间隔号"·"将表示月和日的数字隔开，涉及其他月份时，不用间隔号。

（4）大写汉字数字。大写汉字数字的书写形式：零、壹、贰、叁、肆、伍、陆、柒、捌、玖、拾、佰、仟、万、亿。大写汉字数字的适用场合：法律文书和财务票据上，应采用大写汉字数字形式记数。

（5）"零"和"〇"。阿拉伯数字"0"有"零"和"〇"两种汉字书写形式。一个数字用作计量时，其中"0"的汉字书写形式为"零"；用作编号时，"0"的汉字书写形式为"〇"。例如"公元2022（年）"的汉字数字形式为"二〇二二"（不写为"二零二二"）。

扫码看视频

时间和数字使用规范

思考与练习题

一、知识点巩固

扫码做练习，巩固本章知识点。

二、思考与训练题

1. 报告的种类有哪些？在写法上各有什么特点和注意事项？

2. 请谈谈表彰性通报和表彰类决定有何异同？

3. 纪要与决议、会议记录、会议简报有何本质区别？

4. 函的适用范围是什么？函的特点、写法和写作注意事项有哪些？

5. 谈谈你对应用文写作文风问题的认识。

6. 请查阅《标点符号用法》（GB/T 15834—2011），了解标点符号用法的最新规范。

扫码做练习

第四章客观题

7. 中秋节和国庆节将至，请你以自己所在单位办公室的名义撰写一份关于中秋节和国庆节放假的通知。

8. 某市人才市场培训中心拟面向全市社会人员举办一场公文写作公益讲座。邀请××大学公文写作课程主讲教师××教授作一场"公文写作技能与规范"的专题讲座，讲座时间拟定为20××年10月7日上午，时长为2个小时，场地最大容量为150人，采用网上报名方式，名额有限，先报先得。请你以该培训中心的名义，撰写一篇邀请××教授前来授课的函和一篇公益讲座通知。

9. 请指出下列公文中的错误并改正。

××大学关于申请基建经费的请示

省高教厅：

××大学从20××年开始，与××、××等国家的××大学、××大学建立合作关系，双方互派专家，学者访问，但××大学现有的招待所条件简陋，不能保证完成接待任务。经校领导班子研究，决定新建一栋专家楼，以保证接待工作圆满完成，但资金缺口达800万元，因此欲向省高教厅请求划拨基建经费。

妥否，见复。

附：《基建经费预算表》

××大学（印章）

×年×月×日

Chapter 05

第五章
科技文书

科技文书是人们用于学术研究、科技管理等方面的应用文。科技文书的种类很多，如学术论文、学位论文、科技项目申报书、科技报告、实验报告、科技成果鉴定书、产品说明书等。

扫码看任务

第五章
写作任务

第一节　学位论文

一、学位论文的含义和种类

学位论文可分为学士学位论文、硕士学位论文、博士学位论文。本书主要讲解学位论文的写作，不包括毕业设计。

1．学位论文的含义

学位论文本质上属于学术论文，是学位申请者综合运用自己所学专业的基础知识、基本理论和基本技能阐述对某一问题的见解或表述研究结果的学术性文章。

学位论文是为申请学位而撰写的学术论文，是评判学位申请者学术水平的主要依据，也是学位申请者获得学位的必要条件之一。由于学位论文需要向答辩委员会报告、答辩，并上报学校学位评审委员会审定，因此学位论文都采用单行本的形式。

2．学位论文的种类

学士学位论文，是大学本科毕业生申请学士学位要提交的论文，篇幅一般要求1万字以上。《学位论文编写规则》规定："学士论文表明作者较好地掌握了本门学科的基础理论、专门知识和基础技能，并具有从事科学研究工作或承担专门技术工作的初步能力。"

学士学位论文是本科生毕业取得学历的条件之一，因此学位论文常常被称作"毕业论文"，下文也称毕业论文。

二、毕业论文选题的意义

论文价值的高低、质量的优劣，主要取决于论文是否具有理论意义或实用价值，是否有创新见解或独到之处。因此，毕业论文的选题很关键，选题意义主要体现在理论意义和现实意义两方面，但不是任何论文都需要具备这两方面的意义。

选题的理论意义也可以说是学术意义、学术价值。在选题上要注意避免步人后尘、拾人牙慧；要体现独创性，而这种独创性又具有一定的理论意义，它可以提供一个理论探讨的空间，通过课题的研究，揭示某一事物或现象的客观规律。选题的现实意义即实用价值，是指所选的研究课题一般应能回答和解决现实生活或学术研究领域的实际问题，对于推动精神文明建设或者物质文明建设具有一定的意义和作用。

三、毕业论文选题的原则

1．专业性原则

专业性原则是毕业论文选题的第一原则。专业是针对毕业生所学专业而言的，毕业论文选题必须要符合自己所学的专业，与申请学位的专业一致。毕业生必须要具备相关专业的基本知识、基本技能等，论文选题要选择与自己专业相关的论题，体现出专业性，从而体现选题在专业领域的理论意义、现实意义和社会价值。

2．创新性原则

创新性原则又可称为科学性原则。论文写作的关键在于创新，因此在选题上要注意避免使用一些陈旧观点，要从一些已经形成的观点中找到新的突破，体现创新性。创新性可以体现在填补空白、补充前说、纠正通说、商榷声明等方面。创新可以是对研究对象的创新、对研究材料的创新、对研究方法的创新、对研究手段的创新、对研究结论的创新等。

3．可行性原则

可行性是完成毕业论文的重要原则。选题时，要考虑主客观条件，选择大小适当、难易适度的课题，确保能在一定时间内顺利完成，还要符合毕业论文所要求的工作量。在选题时，要考虑自己的兴趣、专长、学识水平以及可能收集到的资料等因素，确定一个自己有研究基础和兴趣、有一定难度但通过努力可以成功完成的课题。题目不要过大或过小，以免影响可行性。另外，要与指导教师一起商定论文题目，以便得到指导教师的指导。

四、毕业论文的结构和写法

本科毕业论文（学士学位论文）的结构一般由以下部分组成，依次为：（1）封面；（2）题名页；（3）任务书；（4）开题报告；（5）中文摘要及关键词；（6）目录；（7）正文；（8）参考文献；（9）附录；（10）致谢。有些学校要求把毕业论文任务书和开题报告与毕业论文一起装订，有些学校将除论文外的材料称为论文附件材料，附件材料单独装订成册。在完成毕业论文的同时，一般需要选择一篇与研究课题相关的外文资料，并译成中文。有的学校要求将外文资料和中文译文置于论文参考文献之后一起装订，有的学校要求将外文资料和中文译文单独装订成册。

1．毕业论文的题目

论文题目是对选题研究过程和成果的直接阐述，是对论文内容的高度概括，用以反映论文的中心内容，需呈现在封面和题名页。论文的中文题目一般不超过25个汉字，如有必要，可采用正副标题的形式。

2．毕业论文任务书

学生与指导教师商定毕业论文题目以后，由指导教师给学生制定任务书，任务书需从指导教师的角度来拟定。任务书一般包括论文题目、原始依据、参考文献、研究内容和撰写要求等内容。

原始依据部分，应包括毕业论文的工作基础、研究条件、应用环境、工作目的等。在写法上，就是写明课题的有关背景，说明为什么要研究它，并简要阐述研究它有何价值。参考文献，是指导教师给学生提供的、建议或要求学生在开题前阅读的一些文献。研究内容和撰写要求，包括研究的大致内容、研究目标、研究任务等，并根据课题性质对学生提出具体要求，适当安排工作量。研究内容不能只写研究对象，也不能写得过细，可列出论文中暂拟的一二级标题，并简单说明。

3．毕业论文开题报告

毕业论文开题报告由学生本人独立完成。开题报告一般为表格形式，学生按照表格中所要求的有关内容进行阐述。开题报告的内容一般包括课题的来源及意义，国内外研究发展现状，本课题的研究目标、研究内容、研究方法、研究手段和进度安排，研究方案的可行性分析，已具备的研究条件以及主要参考文献等。

4．毕业论文主体部分

（1）中文摘要

中文摘要和关键词专页编排，称为摘要页。中文摘要应将毕业论文的主要内容简洁明了、不加注释地表达出来，应具有独立性和自含性。摘要要涵盖论文的主要信息，是一篇可供单独引用的完整短文。摘要的语言力求精练，中文摘要字数一般为300～600字，如有特殊需要，字数可略多。

撰写摘要时，需要注意以下问题。

① 包括应有的构成要素，如研究目的、研究方法、主要结果或发现、主要结论或推论等。

② 摘要中的缩略词，第一次出现时应写全称。

③ 摘要一般采用第三人称来撰写，不加评论和补充的解释。

④ 摘要先写什么、后写什么，需按逻辑顺序来安排。

（2）中文关键词

中文关键词紧随摘要之后，另起一段。关键词之所以关键，就在于它所选择的词语必须能反映论文的中心或主题，不能揭示核心内容的词语，就不能选作关键词。关键词一般是从论文题目、文中各级标题和正文中选出来的，能够反映论文主题概念的词或词组，以便文献标引或检索。关键词一般为3～8个。

关键词应体现论文特色，在论文中有明确的出处。有些词一般不能选作关键词，如形容词、副词、代词不能选作关键词，介词、连词、助词等虚词也不能选作关键词；一些不具有学科性质的通用词语，如理论、报告、方法、协议、问题、对策、措施、特点、影响、作用、效应、发展、思考等，它们可以广泛运用于不同学科、不同领域，所指示的对象千差万别，缺乏专指度和唯一性，因此也不能选为关键词。

在中文关键词与关键词之间，用什么符号来隔开，不同学校有不同的要求，有的用空格，有的用分号，有的用逗号，但最后一个关键词之后不加标点符号。

（3）目录

毕业论文为单行本，篇幅一般较长，为方便阅读，需编制目录。目录中的内容应包含正文以及其后的各部分，并附有相应的页码。目录中的文字与论文中各级标题的文字需保持一致。

（4）正文

正文一般包括绪论部分、主体部分和结语部分，也称绪论、本论和结论。

绪论部分，主要用来介绍毕业论文研究工作的前提和任务、理论依据，评述国内外研究现状，说明论文的研究对象、研究目的、理论依据、实验基础和研究方法等，并对全文章节的安排进行说明，简要阐述预期的成果及其作用和意义等。

主体部分，一般是论文的第二章、第三章或者第四章。在主体部分，要注意每个章节标题的层级安排，以体现论文的层次性、结构的严谨性。正文的结构形式主要有三种：①并列式，即各个分论点的部分是并列关系，没有明显的主次之分；②递进式，即各个分论点的意思一层比一层深入，它们之间存在递进关系；③分总式，即分别从几个方面对各个分论点展开论述，然后加以综合、概括，最后得出结论。这三种形式还可以综合运用。

结语部分，一般需独立成章，作为论文的最后一章，是毕业论文的结论或结语，应包括论文的核心观点，阐述研究中的创造性成果及其在本研究领域中的意义，还可以在结语部分提出建议、研究设想、改进意见以及尚待解决的问题等。

（5）参考文献

毕业论文的撰写应本着实事求是、科学严谨的态度，凡有引用他人成果之处，均应按照论文中所引用的顺序列于参考文献部分。参考文献位于正文之后，另起一页编排。参考文献部分一般只列出作者直接阅读过且在正文中被引用过的文献资料，也叫"引文参考文献"，而非"阅读型参考文献"。本专业的教科书一般不作为参考文献。参考文献的排列顺序一般以论文中引用的先后顺序为序，并且需在文中相应位置进行规范的引用标注。若引文的标注方式采用著者—出版年制，文末的参考文献就应当按著者姓名的音序和出版年份来进行排序。参考文献的著录格式应符合国家有关标准，如《信息与文献 参考文献著录规则》（GB/T 7714—2015）。

（6）附录

有的论文在参考文献之后，还有附录部分，附录需另起一页。附录部分不是毕业论文必需的组成部分，附录的有无要根据毕业论文的实际情况而定。附录内容一般包括正文中不便列出的冗长公式推导、符号说明、计算机程序、调查问卷、各种供参考的统计表等。

（7）致谢

毕业论文致谢的对象一般包括：①毕业论文的指导教师；②如获得基金项目资助的，写明资助方；③协助完成研究工作和提供便利条件的组织或个人；④在研究工作中提出建议和提供帮助的人；⑤给予转载和引用权的资料、图片、文献、研究思想和设想的所有者。

五、毕业论文的格式规范

各个学校对毕业论文的文本格式都有明确的规范性要求，一般是依据《学位论文编写规则》（GB/T 7713.1—2006）、《信息与文献 参考文献著录规则》（GB/T 7714—2015）等国家标准制定的。下面介绍四个方面的相关规范。

1．各级标题的层级规范

毕业论文一般需要设置多级标题。每一章的标题为一级标题，每章中再分二级标题、三级标题，甚至四级标题。《学位论文编写规则》要求论文的章节编号全部顶格编排。例如：

第2章 ×××××

2.1 ×××××

2.1.1 ×××××

2.1.2 ×××××

2.2 ×××××

2.2.1 ×××××

2.2.2 ×××××

2.3 ×××××

......

值得注意的是，编号与标题之间需空1个字的间隙。因为如果标题内容的第一个字恰好也是阿拉伯数字，就容易产生歧义，所以需要在编号与标题内容之间空一个汉字字符大小的间隙。标题末尾不使用标点符号。

2．字体和段落排版规范

毕业论文应采用国家正式公布实施的简化汉字，以中文或英文为主来撰写，其他外语类专业除外。正文的中文字体使用宋体，英文字体采用新罗马字体（Times New Roman）。论文各部分的字号大小和段落行间距需按所在学校的论文格式要求进行排版。

数学公式和专门文字（如计算机程序代码、国际音标）等内容的字体可根据需要进行选择。

3．引文方式与引用标注规范

在毕业论文中对引文进行标注是尊重他人研究成果的一种体现。引用时，不能断章取义，且需核对无误；引文的出处要进行规范标注。毕业论文对引文的标注一般采用文末注的形式，也就是在参考文献部分将引用的文献按照一定的方式排列。引用标注方式有两种：一种是顺序编码制；另一种是著者—出版年制。不同的标注方式，在格式上和参考文献的排列上是不一样的。

（1）顺序编码制

顺序编码制，即按照全文引用的先后顺序，依次在引文的地方采用上角标的形式来标注。如果是多次引用同一个文献（专著），要使用同一个序号，在序号的方括号"[　]"外注明引文所在的页码，例如：……结果[2]194-199，……目标[2]354。若采用这种标注方式，文末参考文献的排列顺序应当与在正文中引用的顺序相同。

顺序编码制的引文方式有直接引用和间接引用之分，例如：

①直接引用

某某某认为，"×××××。"[1]

某某某的"××××"[2]看法，我们认为×××。

在××研究中，"×××"[3]，还有"×××"[4]，我们认为×××。

②间接引用

在××研究中，某某某对××提出了××的看法。[1]

在××研究中，某某某对××提出了××的看法[2]，我们认为×××。

若采用直接引用的方式，需要将引文部分加上引号；若采用间接引用的方式，则不加引号。关于上角标的标注位置，直接引用的，应标在引号之后；间接引用的，建议标注在引用内容所在的分句末尾逗号之前，若整句话为间接引用，可标于句号之后。

（2）著者—出版年制

著者—出版年制，就是在引文的位置采用"著者—出版年"的形式注明文献出处。

引用论文的，标注格式为：

姓名（年份）认为："××××。"

或"××××。"（姓名，年份）

引用专著的，标注格式为：

姓名（年份：页码）认为："××××。"

或"××××。"（姓名，年份：页码）

4．图、表格式规范

毕业论文中的图应具有自明性，即只看图、图题和图例，就可理解图意。图要精选、简明，切忌与表和文字表述重复。图中的术语、符号、单位等应与文字表述一致。

毕业论文中的表，建议采用国际通行的三线表。表中参数应标明量和单位的符号。三线表通常只有3条线，即顶线、栏目线和底线，表格中没有竖线。三线表的组成要素包括表序、表题、项目栏、表体、表注等内容。三线表并不一定只有3条线，必要时可加辅助横线，但无论加多少条辅助线，仍叫"三线表"。制作三线表时，可以先按照常规表格来制作，然后在"表格属性"的"边框和底纹"中去掉所有竖线和不需要的横线即可。

三线表示意图

表序　表题×××××××

序　号	姓　名	性　别	学　号	联系电话
1	王某某	男	2020211001	139********
2	刘某某	女	2020211002	139********
3	张某某	男	2020211003	139********
4	李某某	女	2020211004	139********

论文中的图、表在格式编排上，有如下一些要求。

（1）图和表与其前后的正文之间要有一行的间距。

（2）图、表采用阿拉伯数字分章编号。

（3）图序及图题居中置于图的下方，表序及表题居中置于表的上方。以"图"或"表"开始，章节号和编号之间用"-"连接，如"表2-3"。

（4）如果某个表需要转页接排，在随后的各页上应重复表序，后跟表题（可省略）和"（续）"，置于表格上方。续表应重复表头。

（5）引用别人的图或表应在图题或表题的右上角标出文献来源。

（6）图或表的附注应位于图或表的下方。

（7）图、表内容多为五号字，中文字体为宋体，英文字体为新罗马字体（Times New Roman）。

✿ 写作攻略

一、毕业论文的选题从何而来

毕业论文选题的来源主要有两种：一是指导教师的研究课题的一部分，这种属于教师给定的课题，按照教师的要求进行研究即可；二是自主选题，大多数毕业论文的选题是在指导教师指导下的自主选题。下面介绍如何进行自主选题。

爱因斯坦曾经说过："提出一个问题往往比解决一个问题更重要，因为解决问题也许仅是一个数学上或实验上的技能问题而已。而提出新的问题，新的可能性，以新的角度看旧的问题，却需要有创造性的想象力，而且标志着科学的真正进步。"那如何提出问题呢？选题时，可采用如下方法：①从实践中找问题；②从定论中看疏漏；③从争鸣中求发展；④从通说中查谬误；⑤从现象中发现新领域、新问题等。

选题之前，先根据自身兴趣和专长确定一个大方向，然后广泛收集资料、查阅文献，了解这个领域的研究概况。在查阅文献的过程中，积极思考如下问题：在这个领域中，前人有哪些重要研究成果？哪些问题已经解决，哪些问题尚未解决？哪些问题存在争议，争议的焦点是什么？哪些问题至今还未触及？哪些问题的研究具有重大的意义和广阔的前景等。对这些问题都了然于心，就不难确定自己的研究方向了。查阅文献的过程是进行文献综述的重要环节。在阅读文献时，需要做好记录，记录不同学者的研究方法和观点等，进行比较分析，梳理研究进展，发现有待进一步研究的问题，并将所思所想与指导教师交换意见，确定最终选题。

二、毕业论文题目的拟定方法

选好研究课题之后，怎么来拟定毕业论文的题目呢？下面从题目的一般性要求和题目的结构形态两个方面来介绍。

1．论文题目的一般要求

论文的题目是以最恰当、最简明的词语，反映论文中最重要的特定内容的逻辑组合。在字数上，论文的中文题目不应超过25个字。题目的英文翻译应与中文题目含义一致，以不超过12个实词为宜，或者在100个英文字符范围内（含空格和标点符号不超过100个字符）。

论文题目的拟定是作者对研究预期成果的命名，应能展现论文的中心内容、核心思想和主要论点，或者说，论文题目是对论文中重要内容的高度概括，题目中一般含有若干个专业术语，以体现论文的学术性。在概括论文题目时，要做到高度精练、逻辑清晰、概括准确、用语严谨。

用词用语要严谨、规范，具体而言，就是不使用非公知公用、同行不熟悉的外来语、缩写词、符号、代号和商品名称，一般也不使用文学性语言，比如不用比喻、拟人、夸张等修辞手法，慎重使用汉语缩略词语，不使用网络流行语。

2．论文题目的结构形态

论文题目通常由陈述性的短语构成。下面介绍几种常用的形态格式。

（1）前加式

前加式就是在"论述内容"的前面加上一个表示论说的动词，如"论、评、说、谈、浅析、试论"等，例如：《论企业发展战略与内部控制的关系》《谈校园一卡通对高校财务管理的影响》《浅析翻译目的论》《试论英语词汇学习的心理认知过程》。

扫码看视频

论文标题的要求及形态

（2）后附式

后附式就是在"论述内容"的后面附上表示论说的动词，如"论、研究、论析、刍议、剖析、探析、比较研究、比较分析、研究和实践、分析与评价"等，例如：《我国法官薪酬制度研究》《社会工作者职业发展困境与动力探析》《互联网金融背景下金融销售渠道比较研究》。

（3）中嵌式

中嵌式就是在题目的中间部分出现表示论说的动词，这种形式的标题可以对全文内容进行限定。这种从小处着手、大处着眼的标题，有利于科学思维和科学研究的拓展。如《从安全性方面看桌面虚拟化技术》《从发达国家经验看中国低碳经济实现路径》《从语义特征观察英语词汇的搭配关系》。

（4）直述式

直述式就是采用偏正短语、联合短语、主谓短语等直接陈述。偏正短语，如《数字特技对电影的影响》《外来语在日语中的作用》等；联合短语，如《中西方非语言交际文化差异及教学策略》《公民受教育权的现实与实现》等；主谓短语，如《英语不定冠词在发生变化》，这类标题比较少见。

（5）总分式

总分式又叫评说式，是近年来受西方语言文体影响产生的一种题目形式，题目中使用"冒号"，将题目分成两段。前一段一般为"总说"，比较抽象、概括，是画龙点睛的"关键词"；后一段为"分说"，比较具体、具象，是对最主要"关键词"的评说，如《语言与文化：从诗与歌看法国的俚语俗语》《谐音译：商标翻译的一种时髦》。

除了以上五种常见的结构形态外，还有其他形态，如《基于深度学习的视频分析系统》《基于多特征的图像检索研究》《基于运动想象的脑电信号分析研究》。这些题目的格式是"基于……的……研究"，这种格式在毕业论文中的使用频率很高。"基于……"用来限定研究的角度，或者用来说明研究的出发点，使研究范围缩小，并且使研究内容比较集中，比较适合作为毕业论文题目的表达格式。

三、毕业论文开题报告的写法

开题报告是毕业论文审题小组评判学生选题是否可行的重要参考依据。下面介绍开题报告中相关内容的写作技巧。

1．毕业论文的选题意义

在阐述选题意义时，需要掌握一定的撰写技巧进行客观阐述。有些同学为了突出选题的价值，把自己的选题意义抬得太高，这是不可取的。

下面推荐一些撰写选题意义的评价词语和表达句式。

这个课题，对……不无启发	对……具有补益作用
对……有一定的参考价值	对……有一定的借鉴意义
对……有一定的启迪作用	对深化研究……不无裨益
对深化认识……有一定作用	对补充与完善……多有裨益
对……有一定的现实意义	有助于发掘和整理……

当然，也可以同时列出多项评价，那就用"不但……而且……同时……"等形式来表达。在措词方面，一般使用"一定""较好"等词语，不使用"很高""很好"等字眼。

2．国内外研究发展现状

开题报告中的国内外研究现状，就是对毕业论文要研究的课题，通过查阅文献，对国内外学术界研究的发展情况进行综述，这就需要占有一定的文献资料。很多同学能够做到"综"，就是把相关研究情况综合起来，但缺少"评述"或者评述不充分。综述需要综合并且评述，需要分析学术界对这个课题都研究了什么，有哪些主要成果，还存在什么问题或值得研究的地方，从而引出你要研究的内容。

3．研究目标和研究内容

研究目标可用一段话来描述，也可以将研究目标分解为不同的小目标。建议采用分条列项式的写法，让毕业论文审题小组的老师一目了然。

研究内容基本上就是研究课题的提纲，可采取如下写法：写出各章节的标题，然后简要说明每部分大致要研究什么内容，以此来体现全文的概貌。如果写开题报告时还没有确定好章节，也可对研究课题进行分解，但不要分解得太细，分出三四个研究内容即可，然后按照逻辑顺序来写，先研究什么，再研究什么。在语言表达上，可这样来写："用……方法或手段，对……进行……研究，考察……现象或问题，尝试揭示……规律，探究……机制，从而为……提供参考。"

4．研究方法和研究手段

每个学科有每个学科的研究方法和研究手段，如文献调查法、田野调查法、定量分析法、定性分析法、历史比较法、案例分析法、实验法、实证研究法等。对于使用的研究方法，需用一两句话来阐述一下，论文将如何使用这种研究方法，以及使用这种研究方法来解决什么问题。

5. 论文研究的进度安排

进度安排就是按照所在学校完成毕业论文工作的时间要求，把毕业论文的研究进度划分为不同的时间阶段，在每个阶段写明相关的研究任务和阶段性成果。本科毕业论文的工作时间一般在半年左右，在大四的第一个学期期末之前开题，在大四的第二个学期期末之前进行答辩。在划分时间阶段时，可以按照教学周的顺序来划分，也可以按照月份来进行划分，划分得不要太细，以免失去可操作性。

6. 可行性分析和研究条件

可行性分析主要是学生阐述自己设计的研究方案或实验方案是否具有可行性。在写法上，可以从自身知识储备、学科理论、研究基础、研究方法、研究思路、实验设备、技术路线等方面进行论述。

已具备的研究条件可以从硬件条件和软件条件来陈述。这部分需写明研究条件、实验条件、已收集到的资料、自身的知识结构和前期研究基础等内容。

7. 主要参考文献

开题报告中的主要参考文献，需列出国内外研究现状部分提及的文献和与论文选题直接相关的一些文献。列举文献时，需要注意以下两点：第一，开题报告中的参考文献数量一般要多于毕业论文任务书中参考文献的数量；第二，参考文献的写法有严格的格式要求。参考文献的具体著录格式参照《信息与文献 参考文献著录规则》（GB/T 7714—2015）执行。

四、毕业论文中文摘要的写法

毕业论文摘要应涵盖毕业论文的主要信息，应简要介绍研究目的、研究内容、研究方法、主要结果或发现、主要结论或推论等。如何用语言来表达呢？不同学科领域的毕业论文，其摘要有不同的写法，但都是有写作规律可循的。为了方便学习者写好论文摘要，下面提供三个模板供参考。

模板一：×××（研究对象）是……成为当前……的热点问题。为了解决……问题，文章采用……方法，对××、××、××等从……方面进行分析，建立了……系统（方案/体系），并运用到……中，研究发现×××。

模板二：×××（研究对象）是……的重要部分，其中××问题是关键。文章从……角度，分析了……影响（特征/可行性），对××、××等进行了比较，发现……特征（性质/规律），提出……方法（技术/方案/体系），使得……提高，对……产生……影响。

模板三：随着……的发展（应用），×××对……产生了……影响，××对××提出了更高的要求。文章基于……需求，进行……实验，对……进行分析。实验结果表明，该方法（技术/方案/体系）对……有很大的……效果（作用），对提高……有……影响（帮助）。

以上三个模板，可以根据论文的实际情况进行灵活变通。下面举例说明。

北京师范大学某硕士学位论文《中美高质量数学课堂教师提问的比较研究》的摘要如下

（节选）：

伴随着中国数学教育逐渐吸引起世界的眼光，国际间的比较研究已经成为趋势。本文旨在研究西方教育最有代表意义的美国在数学课堂上与中国有哪些相同点和不同点，从其中的一个点——教师提问出发，研究中美两国高质量数学课堂中教师提问的异同。在MIST和MIST China两个课堂录像库中分别依据两个国家高质量课堂的标准各筛选出了5节高质量课堂，利用依据中国数学课堂实际情况而略加修改后的IRF模型，通过Nvivo软件对教师提问进行编码，发现：1.基本每节课都会出现的提问类型有教师自行补充、核实、澄清题目、确认、提示、要求解释、要求学生阐述论证、重复答案、问结果、问策略过程方法，其中编码所在的问题串持续时间最长、编码点个数最多的是问结果和重复答案。2.……3.……9.虽然编码点的个数总和差异不大，但美国教师花在课堂提问对话的整体时间要比中国平均多出三分之一。

这篇摘要依次介绍了研究背景、研究对象、研究方法和研究结论（9点发现），但缺少研究的目的或意义的相关介绍。

五、抽查专家的评审意见概览

2020年12月，为贯彻落实《深化新时代教育评价改革总体方案》和《关于深化新时代教育督导体制机制改革的意见》，加强和改进教育督导评估监测，保证本科人才培养基本质量，教育部制定了《本科毕业论文（设计）抽检办法（试行）》，并下发通知（教督〔2020〕5号），教育部负责本科毕业论文抽检的统筹组织和监督，省级教育行政部门负责本地区本科毕业论文抽检的具体实施。

《本科毕业论文（设计）抽检办法（试行）》提出，本科毕业论文抽检应重点对选题意义、写作安排、逻辑构建、专业能力以及学术规范等进行考察。近年来，不少高校组织相关专家对本校本科毕业论文进行了自查或抽查，下面是部分抽查专家的评审意见，供读者参考，以免出现类似问题。

1．选题方面的问题

（1）部分毕业论文选题不太符合专业人才的培养要求，论文的专业性不足，部分毕业论文与其专业联系不紧密。

（2）部分毕业论文题目宽泛，研究内容不够具体、明确。部分毕业论文题目较大，实际内容偏小。

（3）部分毕业论文题目与实际内容不完全相符，研究内容缺少创新性或难易度偏低、工作量不够饱满。

2．任务书和开题报告的问题

（1）部分毕业论文任务书中的原始依据、课题意义篇幅过多，工作基础与研究条件涉及较少。有的任务书任务要求字数过少，不够具体明确。

（2）有些开题报告的内容与任务书雷同部分过多，撰写人没有搞清楚任务书与开题报告的区别。

（3）部分毕业设计类题目的任务书要求不明确，大多没有明确的设计要求和技术指标。

3．论文结构与内容方面的问题

（1）部分毕业论文的研究内容较少，工作量明显不足，不能全面完成设计任务，无法达到对四年所学知识进行综合训练的作用。

（2）部分毕业论文对研究所涉及的基础知识、基本概念、理论依据、研究背景的表述所占篇幅过大，而对于所做工作及研究成果的论述不够充分，个人见解、观点不突出。

（3）部分毕业论文的结构安排不合理，各章节标题拟定不当，有些小标题概括过度，标题之间的逻辑关系不尽合理。

（4）部分毕业论文的摘要和结论抓不住要点，未能全面、准确地体现毕业论文的主要内容和研究成果。

4．写作规范方面的问题

（1）少数毕业论文的相关材料不完整，如无任务书、开题报告、外文资料、中文译文、设计图纸等，有的外文资料未注明出处。

（2）部分毕业论文的文档格式明显与通用标准有较大差距，较大部分的毕业论文存在格式不规范的问题。

（3）部分毕业论文的文献引用标注不规范，注释和参考文献混而不分。

（4）部分毕业论文写作规范有待加强，如页眉、目录、参考文献、图表公式、页面排版等格式不规范。

第二节　项目申报书

一、科研项目申报书及其用途

在科研活动中，项目申报书是一种用来申报某些科技项目的报告文本。要获得科技项目，首先需要撰写项目申报书。科研项目申报书的主要作用是说服科研经费主管部门给予资助，从而获得项目立项。

科研项目申报书的核心内容是阐述申请的理由，申请理由往往需要通过对申报项目的研究目的、学术意义、学术价值、经济效益、社会效益、项目的创新性等方面进行说明和论证来体现。研究目标和内容具体、明确、合理，研究思路或技术路线正确、可行，研究方案的论证充分且可靠，有能胜任项目研究的负责人和研究团队，具备一定的研究条件，项目经费预算合理等。

二、科研项目的来源和性质

从来源和性质看，科研项目可分为纵向科研项目和横向科研项目。

1．纵向科研项目

纵向科研项目，是指上级科研主管部门或机构批准立项的各类计划（规划）、基金项目，一般是探索未知领域和研究前沿话题的，主要偏向于理论创新和科研突破。纵向科研项目大部分是国家级项目、省部级项目、市级和厅局级项目等。

2．横向科研项目

横向科研项目，是指企事业单位、兄弟单位委托的各类科技开发、科技服务、科学研究等方面的项目，以及政府部门通过非常规申报渠道下达的项目。

由于横向科研项目主要不是由政府部门下达的，其来源很广泛，相对来说，比较容易获得，因此，虽然其研究内容可能更贴近社会需要，研究经费也更多，但在科研评价体系中，横向科研项目的权重价值往往明显低于纵向科研项目。

三、项目申报书的撰写方法

近年来，国家越来越重视培养大学生的创新能力和实践能力，针对本科生的课外科研项目也越来越多。2012年，教育部下发了《教育部关于做好"本科教学工程"国家级大学生创新创业训练计划实施工作的通知》，同时，各地、各高校也划拨专项经费设立省市级大学生创新训练项目和校级创新训练项目（以下简称大创项目）。本书以国家级大学生创新创业训练计划项目申报书为例，介绍项目申报书的撰写方法和注意事项。

大创项目申报书中一般包括申报书的封面信息、申请人及研究团队成员基本信息、指导教师信息等客观内容。客观信息部分，根据实际情况填写即可。申报书的核心内容包括项目名称、项目简介、申请理由、项目方案（包括研究背景和立项依据、研究目标和研究内容、项目创新特色、研究方案、可行性分析、研究进度安排和项目组成员分工等）、预期成果、经费预算、指导教师意见等。

1．项目名称

项目名称应准确、简明地反映申报课题的主要内容，字数（含符号）一般不超过35个汉字。

2．项目简介

项目简介是对所申报的项目进行简要介绍，让评审专家迅速了解所申报项目的背景、主要的研究内容和研究目标等，需要高度概括，建议采用三句话来说明，字数控制在200字以内。

3．申请理由

一般的科研项目申报书没有把"申请理由"作为独立的一部分，而是在"立项依据"中阐述。因大创项目往往涉及"申请理由"，在此，把它单独列出来讲解。

学生的科研项目的申请理由部分，需包括自身具备的知识条件、特长和兴趣、已有的实践创新成果，或者与本项目有关的研究积累和已取得的成绩等。例如：

（1）本项目依托××实验中心和××学院的实验环境开展，该中心为国家级实验示范中心，具备国内高校一流的软硬件条件，并且指导教师具有丰富的相关项目指导、开发经验，这为本项目的研究起到了重要的保障作用。

（2）项目组全体成员对本项目抱有极高的热情和浓厚的兴趣，且具有相关学科的知识与实践经验。

×××：集成电路专业××级本科生，国家奖学金获得者，学院学生科技协会技术部部长，从事无人机目标识别的研究，曾获院级智能车比赛一等奖等。

×××：通信工程专业××级本科生，××市电子设计大赛二等奖，制作过多种基于数传模块的无线数据传输系统，应用在船模遥控、小车遥控及调试领域，拥有一定的实践经验。

×××：电子信息工程专业××级本科生，有较扎实的电路基础知识；组织、协调能力强。

这个例子先写了实验室条件和指导教师情况，然后列出了申报团队成员的专业、特长、已有的实践成果和获奖情况等，这样就把团队成员的优势体现出来了。

4. 研究背景和立项依据

这部分主要用来阐述项目的研究意义，分析国内外研究现状，并附上主要参考文献。为了便于评委评审，建议给各个部分的内容设置一个小标题，做到条理清晰，一目了然。这部分通用的写作顺序是，先阐述项目研究的理论与现实意义，再综述该选题的国内外研究现状和发展动态，最后列出主要参考文献。

（1）研究意义和应用前景

研究意义的本质就是对创新的论证，可以分为理论意义与实践意义两个方面，相应的，项目研究一般分为基础研究、应用研究和综合研究。对于基础研究的项目，需要结合科学研究发展趋势来论述项目的学术意义。对于应用研究的项目，需要论述其应用前景，并与国民经济和社会发展中迫切需要解决的科技问题相结合。对于综合研究的项目，应在学科交叉研究上多下功夫。

项目选题的研究意义决定着项目有无立项的价值。针对现实或历史中的问题或矛盾，结合已有的研究，阐述自己研究的重要性、必要性和可行性。例如：

从理论意义而言，虽然国内外学术界对……的研究有一定的成果，并得到了学术界普遍认可的结论，但是仍然缺乏有关……的研究来印证这一结论。本项目研究能够增进对……的理解，提供分析……的新视角。

从实践意义而言，通过理论研究与实证研究的结合，研究成果对企业……的管理，为实现……的管理方式可能会有指导意义；对……制订……政策具有参考价值。

这个例子从理论意义和实践意义两个方面来阐述项目的研究意义和价值。从写法来看，措词很好，如"学术界普遍认可""仍然缺乏""提供分析……的新视角""可能会有指导意义""具有参考价值"等，表述很严谨。

（2）国内外研究现状和发展动态

这部分内容就是文献综述。文献综述是文献综合评述的简称，是指作者针对某一课题，通过广泛收集、阅读、整理、分析国内外有关文献，对所研究的问题在一定时期内已经取得的研究成果、存在问题以及新的发展趋势等进行系统、全面的叙述和评论而写成的论说文章。

文献综述的作用，就是梳理所选研究领域或研究课题的研究现状，通过综合和评述，找出已有研究的不足和可能取得创新或突破的方向，从而引出自己所要研究的课题，以突出选题的前沿性和创新性。其实，也就是把自己的课题放在一个大背景下去论证其价值和意义。

（3）主要参考文献

在国内外研究现状和发展动态之后，逐条列出与本项目研究密切相关的国内外文献资料，以突显申报者对国内外研究现状和发展趋势的认识和把握。在列举参考文献时，应注意以下三点。

第一，要注意国内外关键性的研究成果，一般列举重要期刊的论文。

第二，参考文献数量不要太多也不要太少，列出二三十条即可。

第三，一定要注意时间性。既要有早期研究的成果，又要有最新的研究成果，以体现项目研究的继承性和前沿性。要以最新文献为主，以旧文献为辅。文献综述要涉及研究课题的来龙去脉和历史沿革，所以不能排除一些重要的旧文献。

5．研究目标和研究内容

这部分是项目申报书的核心部分。

（1）研究目标

研究目标主要用来阐述项目研究在学术上、理论上、应用上预计将取得的成果，拟解决什么科学问题或什么实践问题。

撰写研究目标时，不要用大篇幅去论证，而应用简短的话语进行概括。从内容上来说，研究目标要紧紧围绕自己提出的问题来写；从表述上看，要做到明确、简洁，可将最终目标分解为三四个小目标，按照逻辑关系把这些小目标串联起来。

（2）研究内容

研究内容需重点阐述。在写作顺序上，项目申报书一般先写研究目标，再写研究内容，因此研究内容应围绕研究目标来写。

写作时，要讲究逻辑关系，就是按照人们认识事物本质的过程，将要研究的内容按照从简单到复杂、从已知到未知、从个别到综合的逻辑顺序进行分解，将所要研究的内容拆分为几个部分来写，每一部分要相对均衡。同时，还要提炼出各部分内容的小标题或中心句，并将重要内容、核心内容加粗显示，以便醒目。

在研究内容部分，有时还需阐述研究的重点问题和难点问题。研究的重点，是从项目研究内部来审视的，研究重点是整个项目创新点的落脚点，创新点在哪里，重点就在哪里。因此，研究重点一定要围绕着项目创新点来写。研究的难点在于，从同行或其他人的角度来看这个项目，不管谁来研究，大家可能都会面临的难题。

05

扫码看视频

找准项目
创新点

研究内容

申报项目的名称：《学生社团与学生能力发展研究》。

本研究的主要目标在于考察中国大学中的学生社团与学生能力发展之间的相互关系。

研究内容主要包括如下几个方面的问题。

（1）对于大学生而言，什么样的社团是好的社团？

（2）哪些因素影响了学生对不同类型社团的选择？

（3）在社团中他们的体验如何？

（4）哪些因素使他们留在或尽早退出了社团？

（5）从社团退出之后，他们各方面的能力是否有了预期的变化？

（6）这些变化表现在哪些方面？

问题：①其主要目标不是真正的目标，而是研究对象；②研究内容列举了6个方面的问题，没有展开论述，欠妥。

修改建议：①研究内容的写法，建议采用陈述句而不是疑问句来写；②需阐述项目的研究重点、难点和创新点。

6. 项目创新特色

项目的特色及创新之处，是指本项目的研究在理论上、实验上、技术上与同类研究相比，有什么不同之处，有哪些创新的地方。

怎样才能叫创新呢？创新可以从不同角度来界定，比如，问题创新就是提出了一个值得研究的新问题；理论创新就是提出了一个新理论；方法创新就是提出或应用了一个新方法；结论创新就是得出了一个新观点或新认识；数据创新就是采集或整理出了一个新数据；政策建议创新就是为制订政策提出了新的建议。

对于本科生来说，理论创新的可能性比较小，要实现理论创新很难，相对来说，方法创新、结论创新的可能性比较大。应用方法的创新，主要指项目研究采用的技术方案和技术路线与该研究领域的其他已知技术方案和技术路线相比，有什么区别特征，并且这些区别特征给本项目的研究带来了哪些积极的效果。结论创新，主要指通过项目的研究和论证，对某一问题得出一些新观点、新认识。

7. 研究方案

这部分内容包括研究的有关方法、技术路线、实验手段、关键技术等。进行科研工作，事先需要确定技术路线。所谓技术路线，就是某一项目的整体研究方案，它是由若干个具有内在联系的技术方案组成的。技术方案是项目研究拟采用的试验方法、工艺流程和设备选型匹配方案等。对于不同学科的项目来说，研究方案有不同的写法。

对于理工科学生来说，研究方案主要体现在项目研究技术路线上。在申报书中，可以采用"技术路线图"的形式来呈现。在整个路线图中，要能将主要内容用图示的方式展现出来，最好要有路线和流程，把步骤体现清楚，方框和线条不要太多，否则看上去太乱；并且要用适当的文字来阐述图中的内容及其关系，不能只是一个光秃秃的图，让评审专家来猜你要怎么做。

对于文科学生来说，研究方案部分主要写研究思路和研究方法。评审专家在审阅申报书时，主要看研究思路和方法是否考虑周到、是否有针对性、是否具体。在列举研究方法时，须交代选择某一种方法的目的和依据，说明该研究方法的可行性。

8. 可行性分析

可行性分析，主要从理论、实验、技术三个方面来分析研究项目能否达到预期目标。项目申报者可从多个角度来论证可行性。具体而言，可从以下三方面来写：一是阐述研究方法、研究思路和研究方案（包括技术路线），说明研究目标的合理性；二是借助研究条件和前期基础，说明研究者对这项研究有一定的基础和把握，有能力实施相关研究；三是介绍团队构成情况及分工，表明这样的研究团队组合是合理的，有利于保证项目研究的开展。

从内容上看，可行性分析部分可包括研究条件、前期基础等。研究条件主要是指实验条件、技术条件和资料准备，包括软件、数据、文献资料等。前期基础一般包括申报者已发表的论文和著作，以前主持和参与过的相关课题，获得的学术奖励等，写这些的目的是突出项目申报者具有从事此项研究的能力。对大多数大学生来说，没有相关的前期科研基础，那么这部分内容可以写项目组成员的学科基础，学习了哪些专业课程，具备哪些专业基础知识，即说明项目组有从事所申报项目的专业素养和相关技能。

9. 研究进度安排

每个项目的研究都有一定的时间期限，比如国家社科基金项目的完成时限：基础理论研究一般为3~5年，应用对策研究一般为2~3年。就年限而言，大创项目一般分两种：一种是1年期项目，一种是2年期项目。在研究年限的选择上，是选择1年还是2年，要根据研究项目的难易程度和所学专业的学制年限来确定。

在具体时间的安排方面，要把一年的时间分为几个阶段，每个阶段安排一定的研究内容，逐步实现研究目标。需要注意的是，科研项目一般都有中期检查。中期检查将对项目实施的进展情况、已取得的阶段性成果、下一阶段研究计划及预期成果、经费使用情况等进行检查，对完成阶段性研究任务的项目继续进行支持，对没有按计划完成研究任务的项目不再资助或者予以撤项。因此，拟定研究进度时也要考虑项目研究中期的阶段性研究计划。另外，在安排进度时，要注意研究计划的完整性，把握好各个研究节点和关键点，一般分为四五个阶段即可，应把不同研究阶段的内容具体化，并注意相互之间的衔接和逻辑关系。

10. 项目组成员分工

这部分内容用来介绍研究团队的成员及其分工，评审专家会根据项目团队中人员的构成情况和能力素质进行综合考量，以确定是否同意项目立项。

大学生的科研项目是鼓励跨学科、跨专业组建研究团队的，所以在成员构成上，要注意不同学科背景的知识储备、研究经历和能力与整个项目的匹配度；相应地，在分工上也要考虑这种匹配度，与此同时，在分工上还需要注意团队的整体合作。

在具体的分工安排中，有两种写法：一种是以成员为主线，依次写出每个人负责哪部分工作；另一种是以研究内容为主线，给每个研究内容分配不同的成员。

张××：项目的推进、人员组织协调及实证分析

王××：指标确定及模型建立

刘××：文献查找、整理及数据查找

李××：理论研究与分析

赵××：研究报告及论文的撰写

这种分工看不出成员之间的合作，让人觉得他们的项目研究是一个接力赛，一个人做一部分，并且如果前面的成员没有完成相关工作，其他成员就无法开展后续研究工作。项目组成员分工即使以成员为主线来分工，在具体的分工内容上，可能也会有一定的交叉，研究工作应该是共同参与、齐头并进的，最好不要是"接力"的形式。

🔍 范例

（1）统筹安排，规划协调，项目总负责人：张××。

（2）××材料的收集与整理：全体成员。

（3）收集相关语料并分析，完成文献综述：张××、王××、刘××。

（4）×××的个案研究：李××、赵××。

（5）×××的实证研究：张××、王××、李××。

（6）撰写论文并投稿：全体成员。

（7）撰写结项报告和研究总结：全体成员。

🔍 简析

这个案例是以项目研究内容为主线进行分工的，这个分工跟申报书中的研究内容应该有一定的对应关系，写得比较好。每个研究内容可能不止一个人参与，需要团队协作，因此建议以研究内容作为分工主线。另外，成员分工这部分内容，可以采用文字来表述，也可采用表格的形式来呈现。

11. 预期成果

预期成果主要用来说明项目研究后，结项时的成果形式，如论文、专著、研究报告、软件、数据库、产品、专利、技术报告、技术资料等，并且需要说明预计的数量，如拟发表多少篇论文、拟申请几个专利等。除了写明预期成果的表现形式外，有时还需要说明成果的使用范围及效果。在写法上，建议采用分条列项式，让人一目了然。

范例

（1）搭建高精度超声波定位系统硬件设备，并完成超声波定位的相关算法设计和程序编写。

（2）完成软硬件综合调试，制作出准确率高、应用性强的超声波定位系统。

（3）为高精度超声波定位系统的算法、硬件设计等申请专利。

（4）发表相关项目论文2篇。

（5）完成1篇项目研究报告。

简析

这是一个工科学生申报大创项目的预期成果，成果形式比较具体，分别是程序、系统、专利、论文、研究报告。这5项成果体现了研究工作的先后顺序。

范例

（1）本项目的预期成果形式为系列论文

① 双音节连词语法化的个案研究（2～3篇论文）

② 某类双音节连词的语法化研究（1～2篇论文）

（2）本项目成果的使用去向

研究成果可为母语教学和对外汉语教学的连词教学提供参考；拟将研究成果投稿，争取公开发表。

简析

这个项目的预期成果形式主要是研究论文，写出了大致的研究方向和预计的论文数量，写得比较具体，另外还写了项目成果的使用去向，以体现项目研究的潜在价值。

12．经费预算

每类项目都有相应的项目资金管理办法，如《国家自然科学基金资助项目资金管理办法》《国家社会科学基金项目资金管理办法》《高等学校哲学社会科学繁荣计划专项资金管理办法》等，在这些管理办法中都会规定项目经费的额度、用途和开支范围。一般来说，项目经费的开支可分为以下几类：资料费、数据采集费、会议费/差旅费、设备费、专家咨询费、印刷出版费和其他支出。

项目申报者应当按照目标相关性、政策相符性和经济合理性的原则，根据项目研究需要和开支范围，科学合理、实事求是地编制项目预算，并对费用支出的主要用途和测算理由等作出简要说明。

13．指导教师意见

指导教师意见对成功申报项目也具有一定的作用。有些学生科研项目来源于指导教师科研项目；有些项目是学生先自选项目，再去联系指导教师。指导教师意见将反映出教师对项目的态度。指导教师认真负责的态度，将有利于学生项目研究的顺利开展。

指导教师意见应重点从专业角度进行推荐，并对项目的可行性进行评价，以供评审专家参考，因此指导教师意见不宜简单写"同意推荐""同意申报"等几个字。

写作攻略

一、部分专家评审意见概览

下面提供部分评审专家在评阅各类社科基金项目时的评审意见[①]，专家们指出的这些问题具有共性，了解专家评审情况，有利于我们有针对性地撰写项目申报书。

1．选题方面的问题

在选题大小方面，有的选题太大，涵盖内容太多，专家会觉得研究者无法驾驭；有的选题太小，涵盖内容太少，缺乏特色和深度。在创新性方面，部分课题的选题不够新颖，问题导向不明，缺乏时代性；在语言表述方面，有的概念不准确或概念界定模糊，学术性不强，研究对象和研究内容不明确；在课题意义方面，有的强调得太过，意义过于宏观、过于庞杂。

2．研究现状方面的问题

有些项目申报书对国内外研究现状几乎没有述评，缺少综、梳、述、评，只是简单地罗列文献。有的研究现状述评不对题、不全面，未述评前人的研究状况，而仅仅介绍有关名词概念；述评前人研究状况时过于笼统，没有实质性研究。在语言表述上，安排不合理，详略

---

① 此部分参考了"社科学术圈"微信公众号上题为《国家社科申报书专家意见大汇总》的文章。

不当，文字不够精练、准确。

3．研究内容方面的问题

在研究内容方面，有的过于庞大，主要观点根本无法表达；有的写出整本书的框架，但没有阐述申报者的主要观点，缺少核心观点，导致创新性、时代性不足。在观点方面，有的提出研究设想，但没有提出研究观点；有的主要观点缺位，以研究思路与研究方法代替观点；有的观点不鲜明，只是一般性论述，没有吸引人的地方。在研究方法上，仅简单罗列，不具体，没有针对性。在论证方面，项目申报书论证不充分，内容详略安排不合理；问题不明晰，论证的重点没有放在分析问题和解决问题上。在语言表述上，有的口语化，学术规范性不强；对创新点和特色凝练不够，表述不准确；图文结合欠妥，流程图编制缺少科学性，规范性不足，逻辑不清，重点不突出。另外，参考文献不具备权威性，层次低，不全面，最新研究成果的文献太少。

4．其他方面的问题

研究团队方面，项目组成员的综合研究实力不够强，成员结构层次不合理，人数太多或太少。有些成员的研究成果与课题不相关，不能支撑课题研究。负责人没有写清自己具备课题研究的条件（能力、时间、比较优势、研究实力等）。经费预算不合理，申报经费过少或过多。项目申报书存在错别字等低级错误，格式不规范，字体不统一，装订不规范。

二、国内外研究现状的写法

高质量的国内外研究现状的文献综述可以彰显申报者对某一知识体系的熟悉程度，让评审专家能够对申报者的专业能力与知识背景作出正确判断，以取得评审专家的信任，进而提高项目申报的成功率。这部分内容最好分成几个小点来写，尽量写得具体一些，尽可能突显项目的创新点。

要写好这一部分，首先需要查阅大量的文献资料。在这个过程中，要学会使用各自学科的文献资料数据库。就写法而言，项目申报书中文献综述的写作思路可以这样写：首先，陈述现象和事实，然后结合国内外相关的理论研究；评述研究进展，查找研究中的不足或有待完善、有待进一步推进的地方，再引入要研究的问题，最后过渡到自己研究的视角和思路。因此，在国内外研究现状和发展动态部分，不能为了综述而综述，一定要围绕项目的研究方向和研究目的来评述，这样才能为自己的研究做好铺垫。

对文献的综述，要有针对性，要有评价，尤其要针对已有研究成果及其不足来写，并且这些不足或有待进一步研究的地方正是你要努力解决的。也就是说，指出的研究现状中存在的不足，不能与自己的研究目的无关。在写法上，要围绕研究目标来写，以体现针对性。撰写文献综述本身就是一种研究，它是基于文献的研究，所以不能把文献综述写成研究现状的介绍性内容，这也就要求文献综述具有一定的研究性。

对文献的综述，还要体现项目的创新点。虽然文献综述在内容上是叙述前人所做的工作，但是文献综述的目的却是为了衬托出自己选题的高明之处、创新之处。创新点总是比较而言的，如果缺乏文献综述作为参考依据，就无法判断其是否具有创新性。从一定程度上来看，创新是建立在前人已有成果的基础上的，是对已有成果的辩证扬弃。

三、全面阐述项目的创新性

在归纳出或找到拟申报项目的创新点之后，不仅要在"项目创新特色概述"这部分集中表述，而且需要在项目申报书的其他内容中体现，换句话说，项目申报书处处都要围绕着创新点来写。

在立项依据和申请理由中，强调项目的创新价值；在国内外研究现状的综述部分，引出你的项目研究相对于现有研究的创新之处；在研究意义部分，指明项目的创新价值；在研究方法上，具体说明项目的创新做法；在研究内容部分，特别是在研究的重点和难点中体现研究的创新性，如果研究的重点和难点里没有包括研究特色和创新点，那就说明归纳出来的创新点还不准确。项目申报书的很多地方都围绕创新点来写，能够实现前后呼应、相互支撑。

在"项目创新特色"部分，主要是集中陈述项目的创新性。一般来说，归纳出两三个创新点即可，并且要分条陈述。如果在研究意义、研究方法和研究内容等处都提到了项目的创新点，在这个地方集中写的时候，需再次高度概括，尽量不要使用重复的语句。

有时，申报者的困惑是如何才能知道自己提出的创新点就是真正的创新。创新和特色都是相对而言的，在比较的基础上才能体现创新和特色。别人没有研究过的，或者别人做过但自己做得更好的，才能称得上是创新与特色。但是，本科生受限于学识，很难判断是不是创新、是不是有特色，该怎么办呢？那就要多听取其他人的意见，比如找指导教师、相关领域教师征求意见。

四、项目申报书的格式规范

项目申报书多为表格形式，表格和表述文字的排版对项目申报书的质量也有很大影响。在填写申报表时，不要随意变动表格的宽度、单元格格式等。表格中文字的排版是格式的重要表现。字体、字号、行间距、各级标题的层次、标题的醒目程度、关键词的突显等都不可忽视。评审专家在评审项目申报书时，可能不会花很多时间去逐字逐句地仔细阅读项目申报书，所以我们要让评审专家用最短的时间看到项目申报书的重点和亮点，吸引他们、说服他们，因此在撰写完项目申报书之后，还需要在格式规范方面多下功夫。

📖🔍 思考与练习题

一、知识点巩固

扫码做练习，巩固本章知识点。

二、写作训练题

1. 请查阅并了解你所在学校毕业论文管理的相关文件。

2. 从中国知网查阅自己所学专业的一些期刊论文，了解并学习学术论文各部分的写法和格式规范。

扫码做练习

第五章客观题

3. 下面是一篇毕业论文的摘要和关键词，请指出其中的不妥之处。

摘要：随着中央全面依法治国工作会议的召开，全面推进依法治国对于我国夺取全面建设社会主义现代化国家新胜利产生了日益重要的作用与影响，随之而来的是要求我国人民更好地学法、懂法、用法。法治新闻报道作为人民了解法律知识的重要途径，对法律更好的普及与发展的重要性是不言而喻的，而法律术语在法治新闻报道中使用不规范的现象时有出现。法律术语作为法律知识在语言学中的结晶，是法学中的基本语言单位，它所代表的是法学学科最基础的概念。法律术语在法治新闻报道中的正确使用与否，直接决定了新闻报道本身是否满足准确性的要求。

本文旨在通过语言学的思维与分析方法，对法律术语在法治新闻报道中的使用情况进行讨论，总结其中法律术语的使用方式、准确程度及风格特点，并对其中法律术语使用存在的问题以及问题存在的原因展开讨论，并探讨法律术语在法治新闻报道中正确使用的重要性及必要性。

关键词：法律术语，新闻报道，规范化，重要性

4. 请指出下列参考文献著录格式的错误。

[1] 刘丹青. 实词的叹词化和叹词的去叹词化[J]. 汉语学习，2012（3）.

[2] 冯硕. 现代汉语次生叹词研究[D]. 华中师范大学，2016.

[3] 赵则玲. 也谈现代汉语否定副词"不"叹词化问题[J]. 浙江大学学报（人文社会科学版），2015，（03）：142.

[4] 贺义宏、方绪军. "别"的代谓词和代句词功能及其叹词化[j]. 语言教学与研究，2019（2）：91-100

[5] 董秀芳. 词汇化与话语标记的形成[J]. 世界汉语教学，2007（1）：50-61+3

[6] 彭小川、李守纪. 对外汉语教学语法释疑201例[M]. 北京：商务印书馆.

Chapter 06

第六章

应用文的修改

　　"文章不厌百回改，反复推敲佳句来。"这是古人的写作经验之谈。绝大多数的好文章与其说是写出来的，不如说是改出来的。就应用文的修改来说，我们可以从宏观结构、中观结构和微观结构三个层面进行修改。

扫码看任务

第六章
写作任务

第一节　宏观结构的修改

文章是对客观事物的反映，而客观事物是复杂多变的，要正确认识客观事物需要一个过程。尽管应用文的撰写者在观察、调查、构思时已对客观事物做过调研，起草时又进一步做了研究，但任何客观事物都是复杂的，要做到对其认识深刻、反映恰当，则需要在应用文写作过程中不断打磨、反复修改。下面从主旨的检查和框架的修改两个方面谈谈应用文宏观结构的修改。

一、主旨的检查

主旨，指的是主要的意义、用意或目的。文章的主旨，是指在文章中通过有组织的文字表现出来的目的，能反映出作者的某种思想、观点和倾向。就应用文来说，主旨就是行文目的和意图。作为公务活动中的应用文，公文都是出于实际应用的目的而制发的，因此，撰写者应在公文中直截了当地反映主旨。

修改应用文时，首先要对主旨进行检查，检查主旨是否合法、是否正确、是否显豁。检查的内容可以从三个方面入手。

（一）检查内容的合法性

公文有明确的写作目的，属于奉命写作，不能随意发挥。符合法律法规、政策规定是公文起草的基本要求。就公文的修改而言，政策的核查尤为重要，绝不可掉以轻心。核查的重点是检查内容是否符合党的理论、路线、方针、政策和国家法律、法规，是否完整、准确地体现发文机关意图，是否同现行有关公文相衔接，所提政策、措施和办法是否切实可行，涉及法律法规之处有无疏漏或谬误等。

除党政机关公文以外的应用文，也有很强的目的性，是为解决生活中的现实问题而撰写的材料。修改时，我们应检查文章的合理性、合法性。例如，请批类文书的申请理由、请求事项是否合理，宣传类文书的内容是否符合相关要求，科技类文书的内容是否存在学术不端行为，等等。

（二）检查观点的正确性

所谓观点正确，就是文中表达的观点符合客观实际，遵循客观规律，切合实际需要，讲求实效。具体而言，检查公文的基本观点是否做到了把握现实、预测趋势，并且不违反党和国家的政策、法规；在肯定先进、否定错误时，是否做到客观公正、态度鲜明；提出的措施、办法是否具有可行性，是否有利于解决实际问题。文章的基本观点要经得起实践的检验，不片面、不过激、不把话说满或说死。

有时，仅仅观点正确还不够，还需要观点新颖、认识深刻。写文件、作报告、发表文章，都是为了解决问题。若在公文中老生常谈，以文件落实文件，则无意义。修改时，重点检查问题的分析是否深刻，提出的举措是否可行，落实的保障是否有力等。

（三）检查主旨的显豁性

公文是党和国家机关在领导党的事业和治理国家方面表达意志、传递策令的书面手段，是以文辅政的重要载体，因此公文的主旨一定要简洁明了，具有显豁性，让人一看便知、一读便懂，便于执行。公文的主旨要在文中显著的位置直白地表达出来，可以通过各级标题或使用加粗字体等方式显露出来。

一篇公文一般只能有一个主旨。修改公文时，检查内容是否旁生枝节、偏离主题。例如，起草并修改领导讲话稿时，需要检查讲话稿的主题是否鲜明，是否能反映讲话者的立场，体现讲话的导向，是否存在顾左右而言他、泛泛而谈的内容。又如，撰写事迹材料时，我们需要从多角度、多侧面来塑造典型、体现先进，修改时，就需要检查主旨是否突出，材料之间是否具有相关性，不能杂乱无章地堆砌材料。再如，修改求职类文书时，检查自身能力的陈述与佐证材料是否具有说服力，是否与应聘岗位有较高的契合度。

二、框架的修改

如果说文章的主旨如同人的灵魂，那么文章的结构就如同人的筋骨。文章的整体框架可视为宏观结构。文章的宏观结构应该在构思阶段予以确立，但在实际写作中，有时因篇幅限制、段落安排、材料取舍等原因，可能会致使文章的框架不尽合理，结构不紧凑，逻辑不严密等，因此，修改文章框架是很有必要的。

（一）布局是否合理

谋篇布局是否合理，将直接关系到应用文的质量。应用文的结构是否合理、是否严谨，不仅取决于写作技巧的好坏，也取决于撰写者思路是否清晰。撰写者对事物的认识是一个循序渐进的过程，很难在一开始就认识全面、思路清晰。在写作过程中，认识会逐渐深入，思路会逐渐清晰，因此，在文章结构的安排上就可能需要进行微调。

就宏观结构的修改而言，我们需要检查文章各部分的布局是否合理，前后关系是否符合逻辑或常理。检查各部分之间的结构关系是否合理，该用并列结构、顺序结构、递进结构，还是因果结构。例如，述职报告一般按"德、能、勤、绩、廉"的先后顺序来撰写；通知一般按办理事情的事理逻辑来安排结构；规章制度类文书一般以总则、分则、附则为序，在分则中再按某种逻辑关系分设章、条、款。

（二）层次是否合理

在篇幅较长的应用文中，层次是比段落大一级的构成单位。层次的安排侧重于思想内容、写作思路，属于宏观结构；而段落侧重于对一个自然段的文字表述，属于中观结构。一般来说，一个层次由一个或多个段落组成。在表现形式上，层次可以用序号或序数词来标记。《党政机关公文格式》规定文中结构层次序数依次可以用"一、""（一）""1."" （1）"标注，在这些序数之下再划分段落。

检查文章层次是否清晰时，重点要看文章的各层次是否围绕主旨构成一个整体，各层次之间是否合乎逻辑，各级标题（纲目）是否合理，过渡是否自然、流畅，首尾是否呼应等。文章的各个层次不应是独立的，各层次之间的转换、衔接需要使用过渡段、过渡句或过渡词。修改时，要从上下文的连贯性来审视层次的清晰度。不同文种有相对稳定的结构层次。例如，"请示"的结构一般为请示缘由、请示事项和办法意见，"通知"的结构层次大多为目的、依据、事项安排和执行要求，"批评性通报"的层次大多为错误事实、分析原因、处理决定、提出要求并发出警戒。长期以来，不同文种形成了较为规范的体式，在安排层次时应有所遵循。

第二节　中观结构的修改

如果把文章的全文框架看作是一个宏观结构，那么文章中每个层次的段落之间的关系和每个段落内部句子之间的关系可视为中观结构。下面从段落的修改和材料的取舍两个方面谈谈应用文中观结构的修改。

一、段落的修改

应用文中观结构的修改，主要是对每个段落之间的逻辑关系和段内句子之间的逻辑关系进行修改。

（一）段落之间逻辑关系的修改

文章的谋篇布局涉及段落的起承转合，段落之间的先后顺序体现出撰写者的逻辑思维。如果逻辑混乱，文章就会杂乱无章，行文如一盘散沙。一篇应用文要分几部分，每个部分要分几个段落，每段大约使用几个句子，都需要合理安排，做到详略得当，篇幅均衡，四平八稳，这样文章才能立得住。在整篇文章中，积句成段，组段成篇，"段落"在篇章和句子之间发挥承上启下的作用。修改应用文时，要检查前后段落之间的过渡是否自然、流畅，分段是否合理，各段的篇幅是否均衡，逻辑是否清晰，不能以其昏昏使人昭昭。

例如，在撰写述职报告时，我们一般将全文分为三大部分：一是主要工作及完成情况，二是存在的问题及原因分析，三是下一步工作思路及措施。在主要工作部分再细分出几个方面，如按照"德、能、勤、绩、廉"的逻辑结构安排段落。述职报告全文要把主要做法及成效、存在问题与不足、下一步工作思路分开来写。修改时，要检查各部分的重点是否突出，查找的问题是否按重要性进行排列，下一步工作措施对于存在的问题而言是否具有针对性。如果脱离"问题"来谈工作措施，就会造成逻辑混乱。

再如，在国家公务员申论考试中，作答归纳概括题时，考生要在有限的字数范围内做到归纳全面、不遗漏得分点。起草、修改公文也如此，我们需要搭建严密的逻辑框架，弄清文章的组织构造及内在逻辑关系，形成清晰的脉络，确保文章的中观结构清晰、合理。

（二）句子之间逻辑关系的修改

每个段落之间过渡要自然，行文要流畅。每个段落一般是由若干个句子组成的，段落内部的句子也要安排得当，逻辑关系清晰。针对每个段落的修改，重点要检查每个句子之间的关系是否恰当，句子之间的逻辑是否严密。在应用文中，段落内部各个句子之间的常见结构关系有总分式、分总式、总分总式，且以总分式结构居多。下面举例说明。

在社团工作中，因为学生党建工作烦琐，任务较重，所以我把主要精力放在了党支部建设和学院党建工作上。作为老生代表连续参加了第二期和第三期××班新老党员交流会；受邀参加自动化学院社研会活动，并担任评委；创新党支部工作形式，与学生会合办"你捐书，我铭记"志愿服务活动；作为优秀老生党员代表受邀参加校学生党校优秀党员经验交流会活动；受邀参加由学院社团团委举办的新生入党流程培训活动，并担任主讲人……通过参加这一系列的活动，我在把自己的知识传播给其他人的同时，也得到了很多宝贵的经验，直接或间接地支持或者参与了社团的活动，提高了自己的能力。

这是一个学生对参加社团活动的总结，采用了"分总式"结构。在撰写总结时，建议采用"总分式"结构，做到虚实结合，先虚后实，也就是把参加社团活动后的收获和认识总结出来，作为段首中心句，然后再列举事例加以支撑。教育部2019年第14期简报就采用了"总分式"结构，案例如下。

优化评价机制，重视"过程""结果"相结合。加强教育教学质量评估，将学生职业发展状况作为优化人才培养方案的重要参考。南开大学建立毕业生跟踪调查机制和人才成长数据库，根据质量监测和反馈信息不断完善培养方案、培养过程、培养模式和培养机制。天津大学积极推进复合式课程考核方式，加大课堂平时成绩比例，注重考核学生大作业、小论文、报告等环节的表现以及学生课堂之外自主学习的成果。北京交通大学建设评学课程评估系统，探索课程评价以评教为主转变为以评学为主。

教育部这期简报在总结不同高校人才评价机制的优化措施时，先概括出典型做法，即重视"过程""结果"相结合，然后选取具有代表性的高校作为支撑，这就是总分式的写法。

二、材料的处理

应用文的材料，是指为了撰写应用文而采集的，用以提炼、确立、表现写作主旨的事实和理论。文章应做到观点与材料相统一，对材料的修改应包括对材料的适用性、可靠性和代表性进行复查，如有不符合实际或者与主旨无关的材料，应该修正或调整，甚至需要重新选材。在事迹材料、经验类简报、述职报告、演讲稿、发言稿、总结等文书的写作中，材料的处理都十分重要。

（一）检查虚实关系是否得当

应用文写作中的虚实关系主要体现在文章的观点与材料之间的关系上。用观点统领材料，用材料支撑观点，以及对观点进行必要的阐述、说明、论证，是做到有虚有实、虚实结合的基本写法。例如，撰写总结、简报、述职报告之类的文书时，需要总结工作中的思路、方式、方法、经验等，这些都属于"虚"的观点、认识，把这些观点分别处理为各段的段首中心句，然后用"实"的事例加以证明、支撑。

检查虚实关系是否得当时，还要做到材料与观点相统一，不能观点大、材料小，也不能观点小、材料大，对材料的归纳概括要适度。处理虚实结合的方法可参看本书总结类文书部分的"写作攻略"，此不赘述。

（二）检查材料顺序是否得当

材料是用来表现主旨的，要做到材料与观点相统一，需要和谐地组织材料，使用恰当的顺序呈现材料，这样才能使材料与观点形成一个有机的整体。不同文种对材料的呈现顺序有不同的要求。检查、修改材料时，还需要检查材料的处理方式是否得当。

工作总结、经验类简报、述职报告等总结性材料，一般采用"观点先行，后举材料"的顺序，在语言表达形式上，就是使用各级标题、段落首句概括呈现观点、结论等，然后再列举事实材料或理论材料作为支撑。

情况报告、调查报告、讲话稿等说理性比较强的材料，多采用"边举材料，边讲观点"的顺序，也就是先摆事实，再讲道理，行文循序渐进。

事迹材料、情况通报、表扬信、感谢信等叙事性较强的材料，主要以材料为主，少讲或不讲道理，寓理于事。

修改文章时，应根据不同文种对材料呈现形式的需要，着眼于材料与观点的关系，检查材料的顺序是否妥当，避免空发议论。

（三）检查点面结合是否得当

材料的取舍应着眼于材料的代表性、典型性，尽量做到点面结合。安排材料时，不能堆砌材料，否则会淹没文章的观点，导致主旨不集中、不突出，所以应删掉那些不具代表性、与主旨关系不够贴切的材料。本书在简报的"写作攻略"中介绍了经验类简报的点面结合法，忌讳使用"观点+事例1+事例2+事例3"的布局形式，而要采用"观点+概括叙述+事例1+事例2+事例3"，其中"概括叙述"就是"面"，事例1、事例2、事例3就是"点"。在做到点面结合的同时，还需要考虑这几个事例是否具有代表性。

例如，某单位在撰写某一工作领域的经验做法时，可先拆分出三条具体经验来，形成观点一、观点二、观点三，然后在每个观点下面分别利用几个事例来支撑，这些事例应尽量选取单位中不同部门的材料，做到覆盖面广。也就是说，我们在取舍材料的时候，要根据主旨的需要，精心安排，点面结合，兼顾深度和广度。

第三节　微观结构的修改

文章的主旨和内容都是靠一句一句的话语来表达的，我们将文章中句子和词语之间的关系看成文章的微观结构。应用文微观结构的修改，就是对文章中每一句话的修改。下面从语句的推敲和表达的规范两个方面简要谈谈应用文微观结构的修改，具体修改技巧，将在"写作攻略"中讲述。

一、语句的推敲

语句层面的结构，一般涉及主、谓、宾、定、状、补等句子成分的搭配，分句之间的衔接。就应用文写作来说，不追求华丽的辞藻，而要做到简洁、朴实，句子的使用要符合应用文写作的文体要求和语体特征。

（一）检查句子使用是否准确

词汇是语言的材料，语法是使词汇有机组合的规则。学习并掌握基本的语法知识，写出文从字顺的语句是写作的基本要求。应用文写作与文学写作在句子的使用方面存在较为明显的差别，在遣词造句方面，力求符合应用文的写作特点。

检查句子使用是否准确涉及诸多方面，如句子是否有语病、有歧义，句义是否显豁，遣词造句是否得体，句子之间的衔接是否连贯，过渡是否自然，语气是否顺畅，等等。

检查句子使用是否准确，是需要一定的语言文字理论知识和表达能力的。国家公务员行政职业能力测验也注重对语言能力的考查。言语理解题，是国家公务员行政职业能力测验的题型之一。这种题型的试题，主要测查报考者运用语言文字进行思考和交流、迅速准确地理解和把握文字材料内涵的能力。言语理解和表达能力，是公务员从事行政管理工作所需的一种基本能力。对于从事文字工作的人来说，正确理解句子的含义、正确运用句子来表情达意，是开展工作的基础。

（二）检查修辞手法是否得当

陈望道先生在《修辞学发凡》中将修辞现象分为两大类：消极修辞和积极修辞。消极修辞是指为适应题旨情境需要，利用常规的表达方式，使语言明白、准确、通顺的一种修辞手法。消极修辞以明确、通顺、平匀、稳密为标准，主要运用于科学语体、公文语体、诠释性文字和平时的商谈，也称规范修辞。积极修辞是指为适应题旨情境需要，积极运用各种表达方式，利用语言文字的一切可能性和相关因素，使语言形象生动，富有表现力的一种修辞手法。积极修辞不仅要使人理会，还要使人感动。积极修辞不仅要使语言意思准确、明白，而且还要使语言形象、生动、活泼。根据表达的需要，积极修辞可以运用各种语文材料和表现手法来增强表达效果。

应用文写作一般不采用文学性语言，不追求积极修辞，讲究消极修辞。消极修辞的具体要求如下。

（1）思想明确。写作者首先必须经过仔细观察、研究，对事物的性质、特征、内部联系、与其他事物的关系，以及发展变化等有明确、全面的认识。写作之前理清思路，成竹在胸，明确写作目的、重点，以及读者对象。

（2）词义明确。选择表意十分准确的词语，力避模棱两可的词语，对有歧义的词句，应立加解释。在同一语境中，概念的内涵应保持一致。可用对概念加限定语的方式，缩小外延，明确词义。

（3）**语句通顺**。句子要合乎语法的要求，精准选用虚词，词与词、短语与短语的关系要明晰，句与句之间的意思要连贯。

（4）**语言平稳**。语言平实，力避怪词僻句。语言匀称，力避疏缺或驳杂。语言的使用要与内容、语境相契合。

（5）**布局严谨**。根据事物本身所具有的规律性，合理安排写作顺序，从句群到语段、到语篇，注意前后照应，过渡自然，文势贯通。

有同学在撰写大学生涯规划时，采用了文学性的语言，例如：

规划志向对处于青春韶华的学子而言是灯塔、是罗盘、是夜空中高悬的北斗明星。规划犹如破除迷雾的火光，使人不再迷茫，燃亮行进的方向。

在应用文写作中，所用语言是质实的、平凡的，不是华丽的、奇特的。积极修辞的手法有很多，如比喻、拟人、夸张、借代、通感、反衬、反语、倒文、回文、象征、双关、排比、反复、用典、引用、歇后、顶针等。在应用文写作中，特别是公文写作中，常用的积极修辞手法并不多，如排比、对偶等，而更加注重消极修辞。

二、表达的规范

在应用文写作中，除了语句的推敲以外，我们还需要在表意清晰的基础上做到文字表达规范、标点符号使用规范等。

（一）检查文字表达是否规范

1．检查引用公文是否规范

在公文写作中，为了说明制发公文的根据或缘由，使其内容更加具有权威性或针对性，往往需要引用有关机关或部门已经发布的公文。在引用或引述公文时，常常出现不规范现象。引用公文时，一般应遵循先引标题后引发文字号的原则。下面列举几种引用公文时不规范的表现形式。

一是引用的要素不全，只引公文标题，或只引发文字号，如"根据《教育部办公厅关于开展第二批国家级一流本科课程认定工作的通知》要求，学校开展国家级一流课程推荐工作，现将有关事项通知如下"。

二是引用要素的顺序颠倒，即先引发文字号，后引标题，如"根据国办发〔20××〕5号文件《关于……的通知》"。

三是引错要素，即错把发文日期当作发文字号来引用，或仅用文种代替公文标题，甚至既用发文日期代替发文字号又用文种代替公文标题，如"根据国务院办公厅×年×月×日的通知精神"。

四是引用公文时随意简化，即将公文标题或发文字号不当简略，不写全称，标题舍弃发文机关名称等，如"根据中共中央国务院第16号文件《关于进一步加强和改进大学生思想政治教育的意见》精神"和"根据中共中央、国务院《关于印发〈新时代爱国主义教育实施纲要〉的通知》（中发〔2019〕45号）要求"都是不规范的。

五是引用公文时把公文标题和发文字号混杂在一起表述，如"根据国务院办公厅国办发〔20××〕8号通知精神"。

六是引用公文时标点符号错用，有的是书名号错位，将发文机关名称置于标题之外；有的是将发文字号年份外的六角括号改成方括号或方头括号。例如，"根据中共中央办公厅 国务院办公厅《关于印发〈党政机关公文处理工作条例〉的通知》（中办发〔2012〕14号）"和"《教育部关于一流本科课程建设的实施意见》（教高〔2019〕8号）"都是不规范的。

七是引用过期失效的文件。根据工作需要，相关机关或部门会修订一些文件，修订后，原文件就失效了，就不能再作为引用依据了。例如，《××大学关于修订〈××大学差旅费管理办法〉的通知》，其中，"第三十二条　本办法自发布之日起施行。原《××大学差旅费管理办法》（×大校财〔2019〕8号）同时废止。"若要引用，就不能引用过期失效的文件。

2．检查简称是否规范

公文写作中经常会遇到机关（单位）名称的表述问题，涉及发文机关标志、发文字号、标题、正文、发文机关署名、印章等格式要素。《党政机关公文处理工作条例》多次提到"规范化简称"，如发文机关标志"由发文机关全称或者规范化简称加'文件'二字组成，也可以使用发文机关全称或者规范化简称"，发文机关署名"署发文机关全称或者规范化简称"，在"主送机关"和"抄送机关"中都提到"应当使用机关全称、规范化简称或者同类型机关统称"。

除了各类机关名称可使用简称外，为了使表达简洁，其他文字表述也常有临时性的简称。规范化简称在公文中可以直接使用，临时性简称则不能直接使用，需要在首次出现时使用全称，然后用括号注明简称形式，这种现象多出现在公文的开头部分。例如，《党政机关公文处理工作条例》第一条："为了适应中国共产党机关和国家行政机关（以下简称党政机关）工作需要，推进党政机关公文处理工作科学化、制度化、规范化，制定本条例。"其中第一次使用"中国共产党机关和国家行政机关"时用全称并用括号注明"以下简称党政机关"，再用时直接用简称"党政机关"。值得注意的是，其中的简称"党政机关"没有加引号。

在公文中，单位名称、人名、地名、文件名称、事物名称等都忌用临时性简称，特别是首次出现时，要先写全称，再注明简称。例如，"为了做好教学评估工作，外国语言与文学学院（以下简称文学院）成立了评估工作小组，文学院……"但在发文机关署名时要使用全称，以便与印章中的单位名称保持一致。

3．检查数字使用是否规范

在应用文中，合理使用数字能起到很好的作用。准确的数字抵得上很多说明性的文字，有利于反映客观事物的发展，具有很强的权威性和说服力。使用数字时，应当符合《出版物上数字用法》（GB/T 15835—2011）的要求，详见第四章写作攻略部分的"公文中的数字用法及其规范"。

扫码看资料

公文中的全称与简称

（二）检查标点符号是否规范

正确使用标点符号是表意明确的重要辅助手段，误用标点符号可能导致歧义或使文意不畅。有些人习惯一逗到底，有些人不会合理使用顿号，这些都不利于表意的准确性。逗号是句内点号的一种，表示句子或语段内部的一般性停顿，其基本用法是表示复句内各分句之间的停顿，除了有时用分号，一般都用逗号。顿号是句内点号的一种，表示语段中并列词语之间或某些序次语之后的停顿。需要注意的是，标有引号的并列成分之间、标有书名号的并列成分之间通常不用顿号；若有其他成分插在并列的引号之间或并列的书名号之间（如引语或书名号之后还有括注），宜用顿号。

扫码看资料

常见病例与规范要求

另外，我们用计算机进行写作时，还需注意中英文标点符号的区别，注意全角符号和半角符号的区别。标点符号的规范用法详见《标点符号用法》（GB/T 15834—2011）。

写作攻略

一、应用文的修改方式

应用文写作与文学写作不同。从写作主体来看，应用文写作的主体有其特殊性，与文学写作的主体有很大区别。应用文可分为公务文书和私人文书，其中公务文书多以机关、单位或以它的法定代表人的名义行文。应用文的修改也有别于文学写作的修改。

（一）自己修改

在应用文写作中，私人文书多由自己修改，岗位职责范围内的公务文书一般先由自己修改。公务文书的执笔人对所在机关的领导意图最为了解，且熟悉本部门的工作和业务情况，有利于把握文章主旨和结构，但容易受到思维定式的影响，有些条条框框不易被突破。执笔人自己修改时，也可采取不同的方式方法来进行。

在修改时间方面，写完后可立即修改，这样能保证思路的清晰、完整。但有些文章内容较多，不宜立即修改，可以暂且搁置两天再修改。等拟稿时的思维定式被淡化后再做修改，往往能看出许多新的问题。

在修改方式方面，自己写的文章，仅用"眼"看的方式来修改是不够的，最好采用朗读式修改方法。在朗读过程中，最容易发现段与段之间、句与句之间是否通顺，如有拗口的地方一定要加以修改。特别是对致辞类文书、报告发言稿等文稿的修改，建议采用朗读式修改方法。

（二）请人修改

为了突破思维定式，或者为了考虑得更加周全，请人修改是一种有效的方法。请人修改有很多好处：一是能把握整体文章结构，不受执笔人思维定式的限制；二是换位思考，从读者的角度看看你的写作思路是否清晰；三是能让别人看看是否做到了重点突出、详略得当；四是对遣词造句进行修改、完善。

例如，毕业生撰写求职类文书，因为没有求职经验，不易把握如何凸显自身优势，就可请辅导员或就业指导教师帮助修改；撰写大学生涯规划时，可请本专业教师指导；撰写述职报告时，可请同事帮着修改等。

（三）集体修改

集体修改适用于公务文书的写作。公文的作者是法定作者，一般不是执笔人。因此，执笔人起草公文后，应交由所在集体讨论、修改。集体修改，其实就是集思广益的过程，可以兼顾多个层面、多个部门，有利于增强公文的针对性和适用性。

工作中，我们经常会遇到一些草拟的文件需要广泛征求意见后才能正式发布，那么就可以对草案、讨论稿在一定范围内征集修改意见，汇总各方意见后，再进行修改、定稿。

二、应用文的遣词造句

有人在讲公文修改经验时，总结出"改错误为准确""改浮华为朴实""改难懂为通俗""改呆板为生动""改一般为深刻"等修改方法，说得很有道理，但有些方法的可操作性不强，或者说修改方法不够"具体"。下面我们尝试从遣词造句的角度讲解如何修改应用文。

扫码看资料

应用文写作
特色词汇

（一）遣词方面的修改

公文作为传递策令、沟通信息、推动公务活动开展的重要工具，特别注重对各种词语的选择和使用，讲究"炼词"的艺术。炼词直接关系到公文的内容表达、质量和效力。遣词方面的修改主要是对字词进行加工润色，尤其要注意同义词、近义词的选用，注意词语感性意义的差异等。在"炼词"的过程中应注意以下问题。

扫码看资料

易混同义词

（1）认真辨析词语的确切含义，使词语的意义符合客观实际。

（2）注意分辨词语的感情色彩，以正确表达作者的立场观点。

（3）注意词语语音和语调对语义的影响，以增强表达效果。

（4）注意词语之间的正确搭配，遵循语言规则。

（5）注意公文的具体使用场合对词语风格的要求，维护公文的严肃性及强制执行性。

（6）注意针对公文受文对象的特点来选词，有的放矢，便于受文对象理解和执行。

（7）注意根据上下文的需要来选词，以维护公文的完整性、有效性。

（8）注意根据文种的不同特点来选词，以保证语言得体而有力。

（9）注意词语的规范性，以增强公文的沟通效果。

（二）造句方面的修改

语言学领域有三个关于句子的概念，需要我们对其有一定的了解和认识，这三个概念是句型、句式和句类。

（1）句型，是从全句特点出发来称说句子的概念。句型是句子的结构类别。根据内部结构的不同，句子可分为单句和复句。

在公文写作中，我们常常会遇到一件较为复杂的事情是选用一个句子还是多个句子来表述的问题，这就涉及单句和复句的选择和运用。一个句子可以表述完整的意思且不能再分解为几个分句，就是单句。由两个或两个以上结构相互独立、意义相关的单句组合而成的句子，就是复句。单句和复句在文中各有其修辞功能。单句因为结构简单，成分较为单一，字数较少而能实现内容精练、表意明确的效果，便于理解和执行。在修改党政公文时，尽量将复句改为单句。即使采用复句来表达，也很少在复句中使用关联词语。

做好今年工作，要更好统筹疫情防控和经济社会发展。坚持常态化防控和局部应急处置有机结合，继续毫不放松做好外防输入、内防反弹工作，抓好重点区域和关键环节防控，补上短板漏洞，严防出现聚集性疫情和散发病例传播扩散，有序推进疫苗研制和免费接种，提高科学精准防控能力和水平。

这是《2021年国务院政府工作报告》中的一段话。这段文字共两句话，第二句是一个很长的复句，其中采用一个一个的动宾结构构成单句，没有使用一个关联词，而是以并列形式组合而成，构成严密的递进关系。

（2）句式，是从句子的局部特点出发来称说句子的概念。着眼于局部用字，可将某些句子叫作把字句、被字句、连字句等；着眼于句子的长短，可将句子分为长句和短句；着眼于句子的齐整，可将句子分为整句和散句。

长句和短句都有各自的修辞效果。长句的修辞效果是表意周密、严谨、精确、细致，短句的修辞效果是表意简洁、明快、灵活。在修改应用文时，要把握不同文种的语言特点。公文写作中，长句除了具有周密、严谨等特点之外，还具有公文所应有的严肃性、权威性等特点，常用来说明事物的性质，表达复杂而又要求准确的主旨或事情，这是短句所不具备的。

同志们！党的一切工作必须以最广大人民根本利益为最高标准。我们要坚持把人民群众的小事当作自己的大事，从人民群众关心的事情做起，从让人民群众满意的事情做起，带领人民不断创造美好生活！

这是党的十九大报告中的一段话，这段文字的最后一句采用了长句的形式，可以让句意明确严谨，表达完整又不显重复。在公文写作中要运用长句，可以采用增加修饰语的方法，例如，在一个句子中采用多重并列成分来表达更丰富的语义。

短句在公文中更为常见，除了表意简洁等特点之外，短句还可用来抒发强烈的感情，常用于要求、命令等内容，以及表达一系列动作的句子。

稳定和扩大消费。多渠道增加居民收入。健全城乡流通体系，加快电商、快递进农村，扩大县乡消费。稳定增加汽车、家电等大宗消费，取消对二手车交易不合理限制，增加停车场、充电桩、换电站等设施，加快建设动力电池回收利用体系。发展健康、文化、旅游、体育等服务消费。鼓励企业创新产品和服务，便利新产品市场准入，推进内外贸产品同线同标同质。保障小店商铺等便民服务业有序运营。运用好"互联网＋"，推进线上线下更广更深融合，发展新业态新模式，为消费者提供更多便捷舒心的服务和产品。引导平台企业合理降低商户服务费。稳步提高消费能力，改善消费环境，让居民能消费、愿消费，以促进民生改善和经济发展。

这是《2021年国务院政府工作报告》中的一段话，这段文字在表达相关工作举措时，用了一连串的无主句，各个单句中定语数量少，句子简短，句子成分简单，表意简洁而明确，适用于表达工作安排和要求。

在公文写作中，整句和散句的使用对文章的语势、气势具有重要的作用。所谓整句，是指写作中句子结构相同或相似，整齐对称的句子；而散句则是结构相对不整齐，相对散乱，各式各样句子综合运用的一组句子。

从修辞的角度看，整句形式整齐对称、流畅贯通，能达到意义鲜明、语气铿锵有力、气势宏大的效果；同时在语句的韵律上也能达到和谐整齐、连贯的效果，还能增强语句的气势，抒发强烈的感情。在修改应用文时，为了突出某些工作的重要性，某些事情的重要方面，或者任务的紧迫性，尽量把散句改为整句，以此来增强需要强调内容的气势，或说明一系列并列的事情，起到突出强调的作用。

公文的各级小标题经常使用结构一致、整齐对应的整句形式，在正文中，也会使用一些结构相似、句式整齐的句式。

（一）坚持稳中求进工作总基调，着力创新和完善宏观调控，经济运行保持在合理区间、实现稳中向好。

（二）坚持以供给侧结构性改革为主线，着力培育壮大新动能，经济结构加快优化升级。

（三）坚持创新引领发展，着力激发社会创造力，整体创新能力和效率显著提高。

（四）坚持全面深化改革，着力破除体制机制弊端，发展动力不断增强。

（五）坚持对外开放的基本国策，着力实现合作共赢，开放型经济水平显著提升。

（六）坚持实施区域协调发展和新型城镇化战略，着力推动平衡发展，新的增长极增长带加快成长。

（七）坚持以人民为中心的发展思想，着力保障和改善民生，人民群众获得感不断增强。

（八）坚持人与自然和谐发展，着力治理环境污染，生态文明建设取得明显成效。

（九）坚持依法全面履行政府职能，着力加强和创新社会治理，社会保持和谐稳定。

这是《2018年国务院政府工作报告》"过去五年工作回顾"部分的内容，连用了9个"坚持……着力……"，结构统一，增强了气势，很好地总结了各方面的政府工作，起到了突出强调的作用。

（3）句类，是从句子的语气出发来称说句子的概念。根据句子的语气语调，句子可划分为陈述句、疑问句、祈使句和感叹句。

在公文中，很少使用疑问句和感叹句，大多使用陈述句。为以后开展工作而撰写的计划类材料中，经常使用无主句，这些无主句不宜视为祈使句。

保障好群众住房需求。坚持房子是用来住的、不是用来炒的定位，稳地价、稳房价、稳预期。解决好大城市住房突出问题，通过增加土地供应、安排专项资金、集中建设等办法，切实增加保障性租赁住房和共有产权住房供给，规范发展长租房市场，降低租赁住房税费负担，尽最大努力帮助新市民、青年人等缓解住房困难。

这是《2021年国务院政府工作报告》中的一段话，这段话的每一个句子都是无主句，直截了当地表达政府要做什么、怎么做。在修改应用文时，如果有默认的主体，为了避免啰唆，可以删除不必要的主语，多使用无主句。

三、应用文的语体特征

所谓语体，是指根据不同的交际目的、交际内容、交际方式，在特定的语境中表现出来的、反复使用语言材料而形成的，具有相对稳定的语言特点的有机统一体。决定语体性质的"社交"要素可以简括为场合、对象、内容、态度[①]。应用文与文学作品的语体特征存在较大差异，我们需要正确把握不同文种的语体特征，才能写出"得体"的应用文。得体，就是要符合不同文种的语体要求。在应用文中，有些文种的口语性很强，如开幕词、闭幕词、欢迎词等；有些文种的书面性很强，如党政机关公文。

（一）书面语体及其特点

常见的书面语体有公文语体、科技语体、政论语体和文艺语体。

1．公文语体

公文语体是党政机关、企事业单位、社会团体或个人之间采用法定公文或事务性文书来处理公务而形成的一种书面语体。

不同的公文或文书具有不同的写作要求和表达形式，因此公文语体还可细分为党政公文语体、事务文书语体、经济文书语体、法律文书语体、外交文书语体和商务文书语体等。公文语体有以下语言特点：具有固定的程式和规范的格式；不同文种有其固定的习惯用语；用词简明、准确；句式周密、严谨。

2．科技语体

科技语体是一种专门性的实用语体，它是为满足科学技术领域特定的交际目的、内容、任务的需要而形成的，具体表现为由与科技领域相适应的词汇、语法、辞格以及符号、图表、公式等非语言符号所共同组成的表达体系。

科技语体可以分为科技论著体、科技报告体、科技情报体、科技教科书体和科技普及体等。科技语体的语言特点表现为用词准确，注重选词的专业性；表达严谨，注重表意的单一性；重视非语言符号的使用，注重表达的科学性。

3．政论语体

政论语体是论述社会政治生活中的各种现实问题，阐明某种政治主张和社会生活准则的

---

① 冯胜利. 汉语语体语法概论[M]. 北京：北京语言大学出版社，2018.

语言体式，如报刊社论。其语言表达以科学论证的逻辑性、说理性与艺术描绘的形象性、情感性相交织为特征，用词上多采用社会政治词汇，并协调运用其他各种词汇成分。

政论语体可分为论证体、评论体、宣言体和决议体等。政论语体的语言特点表现为用语准确有力，观点鲜明；论述逻辑严密，说服力强；表达鲜明生动，感染力强。

4．文艺语体

文艺语体是一种具有突出艺术特征的语言体式。文艺语体主要借助形象思维，通过语言描绘形象向读者揭示作品所蕴含的意思；其他几种语体则主要借助逻辑思维，直接用语言向读者传递信息、说明道理。

文艺语体的种类有散文体、韵文体和戏剧体等。散文体是指散文、小说等使用的语体，在语言材料和修辞手法的选择上几乎不受限制，讲求句子连贯流畅，句式错落有致，辞格不拘一格。韵文体是指诗歌、词曲等使用的语体，其语言富有音乐美。戏剧体是指话剧、歌剧和地方戏等使用的语体，戏剧体的语言特点是个性化、口语化和富有动作性。总的来说，文艺语体重视各种修辞手法的运用，追求语言的艺术美。

（二）把握应用文的不同语体

在语言沟通中，口语和书面语因所凭借的媒介以及所使用的场合的不同，会呈现出不同的特点，并逐渐形成不同的语体风格，即口头语体和书面语体。值得注意的是，口头语体和书面语体并不等于口语和书面语。应用文不只是以书面形式呈现出来的，也可诉诸口吻，用来宣读，政府工作报告、演讲稿等正是如此。

口语性较强的应用文，用词用语需要尽量口语化，多使用群众语言，做到上口入耳。口语给人的感觉是亲切、自然，可以拉近说话人与听众之间的距离。讲话稿的语言不用像党政机关公文那样庄重、严肃，可以恰当使用一些修辞手法，注重词语的色彩、句式的变化和节奏的匀称，可增强讲话的生动性和形象感。

书面性较强的应用文，则需要运用规范的书面语言，以突出庄重、严肃的特点。在词语的选用方面，少用或者不用口语，适当使用文言词语，如"兹、贵、收悉、此复、谨祝"等；在句式的使用上，可适当使用文言句式，增添古朴庄重的色彩。

总体来说，应用文的语言具有客观、平实的风格。在语言表达上，多使用概括、平直的语言，说明准确、客观，议论切实、冷静。写作时，把问题说清楚即可，无须修饰、夸张、渲染等。在遣词造句上，要避免使用那些带有描述性的词语，将文艺语体的表述转变为公文语体的表述。

例如，有学生在撰写大学生涯规划时，这样开头：

克雷洛夫曾说："现实是此岸，理想是彼岸。中间隔着湍急的河流，行动则是架在河上的桥梁。"可见没有行动，理想就会变成空想，可倘若只有行动，没有计划，就如同绕路而行，迟迟到不了终点。如果一艘船不知道该驶向哪个港口，那么任何方向吹来的风都不会是顺风。大学是一个人学习理论知识、丰富社会阅历、培养个人能力的平台，是我们完善自我、提升自我的阶段。因此利用好大学阶段，做好大学生涯规划，才能更好地利用大学提供的机会，以更好的姿态面对未来的机遇和挑战。

再如，有学生在大学学习计划中这样写：

你听，黄河滚滚，涛声震天；你看，闸门开启，瀑布倒悬九天。漫漫大学路，诚应执笔规人生，素手绘风采，去热血，去拼搏，无悔大学青春！

显然，他们没有掌握应用文的语体特点，将以前初高中写作文的惯性带到了应用文写作中，喜欢引用名人名言，喜欢使用描述性的词语进行渲染，这些文艺语体使得计划文书缺乏平实、客观的风格，因文学味太重而失去应用文的味道。

四、正式语体的表达技巧

除了口语性较强的讲话稿外，应用文写作大多要使用书面语。这里所谓的书面语，是指现代汉语的正式语体，它不但可以用来写，也可以用来说。汉语书面正式语体使用的范围很广，政府文件、报刊社论、学术著作、美文随笔，公司合同、商业协议、往来信件，以及电台新闻、电视广告、讲话报告等，凡是正式的场合，都要使用正式的语体。在应用文的写作和修改中，我们需要掌握书面正式语体的表达技巧，使写出来的应用文符合正式场合的语体要求。下面介绍一些体现书面正式语体的表达技巧。

（一）拆双用单法

汉语正式庄典的词语不但比一般口头语"短"，而且可以直接从两个字的词里取出一个来使用，这种方法冯胜利先生等称之为"拆双用单"[①]，并进行了举例说明。

平时说的"已经"，到了书面正式语体里，用一个"已"字就够了，如"文章已阅"。再如，通常嘴里说的"暂时、短暂"，在庄典的说法里就可以只用一个"暂"字。例如：

此问题暂无解决方法。

教授病退，其课程暂由王先生教授。

同样，"曾经"二字也被简而化一为"曾"。如：

该生曾获物理竞赛一等奖。

我们未曾谋面。

他曾独自前往沙漠探险。

在"拆双用单法"中，单音节显得更为简练，因此冯胜利先生等提出在书面语中要适量使用单音节嵌偶词。嵌偶词是指不能单独使用的单音词，必须在双音韵律模板下，与另外一个单音音节组合成双为偶。

嵌偶词	组双实例
暗	暗查、暗送
备	备感、备受
返	返京、返校
广	广传、广交
力	力保、力劝
享	同享、尽享

---

① 冯胜利，刘乐宁，朱永平，等. 汉语教师专业技能指导手册[M]. 北京：北京语言大学出版社，2018：104.

（二）使用双音节合偶词

据冯胜利先生等人研究，"汉语书面语体包含了不少双音节合偶词。合偶词是指某些出现在书面语体中的双音节词，它们往往与其他双音节词合在一起使用，而不能与单音节混搭使用。"[①]下面举例说明。

无法学习、光荣使命、经受批评、加以讨论、原则批准

进行谈话、进行管理、巨大成就、召开会议、基本实现

有些双音节合偶词有其相对应的口语表述方式，例如：

不免—不能避免　　尽可—完全可以　　无力—没有实力

互助—互相帮助　　据查—根据调查　　未获—没有获得

在政府工作报告中，合偶词的大量使用就形成很多"双音节+双音节"的韵律组合，这是书面语的语体特征和韵律组合的体现。政府工作报告常见的形式动词有"进行""推进""实行""加快""加强""实施""开展""深化"等。例如：

进行改造、进行改造提升、进行集中清缴、进行专项督查

推进改革、推进企业兼并重组、推进"一带一路"建设

实行普遍性降费、实行备案管理、实行目录清单管理

开展质量提升行动、开展土壤污染详查、开展全民健身

在交流感、互动性比较强的讲话稿中，一般会采用一些语法手段来降低话语的正式度。正式度低一些的讲话稿，一般不会大量采用书面语独特的"双求双"韵律组合，而会采用一些单音节动词。例如，在某高校毕业典礼上，校长的讲话稿中有以下一些短语。

送大家、去实现、去就业、讲过话、下决心、下基层

用行动、做科研、做什么、做大事、问自己、抢座位

在语言表达上，口语性较强的讲话稿就要采用一些语法手段来降低其正式度，以实现缩小语距的效果，拉近与毕业生的交流距离。

（三）时空表达法

我们用语言文字来对某一事情或事件进行表达时，会呈现出某种时空特性，有时表达得很具体，具有具时空的特点，有时表达得比较抽象，具有泛时空的特点。例如，"领导批评了我"是具时空的表达，"领导对我的批评"是泛时空的表达。撰写不同语体特点的公文，需要掌握具时空化处理方法和泛时空化处理方法。

首先，掌握动词的处理策略是实现不同语体需求的关键。"动词的名词化在很大程度上就是该动词的泛时空化；而动词的泛时空化本身就是正式语体拉开与现实生活距离的重要手段之一。"[②]撰写并修改党政机关公文、工作报告类公文，就需要进行泛时空化处理；撰写并修改口语性较强的讲话稿，就需要做好具时空化的处理。

---

① 冯胜利，刘乐宁，朱永平，等. 汉语教师专业技能指导手册[M]. 北京：北京语言大学出版社，2018：106.

② 冯胜利. 汉语语体语法概论[M]. 北京：北京语言大学出版社，2018：196.

其次，根据语体要求来处理公文撰写中的动态助词，灵活运用语体时空表达法。下面举例说明运用语体理论进行公文修改。例如：

提高了应用写作能力，增强了写作规范意识。

这种表达的具时空特点较强，不符合公文正式语体的要求，就需要进行泛时空化处理。泛时空化处理就是对语体进行相关的加工处理，减弱或去掉具体事物、事件或动作中时间和空间的语法标记。经过语体加工后，该句可变形为：

应用写作能力得以提高，写作规范意识不断增强。

这样处理后，原来的动宾结构变为了主谓结构。在公文写作教学和实践中，不少人在文稿中高频使用助词"了"，这是不符合公文语体要求的，尤其是正式度较高的公文，"了"的使用频率很低。

正式度高的公文中一般很少使用动态助词"了""着""过"和结构助词"地"，而在正式度较低的讲话稿中，则使用较多。总结报告之类的材料是对过去某个时段或某方面的工作进行总结，都是已经完成的事情，因此，有些人在写作时常用"了"来表示动作完成。在公文写作实务中，学生的作业也暴露出时空处理不当的问题。

有一位同学撰写的大学学习生活总结，其中有一段话是这样写的：

在××大学学习的过程中，我一直注重提升与培养自己的思想水平。首先，我进行了对党的思想的学习。在大一上学期初，我递交了入党申请书，参与并学习了20课党课的内容，荣幸地成了一名入党申请人，参与并报名了第六十七期入党申请人结业考试，通过了第六十八期入党申请人结业考试，经历了这两次考试，我深刻地理解到了党的光荣与伟大，更加深刻地学习领会到了党的历史与思想，提高了个人的思想觉悟。其次，我加强了自身的道德修养。进入大学之后，我开拓了自己的眼界，也认识到了自己过去思想的一些不足与狭隘之处，在我积极改进之后，我的思想道德水平有了极大的提升，我的思考也变得更加深邃，我更加能够体谅他人的过失，也能感觉到我自身的道德修养在不断地提升。

【简析】这样的写法是具时空的表述方式。怎么修改呢？要提高文稿的正式度，就要进行泛时空化处理。泛时空化，就是让动词的动作失去其个体性和具体性的"体"标记，使之接近或成为一个抽象的概念。对这个案例进行泛时空处理，可修改如下。

在大学学习中，我一直注重思想水平的培养与提升。首先，加强学习党的基本知识和基本理论。大一上学期初，递交入党申请书，参与学习党课20学时，先后参与第六十七期、第六十八期入党申请人结业考试，经历两次考试，对党的认识和理解更深刻，对党的历史和思想领会得更加深刻，个人思想觉悟不断提高。其次，加强自身道德修养。进入大学之后，自己的眼界不断开拓，自身的不足与狭隘之处也不断显现，积极改进，主动思考，体谅他人，思想道德水平有所提升。

这样一改，删除表示具时空的"了"，语言就显得简练。

值得注意的是，不是所有的应用文都要进行泛时空处理，有些材料恰恰需要具时空化，如"事迹材料"。要想把先进事迹材料写得生动、形象，就不宜采用泛时空的表达方式，而要通过讲故事的方式来体现先进。如果采用泛时空表达方式，往往容易把事迹材料写成品行鉴定。

（四）文白相间与庄典适度

关于如何提高汉语书面正式语体的表达能力，冯胜利先生曾针对汉语国际教育中的写作教学提出过掌握"文白相间"与"典雅适度"的写作技能[①]，这一方法同样适用于应用文写作。冯胜利先生认为："当代的书面语体是以口语为基础、以韵律规则为框架发展出来的一种新语体。"在应用文写作中，将口语加工为书面语的能力是提高应用文写作能力的途径之一。"文白相间"的处理方法（嵌偶词、合偶词、书面词汇、书面句型）和训练方法可参见冯胜利的《论汉语书面正式语体的特征与教学》。下面举例说明如何利用"文白相间"来修改公文。

例如，某校在线考试工作流程文件初稿：

指导考生在摄像头前面出示校园卡或身份证证件（证件尽量靠近摄像头，保持清晰可见，注意不要遮挡住脸）。

【简析】这里有些口语化的词语可以改用书面词语，可改为："指导考生在摄像头前出示校园卡或身份证（证件靠近摄像头，保持清晰可见且不要挡住面部）。"这样修改，做到"文白相间"，文本更加正式。

再如，某高校拟发布一个管理办法，初稿中写道：

申请人都要满足以下条件：学习成绩优良，完成教学计划规定的各门课程学习，没有未通过课程。

【简析】要提高正式度，可将之改为：

申请人均需满足以下条件：学习成绩优良，已修完教学计划规定的全部课程，无未通过课程。

将"都要"改为"均需"，将"没有"改为"无"，也是文白相间的表达方法。应用文写作中这类现象很常见，如"回校——返校""因事无法参加——因故无法参加""才可以——方可""建立和健全——建立并健全""制定和落实——制定并落实"等，将前者改为后者，显得更正式。

📖🔍 思考与练习题

1. 下面是某个同学撰写的大学学习生活总结的一部分，请利用本书介绍的修改方法进行修改，增强其书面正式语体的效果。

大学学习是迥然不同于以往的一种新形式，它赋予了学习者更大的自主性和更广阔的思维空间，同时也对学习者提出了更高的要求。在大一学年，我逐渐适应这种半开放式的教学模式，明确了学习目的，拥有了更强的选择辨别能力和更强的自学能力，并取得了较为出色的专

---

① 冯胜利. 论汉语书面正式语体的特征与教学[J]. 世界汉语教学, 2006（4）：98-106, 148.

业成绩。虽然基础知识还不够扎实，视野还不够宽阔，但在不断的自我挑战中让自己的能力得到了实质的锻炼和提升，也更加明白了大学学习的真谛，提高了学习自律和自勉能力。

2. 下面是某个同学撰写的大学生涯规划的一部分，请利用本书介绍的修改方法进行修改，增强其书面正式语体的效果，使其符合计划类文书的写作要求。

在学习方面，首先，我要通过阅读历史、文学类的书籍，背诵古诗词等来提高自己的文化底蕴。还要多加强写作练习，提高自己的写作能力。其次，我会每天阅读现代汉语教科书，学习现代汉语相关的知识。再次，我会每天早上听英语听力，阅读英文原著，多做题，提高自己的英语水平。我也会抽出时间自学韩语，背韩语单词，按照韩语教科书来学习。最后，平时上课的时候我会认真听讲并记笔记，记住老师所讲的重点，并且课下加以及时的巩固和复习。老师布置的作业我也会用心认真完成，争取取得好的分数。

3. 下面是某高校诚信考试承诺书的初稿，请对其遣词造句进行修改，增强其正式度。

在20××年春季学期线上考试中，本人庄严做出如下承诺：

1. 本人将在考试中用自身实力赢得理想的成绩，共同营造公平、公正的考试环境；

2. 配合任课教师做好考前准备工作，听从主、监考老师的管理和考试安排，按考试规定的时间答题和提交试卷；

3. 不由他人代替考试或者代替他人考试；

4. 不使用QQ、微信等网络方式传递试题信息、试题答案等，不与他人交流、讨论、核对试题答案；

5. 闭卷考试，不翻阅与考试有关的书籍、讲义、笔记、复习提纲等资料；

6. 考试中，未经主、监考老师允许，不使用其他电子设备；

7. 本人已经完全了解《××大学本科考试工作规定》中有关违纪、作弊认定与处理的相关规定，如果违反，自愿接受学校作出的相应纪律处理。

附　录

附录A　党政机关公文处理工作条例

（中办发〔2012〕14号）

（2012年4月16日由中共中央办公厅和国务院办公厅联合印发）

第一章　总　则

第一条　为了适应中国共产党机关和国家行政机关（以下简称党政机关）工作需要，推进党政机关公文处理工作科学化、制度化、规范化，制定本条例。

第二条　本条例适用于各级党政机关公文处理工作。

第三条　党政机关公文是党政机关实施领导、履行职能、处理公务的具有特定效力和规范体式的文书，是传达贯彻党和国家的方针政策，公布法规和规章，指导、布置和商洽工作，请示和答复问题，报告、通报和交流情况等的重要工具。

第四条　公文处理工作是指公文拟制、办理、管理等一系列相互关联、衔接有序的工作。

第五条　公文处理工作应当坚持实事求是、准确规范、精简高效、安全保密的原则。

第六条　各级党政机关应当高度重视公文处理工作，加强组织领导，强化队伍建设，设立文秘部门或者由专人负责公文处理工作。

第七条　各级党政机关办公厅（室）主管本机关的公文处理工作，并对下级机关的公文处理工作进行业务指导和督促检查。

第二章　公文种类

第八条　公文种类主要有：

（一）决议。适用于会议讨论通过的重大决策事项。

（二）决定。适用于对重要事项作出决策和部署、奖惩有关单位和人员、变更或者撤销下级机关不适当的决定事项。

（三）命令（令）。适用于公布行政法规和规章、宣布施行重大强制性措施、批准授予和晋升衔级、嘉奖有关单位和人员。

（四）公报。适用于公布重要决定或者重大事项。

（五）公告。适用于向国内外宣布重要事项或者法定事项。

（六）通告。适用于在一定范围内公布应当遵守或者周知的事项。

（七）意见。适用于对重要问题提出见解和处理办法。

（八）通知。适用于发布、传达要求下级机关执行和有关单位周知或者执行的事项，批转、转发公文。

（九）通报。适用于表彰先进、批评错误、传达重要精神和告知重要情况。

（十）报告。适用于向上级机关汇报工作、反映情况，回复上级机关的询问。

（十一）请示。适用于向上级机关请求指示、批准。

（十二）批复。适用于答复下级机关请示事项。

（十三）议案。适用于各级人民政府按照法律程序向同级人民代表大会或者人民代表大会常务委员会提请审议事项。

（十四）函。适用于不相隶属机关之间商洽工作、询问和答复问题、请求批准和答复审批事项。

（十五）纪要。适用于记载会议主要情况和议定事项。

第三章　公文格式

第九条　公文一般由份号、密级和保密期限、紧急程度、发文机关标志、发文字号、签发人、标题、主送机关、正文、附件说明、发文机关署名、成文日期、印章、附注、附件、抄送机关、印发机关和印发日期、页码等组成。

（一）份号。公文印制份数的顺序号。涉密公文应当标注份号。

（二）密级和保密期限。公文的秘密等级和保密的期限。涉密公文应当根据涉密程度分别标注"绝密""机密""秘密"和保密期限。

（三）紧急程度。公文送达和办理的时限要求。根据紧急程度，紧急公文应当分别标注"特急""加急"，电报应当分别标注"特提""特急""加急""平急"。

（四）发文机关标志。由发文机关全称或者规范化简称加"文件"二字组成，也可以使用发文机关全称或者规范化简称。联合行文时，发文机关标志可以并用联合发文机关名称，也可以单独用主办机关名称。

（五）发文字号。由发文机关代字、年份、发文顺序号组成。联合行文时，使用主办机关的发文字号。

（六）签发人。上行文应当标注签发人姓名。

（七）标题。由发文机关名称、事由和文种组成。

（八）主送机关。公文的主要受理机关，应当使用机关全称、规范化简称或者同类型机关统称。

（九）正文。公文的主体，用来表述公文的内容。

（十）附件说明。公文附件的顺序号和名称。

（十一）发文机关署名。署发文机关全称或者规范化简称。

（十二）成文日期。署会议通过或者发文机关负责人签发的日期。联合行文时，署最后签发机关负责人签发的日期。

（十三）印章。公文中有发文机关署名的，应当加盖发文机关印章，并与署名机关相符。有特定发文机关标志的普发性公文和电报可以不加盖印章。

（十四）附注。公文印发传达范围等需要说明的事项。

（十五）附件。公文正文的说明、补充或者参考资料。

（十六）抄送机关。除主送机关外需要执行或者知晓公文内容的其他机关，应当使用机关全称、规范化简称或者同类型机关统称。

（十七）印发机关和印发日期。公文的送印机关和送印日期。

（十八）页码。公文页数顺序号。

第十条　公文的版式按照《党政机关公文格式》国家标准执行。

第十一条　公文使用的汉字、数字、外文字符、计量单位和标点符号等，按照有关国家标准和规定执行。民族自治地方的公文，可以并用汉字和当地通用的少数民族文字。

第十二条　公文用纸幅面采用国际标准A4型。特殊形式的公文用纸幅面，根据实际需要确定。

第四章　行文规则

第十三条　行文应当确有必要，讲求实效，注重针对性和可操作性。

第十四条　行文关系根据隶属关系和职权范围确定。一般不得越级行文，特殊情况需要越级行文的，应当同时抄送被越过的机关。

第十五条　向上级机关行文，应当遵循以下规则：

（一）原则上主送一个上级机关，根据需要同时抄送相关上级机关和同级机关，不抄送下级机关。

（二）党委、政府的部门向上级主管部门请示、报告重大事项，应当经本级党委、政府同意或者授权；属于部门职权范围内的事项应当直接报送上级主管部门。

（三）下级机关的请示事项，如需以本机关名义向上级机关请示，应当提出倾向性意见后上报，不得原文转报上级机关。

（四）请示应当一文一事。不得在报告等非请示性公文中夹带请示事项。

（五）除上级机关负责人直接交办事项外，不得以本机关名义向上级机关负责人报送公文，不得以本机关负责人名义向上级机关报送公文。

（六）受双重领导的机关向一个上级机关行文，必要时抄送另一个上级机关。

第十六条 向下级机关行文，应当遵循以下规则：

（一）主送受理机关，根据需要抄送相关机关。重要行文应当同时抄送发文机关的直接上级机关。

（二）党委、政府的办公厅（室）根据本级党委、政府授权，可以向下级党委、政府行文，其他部门和单位不得向下级党委、政府发布指令性公文或者在公文中向下级党委、政府提出指令性要求。需经政府审批的具体事项，经政府同意后可以由政府职能部门行文，文中须注明已经政府同意。

（三）党委、政府的部门在各自职权范围内可以向下级党委、政府的相关部门行文。

（四）涉及多个部门职权范围内的事务，部门之间未协商一致的，不得向下行文；擅自行文的，上级机关应当责令其纠正或者撤销。

（五）上级机关向受双重领导的下级机关行文，必要时抄送该下级机关的另一个上级机关。

第十七条 同级党政机关、党政机关与其他同级机关必要时可以联合行文。属于党委、政府各自职权范围内的工作，不得联合行文。

党委、政府的部门依据职权可以相互行文。

部门内设机构除办公厅（室）外不得对外正式行文。

第五章　公文拟制

第十八条 公文拟制包括公文的起草、审核、签发等程序。

第十九条 公文起草应当做到：

（一）符合党的理论路线方针政策和国家法律法规，完整准确体现发文机关意图，并同现行有关公文相衔接。

（二）一切从实际出发，分析问题实事求是，所提政策措施和办法切实可行。

（三）内容简洁，主题突出，观点鲜明，结构严谨，表述准确，文字精练。

（四）文种正确，格式规范。

（五）深入调查研究，充分进行论证，广泛听取意见。

（六）公文涉及其他地区或者部门职权范围内的事项，起草单位必须征求相关地区或者部门意见，力求达成一致。

（七）机关负责人应当主持、指导重要公文起草工作。

第二十条 公文文稿签发前，应当由发文机关办公厅（室）进行审核。审核的重点是：

（一）行文理由是否充分，行文依据是否准确。

（二）内容是否符合党的理论路线方针政策和国家法律法规；是否完整准确体现发文机关意图；是否同现行有关公文相衔接；所提政策措施和办法是否切实可行。

（三）涉及有关地区或者部门职权范围内的事项是否经过充分协商并达成一致意见。

（四）文种是否正确，格式是否规范；人名、地名、时间、数字、段落顺序、引文等是否准确；文字、数字、计量单位和标点符号等用法是否规范。

（五）其他内容是否符合公文起草的有关要求。

需要发文机关审议的重要公文文稿，审议前由发文机关办公厅（室）进行初核。

第二十一条 经审核不宜发文的公文文稿，应当退回起草单位并说明理由；符合发文条件但内容需作进一步研究和修改的，由起草单位修改后重新报送。

第二十二条 公文应当经本机关负责人审批签发。重要公文和上行文由机关主要负责人签发。党委、政府的办公厅（室）根据党委、政府授权制发的公文，由受权机关主要负责人签发或者按照有关规定签发。签发人签发公文，应当签署意见、姓名和完整日期；圈阅或者签名的，视为同意。联合发文由所有联署机关的负责人会签。

第六章　公文办理

第二十三条 公文办理包括收文办理、发文办理和整理归档。

第二十四条 收文办理主要程序是：

（一）签收。对收到的公文应当逐件清点，核对无误后签字或者盖章，并注明签收时间。

（二）登记。对公文的主要信息和办理情况应当详细记载。

（三）初审。对收到的公文应当进行初审。初审的重点是：是否应当由本机关办理，是否符合行文规则，文种、格式是否符合要求，涉及其他地区或者部门职权范围内的事项是否已经协商、会签，是否符合公文起草的其他要求。经初审不符合规定的公文，应当及时退回来文单位并说明理由。

（四）承办。阅知性公文应当根据公文内容、要求和工作需要确定范围后分送。批办性公文应当提出拟办意见报本机关负责人批示或者转有关部门办理；需要两个以上部门办理的，应当明确主办部门。紧急公文应当明确办理时限。承办部门对交办的公文应当及时办理，有明确办理时限要求的应当在规定时限内办理完毕。

（五）传阅。根据领导批示和工作需要将公文及时送传阅对象阅知或者批示。办理公文传阅应当随时掌握公文去向，不得漏传、误传、延误。

（六）催办。及时了解掌握公文的办理进展情况，督促承办部门按期办结。紧急公文或者重要公文应当由专人负责催办。

（七）答复。公文的办理结果应当及时答复来文单位，并根据需要告知相关单位。

第二十五条 发文办理主要程序是：

（一）复核。已经发文机关负责人签批的公文，印发前应当对公文的审批手续、内容、文种、格式等进行复核；需作实质性修改的，应当报原签批人复审。

（二）登记。对复核后的公文，应当确定发文字号、分送范围和印制份数并详细记载。

（三）印制。公文印制必须确保质量和时效。涉密公文应当在符合保密要求的场所印制。

（四）核发。公文印制完毕，应当对公文的文字、格式和印刷质量进行检查后分发。

第二十六条 涉密公文应当通过机要交通、邮政机要通信、城市机要文件交换站或者收发件机关机要收发人员进行传递，通过密码电报或者符合国家保密规定的计算机信息系统进行传输。

第二十七条 需要归档的公文及有关材料，应当根据有关档案法律法规以及机关档案管理规定，及时收集齐全、整理归档。两个以上机关联合办理的公文，原件由主办机关归档，相关机关保存复制件。机关负责人兼任其他机关职务的，在履行所兼职务过程中形成的公文，由其兼职机关归档。

第七章　公文管理

第二十八条 各级党政机关应当建立健全本机关公文管理制度，确保管理严格规范，充分发挥公文效用。

第二十九条 党政机关公文由文秘部门或者专人统一管理。设立党委（党组）的县级以上单位应当建立机要保密室和机要阅文室，并按照有关保密规定配备工作人员和必要的安全保密设施设备。

第三十条 公文确定密级前，应当按照拟定的密级先行采取保密措施。确定密级后，应当按照所定密级严格管理。绝密级公文应当由专人管理。

公文的密级需要变更或者解除的，由原确定密级的机关或者其上级机关决定。

第三十一条 公文的印发传达范围应当按照发文机关的要求执行；需要变更的，应当经发文机关批准。

涉密公文公开发布前应当履行解密程序。公开发布的时间、形式和渠道，由发文机关确定。

经批准公开发布的公文，同发文机关正式印发的公文具有同等效力。

第三十二条 复制、汇编机密级、秘密级公文，应当符合有关规定并经本机关负责人批准。绝密级公文一般不得复制、汇编，确有工作需要的，应当经发文机关或者其上级机关批准。复制、汇编的公文视同原件管理。

复制件应当加盖复制机关戳记。翻印件应当注明翻印的机关名称、日期。汇编本的密级按照编入公文的最高密级标注。

第三十三条 公文的撤销和废止，由发文机关、上级机关或者权力机关根据职权范围和有关法律法规决定。公文被撤销的，视为自始无效；公文被废止的，视为自废止之日起失效。

第三十四条 涉密公文应当按照发文机关的要求和有关规定进行清退或者销毁。

第三十五条 不具备归档和保存价值的公文，经批准后可以销毁。销毁涉密公文必须严格按照有关规定履行审批登记手续，确保不丢失、不漏销。个人不得私自销毁、留存涉密公文。

第三十六条 机关合并时，全部公文应当随之合并管理；机关撤销时，需要归档的公文经整理后按照有关规定移交档案管理部门。

工作人员离岗离职时，所在机关应当督促其将暂存、借用的公文按照有关规定移交、清退。

第三十七条 新设立的机关应当向本级党委、政府的办公厅（室）提出发文立户申请。经审查符合条件的，列为发文单位，机关合并或者撤销时，相应进行调整。

第八章 附　则

第三十八条 党政机关公文含电子公文。电子公文处理工作的具体办法另行制定。

第三十九条 法规、规章方面的公文，依照有关规定处理。外事方面的公文，依照外事主管部门的有关规定处理。

第四十条 其他机关和单位的公文处理工作，可以参照本条例执行。

第四十一条 本条例由中共中央办公厅、国务院办公厅负责解释。

第四十二条 本条例自2012年7月1日起施行。1996年5月3日中共中央办公厅发布的《中国共产党机关公文处理条例》和2000年8月24日国务院发布的《国家行政机关公文处理办法》停止执行。

附录B　党政机关公文格式

为提高党政机关公文的规范化、标准化水平，2012年6月29日，国家质量监督检验检疫总局、国家标准化管理委员会发布了《党政机关公文格式》国家标准（GB/T 9704—2012）。该标准于2012年7月1日起正式实施。此标准是对国标《国家行政机关公文格式》（GB/T 9704—1999）的修订。

前　言

本标准按照GB/T1.1—2009给出的规则起草。

本标准根据中共中央办公厅、国务院办公厅印发的《党政机关公文处理工作条例》的有关规定对GB/T 9704—1999《国家行政机关公文格式》进行修订。本标准相对GB/T 9704—1999主要作如下修订：

a）标准名称改为《党政机关公文格式》，标准英文名称也作相应修改；

b）适用范围扩展到各级党政机关制发的公文；

c）对标准结构进行适当调整；

d）对公文装订要求进行适当调整；

e）增加发文机关署名和页码两个公文格式要素，删除主题词格式要素，并对公文格式各要素的编排进行较大调整；

f）进一步细化特定格式公文的编排要求；

g）新增联合行文公文首页版式、信函格式首页、命令（令）格式首页版式等式样。

本标准中公文用语与《党政机关公文处理工作条例》中的用语一致。

本标准为第二次修订。

本标准由中共中央办公厅和国务院办公厅提出。

本标准由中国标准化研究院归口。

本标准起草单位：中国标准化研究院、中共中央办公厅秘书局、国务院办公厅秘书局、中国标准出版社。

本标准主要起草人：房庆、杨雯、郭道锋、孙维、马慧、张书杰、徐成华、范一乔、李玲。

本标准代替了GB/T 9704—1999。

GB/T 9704—1999的历次版本发布情况为：

——GB/T 9704—1988。

GB/T 9704—2012

党政机关公文格式

1 范围

本标准规定了党政机关公文通用的纸张要求、排版和印制装订要求、公文格式各要素的编排规则，并给出了公文的式样。

本标准适用于各级党政机关制发的公文。其他机关和单位的公文可以参照执行。

使用少数民族文字印制的公文，其用纸、幅面尺寸及版面、印制等要求按照本标准执行，其余可以参照本标准并按照有关规定执行。

2 规范性引用文件

下列文件对于本标准的应用是必不可少的。凡是注日期的引用文件，仅所注日期的版本适用于本标准。凡是不注日期的引用文件，其最新版本（包括所有的修改单）适用于本标准。

GB/T 148 印刷、书写和绘图纸幅面尺寸

GB 3100 国际单位制及其应用

GB 3101 有关量、单位和符号的一般原则

GB 3102（所有部分） 量和单位

GB/T 15834 标点符号用法

GB/T 15835 出版物上数字用法

3 术语和定义

下列术语和定义适用于本标准。

3.1 字 word

标示公文中横向距离的长度单位。在本标准中，一字指一个汉字宽度的距离。

3.2 行 line

标示公文中纵向距离的长度单位。在本标准中，一行指一个汉字的高度加3号汉字高度的7/8的距离。

4 公文用纸主要技术指标

公文用纸一般使用纸张定量为60g/m² ~ 80g/m²的胶版印刷纸或复印纸。纸张白度80% ~ 90%，横向耐折度≥15次，不透明度≥85%，pH值为7.5 ~ 9.5。

5 公文用纸幅面尺寸及版面要求

5.1 幅面尺寸

公文用纸采用GB/T 148中规定的A4型纸，其成品幅面尺寸为：210 mm×297 mm。

5.2 版面

5.2.1 页边与版心尺寸

公文用纸天头（上白边）为37 mm±1 mm，公文用纸订口（左白边）为28mm±1mm，版心尺寸为156 mm×225 mm。

5.2.2 字体和字号

如无特殊说明，公文格式各要素一般用3号仿宋体字。特定情况可以作适当调整。

5.2.3 行数和字数

一般每面排22行，每行排28个字，并撑满版心。特定情况可以作适当调整。

5.2.4 文字的颜色

如无特殊说明，公文中文字的颜色均为黑色。

6 印制装订要求

6.1 制版要求

版面干净无底灰，字迹清楚无断划，尺寸标准，版心不斜，误差不超过1mm。

6.2 印刷要求

双面印刷；页码套正，两面误差不超过2mm。黑色油墨应当达到色谱所标BL100%，红色油墨应当达到色谱所标Y80%、M80%。印品着墨实、均匀；字面不花、不白、无断划。

6.3 装订要求

公文应当左侧装订，不掉页，两页页码之间误差不超过4mm，裁切后的成品尺寸允许误差±2mm，四角成90°，无毛茬或缺损。

骑马订或平订的公文应当：

a）订位为两钉外订眼距版面上下边缘各70mm处，允许误差±4mm；

b）无坏钉、漏钉、重钉，钉脚平伏牢固；

c）骑马订钉锯均订在折缝线上，平订钉锯与书脊间的距离为3mm—5mm。

包本装订公文的封皮（封面、书脊、封底）与书芯应吻合、包紧、包平、不脱落。

7 公文格式各要素编排规则

7.1 公文格式各要素的划分

本标准将版心内的公文格式各要素划分为版头、主体、版记三部分。公文首页红色分隔线以上的部分称为版头；公文首页红色分隔线（不含）以下、公文末页首条分隔线（不含）以上的部分称为主体；公文末页首条分隔线以下、末条分隔线以上的部分称为版记。

页码位于版心外。

7.2 版头

7.2.1 份号

如需标注份号，一般用6位3号阿拉伯数字，顶格编排在版心左上角第一行。

7.2.2 密级和保密期限

如需标注密级和保密期限，一般用3号黑体字，顶格编排在版心左上角第二行；保密期限中的数字用阿拉伯数字标注。

7.2.3 紧急程度

如需标注紧急程度，一般用3号黑体字，顶格编排在版心左上角；如需同时标注份号、密级和保密期限、紧急程度，按照份号、密级和保密期限、紧急程度的顺序自上而下分行排列。

7.2.4 发文机关标志

由发文机关全称或者规范化简称加"文件"二字组成，也可以使用发文机关全称或者规范化简称。

发文机关标志居中排布，上边缘至版心上边缘为35mm，推荐使用小标宋体字，颜色为红色，以醒目、美观、庄重为原则。

联合行文时，如需同时标注联署发文机关名称，一般应当将主办机关名称排列在前；如有"文件"二字，应当置于发文机关名称右侧，以联署发文机关名称为准上下居中排布。

7.2.5 发文字号

编排在发文机关标志下空二行位置，居中排布。年份、发文顺序号用阿拉伯数字标注；年份应标全称，用六角括号"〔〕"括入；发文顺序号不加"第"字，不编虚位（即1不编为01），在阿拉伯数字后加"号"字。

上行文的发文字号居左空一字编排，与最后一个签发人姓名处在同一行。

7.2.6 签发人

由"签发人"三字加全角冒号和签发人姓名组成，居右空一字，编排在发文机关标志下空二行位置。"签发人"三字用3号仿宋体字，签发人姓名用3号楷体字。

如有多个签发人，签发人姓名按照发文机关的排列顺序从左到右、自上而下依次均匀编排，一般每行排两个姓名，回行时与上一行第一个签发人姓名对齐。

7.2.7 版头中的分隔线

发文字号之下4 mm处居中印一条与版心等宽的红色分隔线。

7.3 主体

7.3.1 标题

一般用2号小标宋体字，编排于红色分隔线下空二行位置，分一行或多行居中排布；回行时，要做到词意完整，排列对称，长短适宜，间距恰当，标题排列应当使用梯形或菱形。

7.3.2 主送机关

编排于标题下空一行位置，居左顶格，回行时仍顶格，最后一个机关名称后标全角冒号。如主送机关名称过多导致公文首页不能显示正文时，应当将主送机关名称移至版记，标注方法见7.4.2。

7.3.3 正文

公文首页必须显示正文。一般用3号仿宋体字，编排于主送机关名称下一行，每个自然段左空二字，回行顶格。文中结构层次序数依次可以用"一、""（一）""1."" （1）"标注；一般第一层用黑体字、第二层用楷体字、第三层和第四层用仿宋体字标注。

7.3.4 附件说明

如有附件，在正文下空一行左空二字编排"附件"二字，后标全角冒号和附件名称。如有多个附件，使用阿拉伯数字标注附件顺序号（如"附件：1. ×××××"）；附件名称后不加标点符号。附件名称较长需回行时，应当与上一行附件名称的首字对齐。

7.3.5 发文机关署名、成文日期和印章

7.3.5.1 加盖印章的公文

成文日期一般右空四字编排，印章用红色，不得出现空白印章。

单一机关行文时，一般在成文日期之上、以成文日期为准居中编排发文机关署名，印章端正、居中下压发文机关署名和成文日期，使发文机关署名和成文日期居印章中心偏下位置，印章顶端应当上距正文（或附件说明）一行之内。

联合行文时，一般将各发文机关署名按照发文机关顺序整齐排列在相应位置，并将印章一一对应、端正、居中下压发文机关署名，最后一个印章端正、居中下压发文机关署名和成文日期，印章之间排列整齐、互不相交或相切，每排印章两端不得超出版心，首排印章顶端应当上距正文（或附件说明）一行之内。

7.3.5.2 不加盖印章的公文

单一机关行文时，在正文（或附件说明）下空一行右空二字编排发文机关署名，在发文机关署名下一行编排成文日期，首字比发文机关署名首字右移二字，如成文日期长于发文机关署名，应当使成文日期右空二字编排，并相应增加发文机关署名右空字数。

联合行文时，应当先编排主办机关署名，其余发文机关署名依次向下编排。

7.3.5.3　加盖签发人签名章的公文

单一机关制发的公文加盖签发人签名章时，在正文（或附件说明）下空二行右空四字加盖签发人签名章，签名章左空二字标注签发人职务，以签名章为准上下居中排布。在签发人签名章下空一行右空四字编排成文日期。

联合行文时，应当先编排主办机关签发人职务、签名章，其余机关签发人职务、签名章依次向下编排，与主办机关签发人职务、签名章上下对齐；每行只编排一个机关的签发人职务、签名章；签发人职务应当标注全称。

签名章一般用红色。

7.3.5.4　成文日期中的数字

用阿拉伯数字将年、月、日标全，年份应标全称，月、日不编虚位（即1不编为01）。

7.3.5.5　特殊情况说明

当公文排版后所剩空白处不能容下印章或签发人签名章、成文日期时，可以采取调整行距、字距的措施解决。

7.3.6　附注

如有附注，居左空二字加圆括号编排在成文日期下一行。

7.3.7　附件

附件应当另面编排，并在版记之前，与公文正文一起装订。"附件"二字及附件顺序号用3号黑体字顶格编排在版心左上角第一行。附件标题居中编排在版心第三行。附件顺序号和附件标题应当与附件说明的表述一致。附件格式要求同正文。

如附件与正文不能一起装订，应当在附件左上角第一行顶格编排公文的发文字号并在其后标注"附件"二字及附件顺序号。

7.4　版记

7.4.1　版记中的分隔线

版记中的分隔线与版心等宽，首条分隔线和末条分隔线用粗线（推荐高度为0.35mm），中间的分隔线用细线（推荐高度为0.25mm）。首条分隔线位于版记中第一个要素之上，末条分隔线与公文最后一面的版心下边缘重合。

7.4.2　抄送机关

如有抄送机关，一般用4号仿宋体字，在印发机关和印发日期之上一行、左右各空一字编排。"抄送"二字后加全角冒号和抄送机关名称，回行时与冒号后的首字对齐，最后一个抄送机关名称后标句号。

如需把主送机关移至版记，除将"抄送"二字改为"主送"外，编排方法同抄送机关。既有主送机关又有抄送机关时，应当将主送机关置于抄送机关之上一行，之间不加分隔线。

7.4.3　印发机关和印发日期

印发机关和印发日期一般用4号仿宋体字，编排在末条分隔线之上，印发机关左空一字，印发日期右空一字，用阿拉伯数字将年、月、日标全，年份应标全称，月、日不编虚位（即1不编为01），后加"印发"二字。

版记中如有其他要素，应当将其与印发机关和印发日期用一条细分隔线隔开。

7.5　页码

一般用4号半角宋体阿拉伯数字，编排在公文版心下边缘之下，数字左右各放一条一字线；一字线上距版心下边缘7mm。单页码居右空一字，双页码居左空一字。公文的版记页前有空白页的，空白页和版记页均不编排页码。公文的附件与正文一起装订时，页码应当连续编排。

8　公文中的横排表格

A4纸型的表格横排时，页码位置与公文其他页码保持一致，单页码表头在订口一边，双页码表头在切口一边。

9　公文中计量单位、标点符号和数字的用法

公文中计量单位的用法应当符合GB 3100、GB 3101和GB 3102（所有部分），标点符号的用法应当符合GB/T 15834，数字用法应符合GB/T 15835。

10　公文的特定格式

10.1　信函格式

发文机关标志使用发文机关全称或者规范化简称，居中排布，上边缘至上页边为30mm，推荐使用红色小标宋体字。联合行文时，使用主办机关标志。

发文机关标志下4mm处印一条红色双线（上粗下细），距下页边20mm处印一条红色双线（上细下粗），线长均为170mm，居中排布。

如需标注份号、密级和保密期限、紧急程度，应当顶格居版心左边缘编排在第一条红色双线下，按照份号、密级和保密期限、紧急程度的顺序自上而下分行排列，第一个要素与该线的距离为3号汉字高度的7/8。

发文字号顶格居版心右边缘编排在第一条红色双线下，与该线的距离为3号汉字高度的7/8。

标题居中编排，与其上最后一个要素相距二行。

第二条红色双线上一行如有文字，与该线的距离为3号汉字高度的7/8。

首页不显示页码。

版记不加印发机关和印发日期、分隔线，位于公文最后一面版心内最下方。

10.2　命令（令）格式

发文机关标志由发文机关全称加"命令"或"令"字组成，居中排布，上边缘至版心上边缘为20mm，推荐使用红色小标宋体字。

发文机关标志下空二行居中编排令号，令号下空二行编排正文。

签发人职务、签名章和成文日期的编排见7.3.5.3。

10.3 纪要格式

纪要标志由"××××纪要"组成，居中排布，上边缘至版心上边缘为35mm，推荐使用红色小标宋体字。

标注出席人员名单，一般用3号黑体字，在正文或附件说明下空一行左空二字编排"出席"二字，后标全角冒号，冒号后用3号仿宋体字标注出席人单位、姓名，回行时与冒号后的首字对齐。

标注请假和列席人员名单，除依次另起一行并将"出席"二字改为"请假"或"列席"外，编排方法同出席人员名单。

纪要格式可以根据实际制定。

11 式样

A4型公文用纸页边及版心尺寸见图1；公文首页版式见图2；联合行文公文首页版式1见图3；联合行文公文首页版式2见图4；公文末页版式1见图5；公文末页版式2见图6；联合行文公文末页版式1见图7；联合行文公文末页版式2见图8；附件说明页版式见图9；带附件公文末页版式见图10；信函格式首页版式见图11；命令（令）格式首页版式见图12。

图1 A4型公文用纸页边及版心尺寸

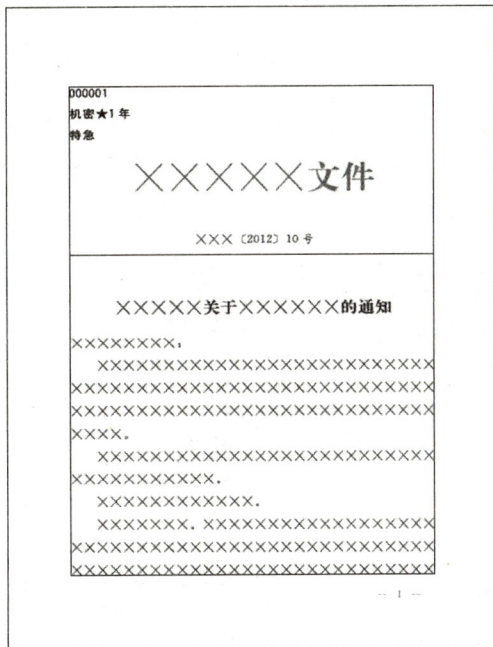

注：版心实线框仅为示意，在印制公文时并不印出。

图2 公文首页版式

注：版心实线框仅为示意，在印制公文时并不印出。

图3 联合行文公文首页版式1

注：版心实线框仅为示意，在印制公文时并不印出。

图4 联合行文公文首页版式2

注：版心实线框仅为示意，在印制公文时并不印出。

图5 公文末页版式1

注：版心实线框仅为示意，在印制公文时并不印出。

图6 公文末页版式2

注：版心实线框仅为示意，在印制公文时并不印出。

图7　联合行文公文末页版式1

注：版心实线框仅为示意，在印制公文时并不印出。

图8　联合行文公文末页版式2

注：版心实线框仅为示意，在印制公文时并不印出。

图9　附件说明页版式

注：版心实线框仅为示意，在印制公文时并不印出。

图10　带附件公文末页版式

注：版心实线框仅为示意，在印制公文时并不印出。

图11　信函格式首页版式

图12　命令（令）格式首页版式

参考文献

［1］董义连. 行政公文写作指要[M]. 呼和浩特：内蒙古大学出版社，2005.

［2］杜蓉. 实用沟通与写作[M]. 北京：机械工业出版社，2009.

［3］冯胜利. 汉语语体语法概论[M]. 北京：北京语言大学出版社，2018.

［4］冯胜利，刘乐宁，朱永平，等. 汉语教师专业技能指导手册[M]. 北京：北京语言大学出版社，2018.

［5］耿云巧，马俊霞. 现代应用文写作[M]. 北京：清华大学出版社，2007.

［6］关彤. 交际写作[M]. 北京：北京师范大学出版社，1999.

［7］蒋竹荪. 常用书信用语辞典[Z]. 上海：上海辞书出版社，2014.

［8］金正昆. 大学生礼仪[M]. 北京：中国人民大学出版社，2014.

［9］康家珑. 交际语用学[M]. 厦门：厦门大学出版社，2000.

［10］刘锡庆，朱金顺. 写作通论[M]. 北京：北京出版社，1983.

［11］路德庆. 普通写作学教程[M]. 北京：高等教育出版社，2010.

［12］孙秀秋，吴锡山. 应用写作教程[M]. 3版. 北京：中国人民大学出版社，2013.

［13］王用源. 中文沟通与写作[M]. 北京：机械工业出版社，2015.

［14］王用源. 写作与沟通：慕课版[M]. 北京：人民邮电出版社，2021.

［15］吴婕. 有效沟通与实用写作教程[M]. 北京：中国人民大学出版社，2011.

［16］夏晓鸣. 应用文写作[M]. 上海：复旦大学出版社，2012.

［17］杨直. 共青团常用公文写作技巧[M]. 北京：北京理工大学出版社，2009.

［18］应届生求职网. 应届生求职简历全攻略[M]. 上海：上海交通大学出版社，2009.

［19］朱英贵. 谦辞敬辞辞典[Z]. 成都：四川辞书出版社，2006.